성 공 하 는 사 람 들 의 승 진 전 략

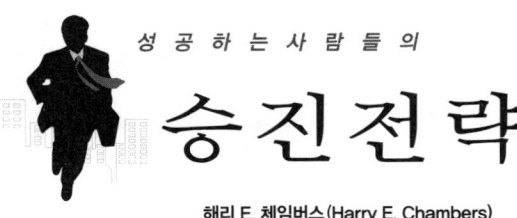

성공하는사람들의

승진전략

해리 E. 체임버스(Harry E. Chambers)

한국능률협회

차례

감사의 글

이 책은 제가 직장에서 수년 간 개인적으로 얻은 경험과, 열린 마음으로 생각과 의견과 경험을 제시해 주신 많은 분들의 이야기를 종합하여 나오게 되었습니다. 먼저 제 가족인 아내 크리스와 아들 패트릭의 아낌없는 지지와 헌신을 진심으로 고맙게 생각합니다. 크리스는 책 편집에도 도움을 주었으며, 저에게 항상 자극을 주어 문제를 해결하는 데 아주 중요한 역할을 담당했습니다. 크리스는 이 책을 만드는 과정에서 나의 진정한 파트너였습니다.

이 원고의 출판 준비 과정에서 중요한 역할을 담당했던 조수 미키 비티 씨의 융통성과 노고에 다시 한번 진심으로 감사드립니다. 비티 씨는 심지어 첫 손녀 마리가 태어나던 순간에도 모든 일을 계속 진행할 수 있도록 도와주었습니다.

페르세우스 출판사의 유능한 세 분에게도 감사드립니다. 내게 기회를 주었던 편집장 닉 필립슨, 정말 가치 있는 조언을 아끼지 않았으며 뛰어난 통찰력을 보여 주고 헌신적으로 노력해 주신 편집인이자 프로젝트 매니저인 줄리 스틸만, 대단한 창의력의 소유자인 홍보 담당자 샤론 라이스에게 감사드립니다.

이 책에 도움을 주신 모든 분들께 정말 감사드립니다. 어떤 분들은 예비 지식을 제공해 주셨고, 또 어떤 분들은 이 원고에 반영된 귀중한 의견을 제공해 주셨습니다. 편집상의 문제로 모든 분의 의견을 이 책에 다 싣지는 못했는데, 내용에 결함이 있어서가 아니라 지면의 한계 때문이었습니다. 트레이너이며 작가이자 대중 연설가인 라니 아리돈도, 프랫 앤 휘트니 항공의 스코트 커팅, 데이비드 해덕, 조 다우슨, 루커스 그룹의 회장인 아트 루커스, 알콘 연구소의 프리실라 홀, 펜실베이니아 컨벤션 센터의 올리버 조단, 이스트 제조 회사의 데이비드 테이트, 선 오일 정유 회사의 바바라 마운틀러, 네브래스카 출판사의 프랭크 콘델로, 벨 사우스의 찰스 라스램, 이 모든 분들께 감사드립니다. 이 밖에도 수많은 분들이 승진에 관한 자신의 생각과 좌절, 그리고 전략을 이야기해 주셨습니다. 진심으로 감사드립니다.

서_문

ㄹ 랜디는 정보 서비스 산업 관련 회사에서 몇 년 동안 일했다. 그는 애사심이 강한 생산적인 직원이었다. 몇 년에 걸쳐 급여가 지속적으로 올랐고, 정식 급여 프로그램에 따라 그가 이루어 낸 업적에 적당한 사례금도 받았다. 그런데 랜디가 일하던 회사는 구조 조정을 거쳐 합병을 하게 되었다. 랜디는 그러한 급격한 변화를 견딜 수 없어 새로운 직장을 찾기로 결심했다. 그는 새로운 기회를 잡기 위해 전문 구직 회사에 등록하여 몇몇 회사와 활발하게 면접을 보았다.

랜디는 조언자 역할을 해주는 가까운 한 친구와 자신의 계획과 노력에 관해 이야기를 나누게 되었고, 그 과정에서 날카로운 질문과 의견이 나왔다. 친구는 다음과 같이 이야기했다.

랜디, 자네는 회사에서 일어나고 있는 모든 변화 때문에 지금 직업을 바꾸려고 하고 있네. 흥미로운 점은, 어디를 가든 자네는 사실 변화의 일부가 될 것이라는 거지. 새로운 직장에 들어가게 되면 변화를 주도하는 사람이 되든지 아니면 새로운 아이디어와 활동에 있어 중요한 역할을 하는 사람이 되겠지. 회사는 현재 상태를 계속 유지하기 위해 외부에서 사람을 고용하지는 않거든. 자네는 그 회사에서 새로운 인물이 되는 것이고, 현재 규칙에서 예외가 되는 걸세. 새 회사에서 자네가 표방하는 변화에 저항하는 사람들을 어떻게 대하겠는가? 아마 변화는 좋은 것이고 필수적이며 이득이 된다고 그 사람들을 설득하려 할 것이고, 변화의 움직임을 지지하라고 촉구하겠지. 그 변화는 회사의 미래이며, 회사가 택한 방침을 따르는 건 중요한 거니까. 자네가 이미 인정하고 정당화한 똑같은 행동을 다른 사람들이 한다면 자네는 그 사람들을 혹독하게 비판하게 될지도 모르네. 직업을 바꾸는 게 올바른 선택일 수도 있겠지만, 그렇지 않을 수도 있어. 그렇지만 다른 곳에서 다시 시작하는 것보다는 지금 직장에서 경력을 쌓아 성공하도록 노력하는 게 자네에게는 더 이득이 될 거라고 생각하네. 새로운 직장에서 새로운 기회를 가질 수 있다고 생각할 수도 있겠지만, 자네의 목표는 사실 지금 있는 그곳에서 더 쉽게 이룰 수 있을 걸세. 생각을 조금만 전환하고 더 노력한다면 중요한 직급으로 승진하고 성공할 수 있을 거야. 원래 남의 떡이 더 커 보이지만 사실은 다르지 않은가? 성공이라는 건 자기에게 익숙한 자기 분야에서 노력할 때 더 쉽게 얻어지지.

이 책은 지금의 직장에서 커리어를 쌓고 자기 계발하며 승진 가능성을 높이고자 하는 사람들을 위한 것이다. 직장은 마음만 먹으면 언제든지 바꿀 수 있다. 그러나 지금 다니는 회사에서 활용할 수 있는 기회를 충분히 이용해 보지도 않고 너무 빨리 회사를 그만둔다면 그렇지 않아도 잘 열리지 않는 승진 문을 스스로 닫아 버리는 꼴이 될 것이다. 그런 기회는 두 번 다시 오지 않을 수도 있다. 새로운 기회를 찾는 데 정해진 시효가 있는 것은 아니다. 그러나 당신은 지금의 직장에 기여하고 지금의 업무를 이행하기 위해 엄청난 시간과 노력, 피와 땀과 눈물을 쏟아 왔다. 그 동안의 노력과 봉사의 대가로 승진을 하고 싶다면 이 책에서 현실적인 전략을 얻을 수 있을 것이다.

이 책의 출간 계기는 시중에 나와 있는 커리어 관련 서적이 다루지 않는 내용이 있어 그것을 보충하기 위한 것이었다. 요즘 나온 커리어 관리 서적 중에는 승진에 지침이 될 만한 정보를 제공하는 것이 거의 없다. 대신 다음과 같은 내용이 주를 이룬다.

- 커리어 전환에 성공하는 법
- 인생의 '나머지 절반'을 위한 직장
- 새로운 직장을 구할 때의 면접 요령
- 인력 감축에 대처하는 법
- 자신이 '좋아하는' 일을 실제 직업으로 삼는 법

즉, 직장을 옮기지 않고 지금의 상태를 최대한 이용하는 방법을 다룬 책은 거의 없는 것이다. 직장을 옮겨 새 직장에서 처음부터 다시 시작할 필요 없이 지금까지의 노력을 이용할 수 있는 방법은 없을까? 이 책이 이에 대한 해답을 제시한다. 즉, 이 책은 어떻게 하면 현재 입지를 강화할 수 있는지, 어떻게 하면 열심히 가꾸고 키워 온 노력의 결실을 얻을 수 있는지를 중점적으로 다루고 있다. 사실 단지 새로 시작하겠다는 생각만으로 지금까지의 노력과 성과를 포기한다는 것은 커리어에 치명적일 수 있다.

지금 있는 곳에서 충분히 성공할 수 있다

많은 사람들이 오늘날의 경제 환경에서는 직장을 옮기는 것이 당연하다고 생각하고 있지만, 사실은 그렇지 않다. 무작정 직장을 옮기려 하지 말고 어떻게 하면 지금의 직장에서 최대한 성공할 수 있을지에 초점을 맞춰 생각할 필요가 있다. 특히 이 책은 인력 감축에서 '살아남은' 사람, 이미 직장을 옮긴 사람, 또는 이번에 승진을 준비하고 있는 사람에게 큰 도움이 될 것이다. 처음으로 승진에 도전하는 사람이든, 다음 승진 기회를 노리는 사람이든, 마지막 승진 기회를 잡으려 하는 사람이든 간에 자신의 의지와 능력과 역량을 모두 발휘해서 가능한 한 최고의 지위에 도달하기 위해 생산성과 창의력, 그리고 동기를 극대화하는 데 이 책이 큰 도움이 될 것이다.

이 책을 통해 당신은 다음과 같은 사실을 알게 될 것이다.

- 오늘날의 승진 실상과 직장에서 직면하는 과제들이 얼마나 급격히 변했는지 파악한다.
- 승진하기 위해 필요한 현재 통용되는 주요 능력은 무엇인가? (이전에 가지고 있었던 기술만 가지고는 앞으로의 승진을 장담할 수 없다)
- 자신의 승진 가능성에 대한 사람들의 인식을 높이기 위해 필요한 전략과 행동.
- 업무 능력 평가 과정을 최대한 유리하게 이용하는 전략.
- 사내 직원을 승진시킬 때 간부들이 중점적으로 고려하는 사항들.
- 사내 직원을 승진시키지 않고 사외 인력을 고용하는 경우, 그 이유는 무엇인가?
- 승진에서 탈락했을 경우, 다음 기회를 위해 처신하는 방법.
- 커리어에 치명적인 요소들. (이러한 요소들 때문에 꼭 해고를 당하는 것은 아니지만, 그로 인해 평생 승진을 못하게 될 수도 있다. 그런데 직장인들은 이러한 요소가 커리어 향상에 방해가 된다는 사실을 미처 깨닫지 못하고 있다)

이 책에는 승진에 성공해서 현재 승진 결정을 하거나 그 결정에 영향을 주는 위치에 있는 사람들의 경험담, 생각, 그리고 구체적인 실천 지침이 실려 있다. 이를 통해 당신은 많은 것을 배우게 될 것이며, 각자 자신에게 맞는 승진 전략을 수립할 수 있을 것이다.

중요한 정보는 승진을 향한 항해의 지침으로 제시될 것이며, 그러한 지침들은 성공을 위한 지식이나 특정한 행동의 실행 단계를 알려 주는 것으로, '□ **승진하고 싶으면 전문 지식을 공유하라.**'와 같이 특수 문자와 함께 고딕체로 강조된다.

당신은 이 책에서 현재의 기술 수준, 능력, 생산력이나 업무 수행 능력을 평가하고 자기 성장과 계발의 기회를 깨달을 수 있도록 도와주는 정기적인 평가를 할 수 있다. 이러한 평가는 자신에 대한 평가가 얼마나 솔직한지에 비례해 가치가 높아진다. 당신이 모든 문항에 높은 점수를 준다면 자기 성장의 기회를 스스로 거부하는 행동이 될 것이다. 우리는 모두 장점과 약점을 가지고 있다. 자신의 능력을 솔직히 인정하라.

이 책은 단순한 이론을 다루고 있는 것이 아니라, 현실 세계에서 응용할 수 있는 내용을 다루고 있다. 바로 당신 자신의 커리어에 관한 책이다. 자신의 성장과 발전, 승진 가능성을 책임지고 싶지 않은가? 그렇기를 바란다. 왜냐하면 어느 누구도 당신의 책임을 대신 짊어지고 싶어하지 않기 때문이다.

어떤 사람들은 운이 좋아야만 승진하는 것으로 생각한다. 만약 그렇다면 우리는 당신이 행운을 만들어 내도록 도울 것이다! 시기 적절하게 있어야 할 장소에 있는 것은 과학이 아니라 기술이다. 당신이 어디에 텐트를 치고 기다려야 하는지 미리 예상할 수 있도록 도와주겠다.

앨라배마 대학의 전설적인 축구 코치 비어 브라이언트는 행운에 대한 정의를 다음과 같이 신랄하게 내렸다고 한다. "행운은 준비가 기회를 만났을 때 오는 것이다." 회사 내의 승진 기회를 전부 다 통제할 수는 없겠지만, 적어도 승진에 대비해 모든 준비를 하도록 스스로 관리할 수는 있다. 커리어는 여행과도 같다. 1등석에 앉아서 여행하도록 철저히 준비하라!

이 책은 당신에게 더 열심히 일하라고 말하지는 않는다. 이미 그렇게 하고 있지 않은가? 이 책은 당신이 '유능하다는 것을 더욱 눈에 띄게' 부각시키고, 앞으로 회사의 발전에 중요한 공헌을 할 인물로 사람들에게 인식되도록 도와준다. 정상을 향해 나아가는 사람은 항상 있기 마련이다. 그런 사람이 당신이 되지 말라는 법도 없지 않은가?

제 1 장
승진으로 가는 길

━━━ 펜실베이니아 주 피츠버그에는 세 개의 작은 강줄기가 모여 더 크
━━━ 고 세차게 흐르는 오하이오 강을 이루는 지점이 있다. 이것은 성공
적으로 승진하고 경력을 쌓기 위해서는 세 가지 요소가 결합되어야 한다는 점
을 설명하는 데 아주 좋은 시각적 비유가 된다. 다음 그림에서 보는 것처럼 승
진이라는 원대한 목표를 성공적으로 달성하려면 세 개의 강줄기가 하나로 합
쳐져야 한다.

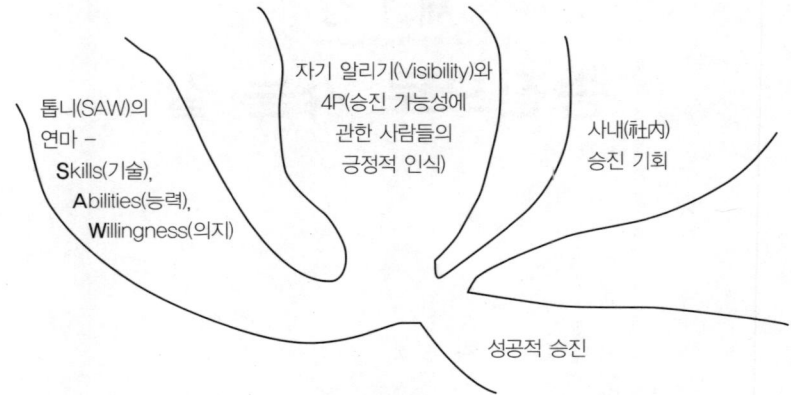

[그림 1-1] SAW를 지배하고, 자기 알리기와 4P에 영향을 미치며, 사내 승진 기회를 평가하라.

기술(Skills), 능력(Abilities), 의지(Willingness)

스티븐 R. 코비 박사는 「성공하는 사람들의 7가지 습관」이라는 자신의 저
서에서 '톱니(saw) 가는 것'을 일곱 번째 습관으로 꼽는다. 승진하려면 끊임
없이 톱니(SAW)를 갈아야 한다.

- Skills(기술)
- Abilities(능력)
- Willingness(의지)

기술과 능력을 연마해야 하는 것은 단지 현재 직무를 성공적으로 수행하

기 위해서만은 아니다. 승진 후의 성공을 위해서이기도 하다. 당신이 현재 가지고 있는 기술과 능력은 오늘의 성공을 보장해 줄지는 모르지만 승진한 다음의 성공은 보장해 주지 못할 수도 있다. 승진을 하기 위해서는 상호 작용이 필요하고, 다른 사람과 협력하거나 도움을 받아 업무를 수행해야 하는 경우가 많다. 그런데 이때 당신에게 없는 기술이 필요할 수도 있다. 이 책을 통해, 승진하기 위해서는 어떤 기술과 능력이 필요한지 알 수 있을 것이다. 또한 당신의 현재 장단점과 승진 가능성도 파악할 수 있을 것이다. 우리는 당신에게 필요한 기술을 보완하고 당신을 알릴 행동 계획을 수립하라고 촉구할 것이다. 중요한 건 당신의 자세다. 즉, 솔선 수범 정신과 위험을 무릅쓰고자 하는 마음가짐, 그리고 혼신을 다하는 노력이 필요하다. 많은 사람들은 승진이 되었으면 좋겠다고 말만 할 뿐 그것을 달성하기 위한 노력은 하려 들지 않는다. 마땅한 대가를 치르려고 하지 않는 것이다.

승진하고 싶다면 현재 직책에서 당신의 기술과 능력을 최대한 발휘하고 성과를 올려라. "승진하고 나면 더 열심히 일할 것이다." 또는 "내게 그 일만 맡겨 주면 내 능력을 모두 발휘하겠다."라고 말하는 사람들이 많다. 즉, 기술과 능력은 충분히 갖추고 있지만 먼저 승진이 된 다음에 그것을 발휘하겠다는 말이다. 이것은 회사가 먼저 무언가를 해주기를 바라는 오만한 태도로서, 승진에 역효과를 준다. 노력도 하지 않고 아무 성과도 보여 주지 않았으면서 미리부터 대가를 바라는 건 대단히 잘못된 태도이다.

자기 알리기와 4P (People's Positive Promotable Perception
: 승진 가능성에 관한 사람들의 긍정적인 인식)

회사에서 승진 여부를 결정하는 사람은 한두 명이지만, 그 결정에 영향을 주는 사람은 여러 명이다. 승진을 결정하는 사람이든 그 결정에 영향을 주는 사람이든, 당신이 승진하려면 그 사람들이 당신의 기술과 능력과 의지를 알고 있어야 하고, 그래서 당신을 승진시킬 만한 사람이라고 인식해야 한다.

□ 다른 사람들이 당신을 어떻게 인식하느냐에 따라 승진 여부가 판가름난다.

당신의 능력과 기술과 의지를 당신만 알고 있다면 소용없다. 최종 승진 결정을 내리거나 그 결정에 영향을 주는 사람들이 알고 있어야 한다. 다른 사람들의 인식이 당신의 능력과 기술과 의지보다도 승진에 더 큰 영향을 줄 수 있다. 이러한 사실이 싫을지 모르지만, 현실로 받아들여야 한다. 그러므로 앞으로의 성공을 위해서는 자신을 많이 알리고 좋은 이미지를 심어라.

이 책을 통해 다른 사람들이 당신을 긍정적으로 인식하도록 하려면 어떤 전략이 효과적인지 알게 될 것이다. 이때도 마찬가지로 당신의 노력이 필요하다. 승진이라는 목표를 달성하기 위해 필요한 노력을 할 각오가 되어 있는가? 다음 평가가 당신의 승진 가능성을 파악하는 데 도움이 될 것이다.

승진 가능성 지수(PQ) 측정

다음 질문에 대해 1(전혀 그렇지 않음)에서 10(항상 그러함)까지 점수를 매겨 보라.

나는 동료보다 늘 뛰어나다.   _____

동료들이나 팀원들과 협력을 잘 한다.   _____

일에 자부심을 느낀다. ('그건 중요하지 않아'라는 태도를 보이지 않는다)   _____

상사가 지켜보지 않더라도 알아서 업무를 완수한다.   _____

성격 문제로 동료들과 충돌하는 경우는 거의 없다.   _____

직장에서 충돌이 일어나면 잘 해결해 준다.   _____

의사 표현은 언제나 간단명료하게 한다.   _____

언제나 기한 내에 업무를 완수한다.   _____

내가 맡은 업무나 프로젝트는 신속히 처리한다. (나로 인해
업무가 지연되지 않는다)   ＿＿＿

문제가 발생하면 내가 책임진다.(다른 사람에게 책임을 전가
하지 않는다)   ＿＿＿

신중히 판단하고 상식을 고려해 결정한다.   ＿＿＿

회사의 방침을 따르며, 회사 자원을 절대 사적인 용도로 사
용하지 않는다.   ＿＿＿

사적인 문제로 회사 업무에 지장이 생기지 않도록 한다.   ＿＿＿

헛소문을 퍼뜨리지 않는다.   ＿＿＿

뒤에서 다른 사람을 비판하지 않는다.   ＿＿＿

다른 사람의 공을 칭찬해 준다.   ＿＿＿

다른 사람의 말을 잘 들어 준다.   ＿＿＿

회사, 상사, 고객, 동료를 욕하거나 무시하지 않는다.   ＿＿＿

자발적으로 일한다. (상사가 시킬 때까지 기다리지 않는다)   ＿＿＿

다른 사람들에게서 기대한 결과, 정보, 성과를 기대한 만큼
얻는다.   ＿＿＿

점수 :

180점 이상 : 당신은 자신을 너무 후하게 평가하는 사람이거나, 이미 회사
를 운영하는 사람이다! 다른 사람이 당신을 어떻게 생각하고 있는지 물어서
객관적으로 자신을 평가해 볼 필요가 있다. 이것을 생각해 보라. 당신은 자신
의 기술과 능력과 의지를 이렇게 높이 평가하는데 다른 사람들은 왜 그렇지
않는가? 왜 아직까지 승진을 못하고 있는가? 그것은 승진 자리가 없기 때문일
수도 있고, 다른 사람들이 당신을 승진할 자격이 있는 사람으로 인식하지 않
기 때문일 수도 있다. 혹은 당신이 자신을 객관적으로 평가하지 못하고 있기
때문일 수도 있다. 만약 그렇다면 자신이 발전하고 성장해야 할 필요성을 깨
닫지 못하고 있다는 말이며, 이는 승진에 치명적일 수 있다.

160~179점 : 승진이 눈앞에 있다. 자리가 생기기만 한다면 머지않아 승진할 것이다. 이 책을 읽고 어떻게 하면 다음 세 가지를 할 수 있을지 파악하라.

- 특정 기술과 능력 배우기. 자기 계발하기
- 성공하고자 하는 당신의 투철한 의지 입증하기
- 승진 결정을 내리거나 그 결정에 영향을 주는 사람들이 당신을 승진시킬 만한 사람이라고 인식하도록 만들기

140~159점 : 이 책을 읽고 나면 앞으로 승진에 성공하기 위해서 필요한 가장 중요한 조치가 무엇인지 파악할 수 있을 것이다. 당면 과제들의 우선 순위를 정한 다음 가장 중요하다고 생각하는 것을 위해 중점적으로 노력하라. 승진은 18개월이나 36개월 뒤의 목표로 생각하라.

139점 이하 : 개선할 점이 상당히 많다. 어떤 점을 개선해야 하는지 우선 순위를 정해 계획을 세운 다음 최선을 다해 실천하라. 안타깝게도 승진은 장기 목표로 삼아야겠다.

특정 기술 평가

당신의 특정 지식과 기술에 대해 1(매우 낮음)부터 10(매우 높음)까지 점수를 매겨라.

현재 업무		원하는 업무
_____	업무에 대한 기술 지식	____
_____	업무에 대한 기술 능력	____
_____	업계 전반에 대한 지식	____
_____	화술	____
_____	문서 작성 능력	____
_____	듣기 능력	____

_____	자기 관리 능력	_____
_____	계획 수립 능력	_____
_____	문제 해결 능력	_____
_____	분쟁 해결 능력	_____

점수 :

'8점 이하'가 나온 항목은 빠짐없이 개선하도록 하라. 모든 항목에 대해 '9점 이상'이 나왔다면 그것은 자신의 능력과 기술을 과대 평가하고 있다는 의미로, 승진에 지장을 줄 수도 있다.

이 두 평가를 마친 후에는 상사에게 평가서를 주고 점수를 매겨 달라고 부탁하라. 그리고 그 결과를 당신의 평가 결과와 비교해 보라. 두 결과가 비교적 비슷하게 나왔다면 당신은 자신을 객관적으로 평가하고 있다는 의미다. 그러나 한 항목이라도 점수 차가 크게 나왔다면 근본 원인을 찾아서, 점수 차를 줄이려면 무엇을 해야 하는지 파악하라.

승진이라는 결실을 맺기 위해서는 우선 어떤 점을 고쳐야 할지 알아야 한다. 그리고 그 점을 고치기 위해 노력하고, 그런 다음에는 상사에게 자신의 변화된 모습을 인식시켜야 한다. 설령 상사의 인식이 당신과 다르더라도 자신을 방어하는 데 급급해 상사에게 반항하지 마라. 상사의 의견을 듣는 것은 자신을 되돌아볼 수 있는 절호의 기회다. 여건이 허락되면 가능한 한 많은 사람에게 이 평가서를 돌려 솔직한 의견을 부탁하라. 다른 사람들이 당신을 어떻게 인식하는지 많이 알수록 더 효과적이고 탄탄한 승진 전략을 구상할 수 있을 것이다.

4P에 영향을 주는 요소들

사실 사람들이 당신을 승진할 자격이 있는 사람이라고 긍정적으로 인식하는 것은 당신 마음대로 통제할 수 없다. 그러나 크게 영향을 줄 수는 있다.

다음의 아홉 가지 요소들을 이용하면 된다. 그러면 사람들에게 새로운 인식을 심어 주거나 기존의 인식을 바꿀 수 있다. 아무도 이 아홉 가지 요소를 100% 갖추고 있지는 않다. 당신에게 어떤 요소가 많이 있고 어떤 요소가 부족한지 면밀히 분석하라. 그리고 당신에게 있는 요소는 최대한 이용하고, 당신에게 없는 요소는 새로 개발하거나 포기할 전략을 구체적으로 수립하라.

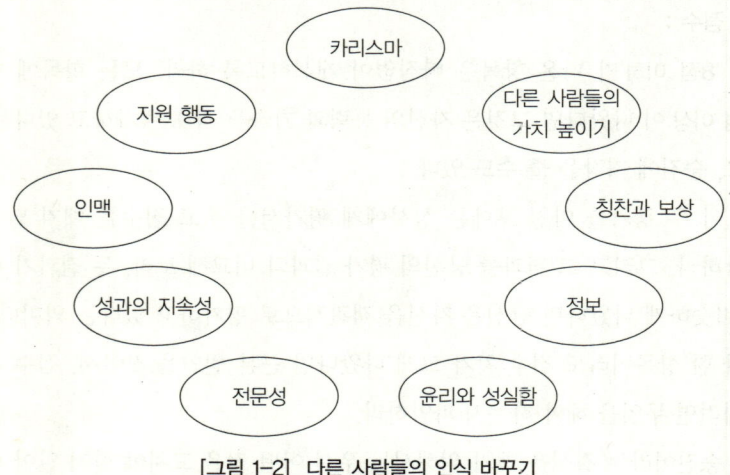

[그림 1-2] 다른 사람들의 인식 바꾸기

카리스마

카리스마는 사람들이 호감을 느끼고 좋아하게 만드는 기술로, 전적으로 인성에 좌우된다. 카리스마가 유달리 강한 사람이 있기는 하지만, 누구나 어느 정도의 카리스마는 가지고 있다. 카리스마를 얼마나 자기에게 유리하게 이용할 줄 아는지가 관건이다. 카리스마가 강하다고 무조건 좋은 것은 아니기 때문이다. 카리스마가 너무 강한 나머지 동료들이 가까이하려 하지 않는다면 빠른 시간 내에 승진하기는 힘들 것이다.

카리스마는 흔히 여러 성분으로 구성되어 있는 개개인의 '화학적 성질'이라고 정의한다. 그 중에서 가장 중요한 성분은 사람들을 편안하게 만들고 상대방으로 하여금 자신이 소중하고 중요한 사람이라고 느끼게 하는 것이다. 많은 사람들은 매력적이고 말 잘하며 유머 감각이 뛰어난 사람을 카리스마가 있는 사람이라고 생각하는데, 이것은 잘못된 생각이다. 진정으로 카리스마가 강한 사람은 남과 잘 어울릴 수 있는 사람, 즉 상대방의 말에 주의를 기울여 재미있게 들어 주는 사람이다. 또한 모든 사람을 존중할 줄 아는 사람이 카리스마가 강한 사람이다. 누구나 자신에게 잘 대해 주는 사람에게 호감을 느끼기 마련이다. 잘난 체하는 태도는 순간적으로 우쭐한 마음이 들게 할지는 모르지만, 승진에는 아무 도움도 되지 않는다. 사람들은 호감을 느끼는 사람에게 쉽게 접근하고 도움을 요청하며, 그런 사람과 친해지고 싶어한다.

칭찬과 보상

동료나 상사의 성공을 축하하고 칭찬하라. 그리고 당신의 성공을 동료나 상사와 함께 나누어라. 동료나 상사에게 공을 돌릴 수 있을 정도로 넓은 마음은 사람들에게 큰 영향을 준다. 성과나 업적에 대해 공이나 보상을 다른 사람들과 함께 나누면 사람들에 대한 영향력이 커질 것이다. 왜냐하면 인정받고 보상받는 것은 반복되기 때문이다. 당신과 함께 일하면 공을 인정받고 보상도 받는다는 것을 알기 때문에 사람들은 당신과 함께 일하고 싶어할 것이고, 당신의 지도를 바랄 것이다. 당신의 동료나 상사는 공을 세우거나 효율적으로 업무를 수행했을 때 얼마나 자주 칭찬을 듣는가?

아카데미상 수상자들에게서 한 수 배워라. 수상 소감 첫마디는 제작자, 감독, 동료 배우 등에게 '감사한다'는 말이다. 물론 진심이 아닐 수도 있지만, 어쨌든 감사한다는 말 한마디로 앞으로 더 많은 배역을 딸 수 있을 것이다!

승진을 하려는 사람들은 대체로 동료보다 앞서려고 애쓴다. 동료들을 앞서는 것이 승진을 위한 최선책이기는 하지만, 그 과정에서 동료들에게 피해를 입히거나 동료들을 짓밟지는 마라. 오히려 역효과가 발생할 것이다. 사실 과거에는 이렇게 해야만 승진을 할 수 있었다. 그러나 이제 상황이 바뀌었다. 오늘날에는 동료와의 지나친 경쟁은 오히려 승진에 방해가 된다. 또한 카리스마를 높이는 데도 별 도움이 되지 않는다.

□ **동료와 치열한 경쟁을 하는 시대는 지났다. 지금은 동료와의 협력이 필요한 시대다.**

전문성

폭넓은 지식 혹은 특정 분야에 대한 전문 지식을 가지고 있으면 주변 사람들에 대해 상당한 영향력을 가지게 될 것이다. 전문 지식이란 다음의 지식을 의미한다.

- 기술적 과정
- 업계나 시장의 특정 분야
- 정책, 절차, 규제
- 고객 개개인이나 고객 기반
- 현재 진행 중인 연구나 업계의 근황

당신이 특정 분야에 전문 지식을 가지고 있다는 것이 알려지면, 문제가 발생하거나 조언이 필요할 때 사람들은 당신의 전문 지식과 당신의 조언을 얻고 싶어할 것이다. 그럴 때마다 당신의 영향력은 커진다. 당신에게 의존할수록 사람들은 당신을 긍정적으로 인식한다. 여기서 핵심어는 인식이다. 당신은 특정 분야에 대한 전문 지식을 가지고 있다고 인식될지 모르지만, 다른 사람이 그렇지 못한 것처럼 당신도 포괄적인 지식을 가지고 있을 수는 없다. 그러나 인식은 현실이다. 그러므로 다른 사람들에 대한 영향력을 갖기 위해서는 자신이 가진 전문 기술과 지식을 많은 사람들이 인식하도록 해야 하고, 그것으로 다른 사람을 도와주어야 한다.

□ **승진하고 싶으면 전문 지식을 공유하라.**

전문 지식을 가지고 있더라도 그것을 공유하지 않으면 당신이 그런 지식을 가지고 있다는 사실을 아무도 모를 것이며, 따라서 인정하지도 않을 것이다. 당신의 영향력이나 승진 가능성도 높아지지 않을 것이다.

정보

정보는 힘이다. 다시 말해, 정보를 가진 사람이 그렇지 않은 사람에 비해 막강한 영향력을 행사할 수 있다. 정보를 많이 가지고 있는 사람은 '내막을 잘 알고 있는 사람'이나 '핵심 세력'으로 간주된다. 그래서 정보가 많을수록 영향력은 더 커진다. 지금까지는 정보를 일부 사람들하고만 공유했다. 그리고 정보가 전달되는 과정에서 과장이나 모순된 말이 섞여 왜곡되기도 했다. 그러나 이제는 정보를 이용하여 효과적으로 영향력을 행사하고 싶다면 긍정적이며 사실에 입각한 정보를 가지고 있어야 한다. 그리고 그것을 적절히 공유해야 한다. 소문을 내거나 남을 험담하거나 헛소문을 퍼뜨리지 마라. 사람들은 남 얘기 듣는 것은 좋아하면서도 그런 말을 하는 사람은 신뢰하지 않는다. 그런 사람은 비밀을 지키지 않는 사람, 뒤에서 남 험담이나 하는 사람으로 생각한다. 부정확한 정보, 남을 깎아내리기 위한 정보, 자기 잇속 챙기기 위한 정보 등은 오히려 당신의 영향력을 축소시킨다. 정보를 이용해 사실을 조작하려는 자에 대해 사람들은 부정적으로 반응하기 때문이다.

정보를 모든 사람과 똑같이 공유하려 한다는 인상을 심어 주기 위해 항상 노력하라. 특정인에게만 정보를 주려 한다는 인상은 어떤 일이 있어도 피해야 한다. 가능한 한 많은 정보를 수집해서 가능하면 모든 사람과 똑같이 정보를 공유하라. 그리고 필요하면 비밀을 지킬 줄도 알아야 한다. 정보를 퍼뜨릴 때, 당신의 권한을 절대 넘지 마라.

윤리와 성실함

윤리와 성실함의 중요성은 아무리 강조해도 지나치지 않지만, 오늘날에는 직장에서 어떻게 하는 것이 윤리적이고 성실한 것인지 정의하기가 쉽지 않다. 같은 행동이라도 상황에 따라 다르게 평가되는 경우가 많기 때문이다. 또한 같은 행동이라도 다른 사람이 하면 비윤리적인 짓이라고 비난하고, 자기가 하면 합리화시킨다. 윤리와 성실함에 대한 대강의 기준이 있음에도 불구하고 오늘날에는 이와 같이 윤리와 성실함을 '제 눈에 안경' 식으로 해석하고 있다.

수업 중에 한 학생이 교사에게 정직함과 성실함의 정의에 대해 물었다. 그 학생의 질문은 이러했다. "정직하다는 것이 어떤 것인지는 알겠습니다. 항상 진실만을 말하며 거짓말은 하지 않는 것이 정직한 것입니다. 하지만 성실하다는 것은 어떤 것인지 모르겠습니다. 어떤 것을 성실하다고 말하는 겁니까?" 잠시 생각한 뒤 교사는 이렇게 대답했다. "성실하다는 것은 아무도 지켜보고 있지 않아도 자기 맡은 일을 하는 것을 말하네. 즉, 누가 지켜보고 있어서가 아니라 그것이 옳은 일이기 때문에 하는 것을 말하지."

이 교사의 현명한 대답을 통해 승진을 하려면 성실하고 윤리적인 모습을 꾸준히 보여 주어야 한다는 사실을 알 수 있다. 지름길로 가려 하지 마라. 편리만을 좇느라 질을 무시하면 안 된다. 하라는 일만 하려 들지 마라. 상사가 지켜보지 않더라도 열심히 일하라. 이것이 성실하고 윤리적인 현대 직장인의 모습이다.

□ 오늘날 직장에서의 비윤리적이고 불성실한 태도는 컴퓨터나 기술과 관련되어 많이 나타난다.

현대 직장인들은 이전에 없었던 새로운 유혹에 빠져 비윤리적인 행동을 저지른다. 제한 구역 침입, 컴퓨터 해킹, 회사 소스를 활용한 자기 사업 운영, 근무 시간 내 온라인 쇼핑, 회사 자원이나 장비의 오용 등이 빈번하게 일어나고 있으며, 이에 대한 감시와 보안이 강화되고 있다. 이러한 비윤리적인 행동을 한다면 당신은 순식간에 곤란에 처할 수 있다.

성공을 위해 동료를 험담하거나 짓밟는 행동도 직장인들에게서 흔히 볼 수 있는 비윤리적인 행동이다. 그러나 경쟁에서 승리하기 위해 온갖 수단과 방법을 동원하는 행동은 더 이상 통하지 않는다.

성과의 지속성

영향력은 오랜 기간의 노력 끝에 얻어지는 것이다. 다시 말해, 공을 세우되 오랜 기간 동안 지속적으로 세워야 비로소 영향력을 얻을 수 있다. 어쩌다가 한 번 큰 공을 세우는 것으로는 부족하다. 사람들에게 당신을 믿고 의지할 만한 사람으로 인식시켜야 한다. 그러기 위해서는 지속적으로 사람들의 기대를 충족시켜야 한다. 그러면 사람들은 당신에게 더 의존하게 될 것이고, 그럴수록 승진 가능성도 높아질 것이다. 성과가 꾸준하다 보면 사람들이 그것을 그러려니 생각할 수도 있다. 그러나 중요한 것은, 당신이 지속적으로 성과를 올리면 사람들이 어려운 문제에 직면했을 때 당신한테 도움을 청하면 될 것이라고 믿게 된다는 점이다!

이러한 믿음은 한 번 반짝 성공했다고 생기지는 않는다. 오랜 기간에 걸쳐 조금씩 쌓아야 한다. 꾸준히 좋은 성과를 보여 주면 아무도 그것에 반발하거나 부인하지 못한다. 이러한 믿음은 아마 영향력 중에서도 가장 강력하고 가장 오래갈 것이다.

인맥

회사에서, 업계에서, 그리고 당신이 속한 공동체 전체에서 폭넓은 인맥을 확보하라. 인맥을 활용하면 사람들에게 필요한 정보를 알려 줄 수도 있고, 어려움에 처한 사람에게 도움을 줄 수 있는 위치에 있거나 권한 있는 사람을 소개시켜 줄 수도 있다. 이와 같이 인맥을 활용하면 주변 사람들에 대한 영향력이 커지고, 따라서 승진 가능성도 크게 높아진다. 또한 폭넓은 인맥을 확보하고 있으면 정보 교환을 통해 많은 자원과 정보를 얻을 수 있다는 장점도 있다.

그러나 인맥을 넓히려면 꾸준한 노력과 정성이 필요하다. 사외 활동 참여는 물론 업무와 무관한 일에도 자발적으로 나서야 한다. 인맥을 넓히는 데 많은 시간과 노력이 필요하기는 하지만, 궁극적으로 가장 큰 영향력을 행사할 수 있는 방법은 인맥을 이용하는 방법일 것이다.

지원 행동

동료나 상사를 도와주고 조언을 하는 데 주저하지 마라. 요청을 받지 않았더라도 나서서 도와주어라. 그러나 대가는 바라지 마라. 누군가 어려운 일을 겪고 있거나 마감 시한에 쫓기고 있을 때 자발적으로 도와주거나 문제를 해결할 수 있도록 조언을 해주어라. 이때 주의해야 할 점이 있다. 첫째, 회사 내의 모든 사람을 똑같이 도와주어야 한다. 둘째, 상사가 과다한 업무에 시달리고 있을 때, 특히 그 업무가 스트레스를 많이 받는 것이거나 별로 주목받지 못한 일일 때는 더욱 적극적으로 도와라. 셋째, 평상시에도 다른 사람을 도와라. 그러면 사람들은 당신을 힘든 일을 자진해서 돕는 사람이라고 긍정적으로 인식하게 될 것이다. 그리고 "이번에 도와주면 다음에 나 역시 당신을 돕겠소."라고 드러내어 말하지는 않아도, 속으로는 당신에게 신세를 갚아야 한다고 생각하고 있을 것이다. 그래서 당신이 매우 중요한 업무나 프로젝트를 맡았을 때, 그들은 기꺼이 당신을 도와줄 것이다.

타인의 가치 높이기

동료나 상사가 더 많이 배우고 성장하고 발전할 수 있도록 당신의 지식을 가르쳐 주어라. 어떤 내용이든 상관없다. 지식을 가르쳐 주는 만큼 당신의 영향력도 커진다. 왜냐하면 당신에게서 배운 기술로 혜택을 받았거나 또는 그런 상황을 지켜본 사람들이 당신을 긍정적인 시각으로 보기 때문이다.

업무나 프로젝트에 당신이 참가하면 동료나 회사에게 더 도움이 되는가? 사람들이 당신을 조언을 구할 만한 사람이라고 생각하는가, 아니면 당신 때문에 일이 더 힘들어진다고 생각하는가? 이에 대한 대답을 한번 생각해 보아라.

또한 좌절과 실패를 통해 얻은 지식도 공유하라. 실패를 통해 얻은 지식을 알려 주면 다른 사람들이 같은 실수를 반복하는 것을 막을 수 있다. 자신을 더 알리고 싶고 영향력과 승진 가능성을 높이고 싶으면 사람들이 문제나 도전을 극복할 수 있도록 새로운 기술을 가르쳐 주거나 도움을 주어라. 끊임없이 지식을 가르쳐 주는 우물과 같은 존재가 되어라.

영향력 평가

	예	아니오
1. 사람들이 당신과 있는 것을 편하게 생각하는가?	☐	☐
2. 다른 사람 도움 따위는 필요없다거나 사람들과 어울릴 필요가 없다는 식으로 행동하는가?	☐	☐
3. 다른 사람들에게 적절히 공을 돌리는가? 그래서 당신과 어울리거나 함께 일하는 것이 그들에게 도움이 될 것이라는 인식을 주는가?	☐	☐
4. 자신이 원하는 것을 얻고자 다른 사람들에게 피해를 주거나 다른 사람의 노력을 이용하려는 사람으로 인식되는가?	☐	☐
5. 사람들이 당신을 동료에 비해 지식과 재능이 뛰어나다고 생각하는가?	☐	☐
6. 경쟁 의식으로 인해 자신의 지식을 공유하려 하지 않는 사람으로 비춰지는가?	☐	☐
7. 내부 소식에 밝은 사람으로 인식되는가? 회사 돌아가는 사정을 잘 알고 있는 사람으로 비춰지는가?	☐	☐
8. 사람들이 당신에게 최근 소문 같은 것을 묻는가?	☐	☐
9. 지켜보는 사람이 없어도 임무에 충실한가?	☐	☐
10. 회사 전화로 사적인 통화를 하거나, 쉬는 시간에 사적인 일을 하거나, 사적인 일 때문에 무단 결근이나 지각을 하는가?	☐	☐

11. 성과가 꾸준한가? 일이 아무리 많고 스트레스가 아무리 많이 생기는 일이라도 당신에게라면 맡길 만하다고 생각되는가? ☐ ☐

12. 당신을 끼워 주려 하지 않는가? 혹은 합의 사항을 지키지 않는 사람, 스트레스가 많거나 업무량이 많으면 일을 잘 해내지 못할 사람으로 생각하는가? ☐ ☐

13. 당신과 관련이 없는 업무 담당자나 다른 부서에서 일하는 사람들도 당신을 잘 알고 있는가? ☐ ☐

14. 여러 사람들과 어울리지 않고 혼자 다니는가? ☐ ☐

15. 스트레스를 많이 받거나 과도한 업무에 시달리는 사람들이 있을 때, 그들을 잘 도와주는 편인가? ☐ ☐

16. 남을 잘 도와주지 않고 자기가 맡은 일이나 책임이 아니면 하지 않는 사람으로 비춰지는가? ☐ ☐

17. 주변 사람들이 더 발전할 수 있도록 도와주는가? ☐ ☐

18. 사람들에게 당신이 가지고 있는 지식과 능력을 잘 가르쳐 주지 않는가? ☐ ☐

결과 :

홀수 질문에서는 '예', 짝수 질문에서는 '아니오'라고 대답해야 좋다.
이렇게 자신의 영향력을 평가했으면 이제 행동 계획을 수립하라.

- 강점은 계속 개발하라.
- 약점을 분석하라. 그리고 그것을 고칠 계획을 세워 실천하라.
- 만약 모든 홀수 질문에 대해 '예'라고 대답하고 모든 짝수 질문에 대해 '아니오'라고 대답했다면 당장 사전에서 '부정(denial)'이라는 단어를 찾아보아라.

업무 수행 평가

해마다, 또는 일정 기간 간격으로 당신의 업무 수행 능력을 평가해 보라. 그러면 앞에서 언급한 아홉 가지 요소 외에 4P에 영향을 주는 다른 요소를 알 수 있다. 업무 수행 능력을 자체적으로 평가하는 방법은 제9장에서 자세히 다루겠다. 여기서는 자체 평가를 하면 어떤 장점이 있는지에 관해서만 설명하겠다.

- 직속 상사뿐만 아니라 사원 전체의 당신에 대한 인식을 공식적으로 파악할 수 있다.
- 승진 목표를 공식적으로 알릴 수 있고, 어떤 점을 개발하고 개선해야 하는지 알 수 있다.
- 평가 기준을 분석하면 회사의 전반적인 사고(思考) 과정과 문화를 면밀히 파악할 수 있다.
- 효과적으로 자체 평가를 하면 동료보다 앞설 수 있다.

자체 평가를 하면 승진 가능성이 높아지는 것은 물론 이렇듯 많은 장점이 있다.

사내 승진 기회

현실을 직시해 보자. 기술과 능력과 의지가 아무리 뛰어나다 하더라도, 주위 사람들이 당신을 그렇게 인정한다 하더라도 회사에 승진 자리가 없으면 모든 것이 무의미할 뿐이다. 상사가 모두 당신보다 젊거나 서로 친척지간이라면, 그리고 회사가 성장할 가능성이 조금도 보이지 않는다면 승진은 꿈도 꾸지 마라. 금세기 가장 뛰어난 사원이라는 칭찬은 받을지 모르지만, 승진은 어림도 없다. 자리가 없는데 어떻게 승진을 한단 말인가!

그러므로 회사에 승진 기회가 있는지 끊임없이 냉철하게 평가해야 한다.

이때 다음과 같은 점들을 고려하라.

- 업무량이 늘었는지 줄었는지 살펴보고, 그것이 무엇을 의미하는지 파악하라. 즉, 회사 확장 또는 감원 조짐이 있는지 파악하라.
- 회사 정책이나 절차, 또는 공식적인 커뮤니케이션에서 확장이나 감원 조짐을 파악하라. 연장 근무 시간이 없어지거나 출장 횟수가 줄거나 비용이 완전히 없어졌는가? 신중한 검토를 거쳐 수익을 높이기 위해 마련한 조치와 극단적이고 반사적이며 과격한 조치 사이에는 엄연한 차이가 있으며, 이로써 현재의 위기를 감지하거나 장래의 문제를 예견할 수 있다.
- 장기적인 성장을 도모해도 좋을 만큼 회사 재정이 튼튼한가?
- 회사의 공장 시설이나 하부 구조가 큰 성장을 지탱해 줄 만한가? 다시 말해, 회사 확장이 현실적으로 가능한가?
- 회사가 현실에 초점을 맞추고 있는가, 아니면 앞으로의 성장과 발전을 지향하고 있는가?
- 상사의 행동에서 회사가 불안하다는 조짐을 나타내는 변화를 목격했는가?
- 상사에게 접근하는 것이 더 쉬워졌는가?
- 의사 결정이나 문제 해결 과정에서 당신의 창의력과 의견을 필요로 하는가?
- 주목을 받는 단기 주요 업무나 프로젝트에 당신을 참여시키는가?
- 지난 3년 동안 승진한 사람은 얼마나 되는가? 그 사람들과 배경, 업무 성과, 전문성 등을 비교했을 때 당신은 어느 정도인가?
- 성장 지향적이고 역량 있는 경영자를 영입 또는 고용하는가?
- 현재 경기 추세로 볼 때 앞으로 5년에서 10년 동안 기술 경쟁력을 유지할 수 있을 것 같은가?

- 당신보다 승진에 유리한 경쟁자가 있는가?
- 다운사이징이나 구조 조정을 통해 당신이 속한 부서나 팀이 핵심부에서 밀려났는가?
- 상사나 사내 실권자들과 적대 관계에 있는가?
- 아무 이유 없이 승진에서 누락된 적이 있는가? 다음 인사 때 승진하기 위해서는 어떤 점을 고쳐야 하는지 분명히 파악하고 있는가?
- 회사가 성장세에 있는지, 단지 현 상태를 유지하고만 있는지, 하락세에 있는지 육감으로 알 수 있는가?
- 업계의 전망은 어떠한가? 떠오르는 업계인가, 아니면 한물간 업계로 전락하고 있는가?

회사에 승진 기회가 있는지 파악할 수 있는 효과적인 방법은 오랫동안 회사에 몸담아 온 직원들에게 회사 전망을 물어 보는 것이다. 대부분 자신의 생각을 잘 말해 줄 것이다. 단, 한 가지 주의해야 할 점이 있다. 회사 전망을 물어 볼 때 회사를 아주 좋게 생각하고 있다는 식으로 얘기를 꺼내야 한다. 회사를 그만둘까 생각 중이라거나, 회사가 불안한 것 같다는 식으로 얘기를 꺼내서는 안 된다. 다음과 같이 대화를 시작하는 것이 좋다. "이 회사에서 커리어를 쌓고 가능한 한 많이 성장하고 발전하고 싶습니다. 한 말씀 좀 해주십시오. 앞으로 5~10년 동안 어떤 분야가 전망이 가장 밝을 것 같습니까? 회사의 장기 전망을 어떻게 보고 계십니까? 만약 제 입장에 있다면 어떻게 하시겠습니까?"

입수한 정보를 모두 동원해 회사의 전반적인 전망을 그려 보라. 단, 과장되거나 틀린 정보도 있을 수 있으니 주의해야 한다. 회사를 낙관적으로 말하는 것이 자신에게 이로울 것이라고 생각하는 사람도 있고, 몇 년 간 쌓인 불만을 토해 내는 사람도 있을 것이다. 당신의 목적은 다른 사람들이 회사를 어떻게 보고 있는지 파악하고, 다른 사람들이 제공하는 정보를 신중히 평가하는 것이다. 다른 사람들의 생각을 물어 보고 조언을 들으면 회사를 객관적으로 판단할 수 있으므로 승진 전략을 구체적으로 수립할 수 있다.

□ 현실적으로 승진 기회가 있는지 냉철히 분석하라.

승진할 가능성도 없는데 귀중한 시간과 노력을 낭비하지 마라.

다음 장에서는 오늘날 직장의 승진 현실을 구체적으로 살펴볼 것이다. 그리고 그에 대한 기본 지침을 세워 보고, 이전에 비해 승진 방법이 어떻게 달라졌고 오늘날 승진하기가 얼마나 힘들어졌는지 살펴보겠다.

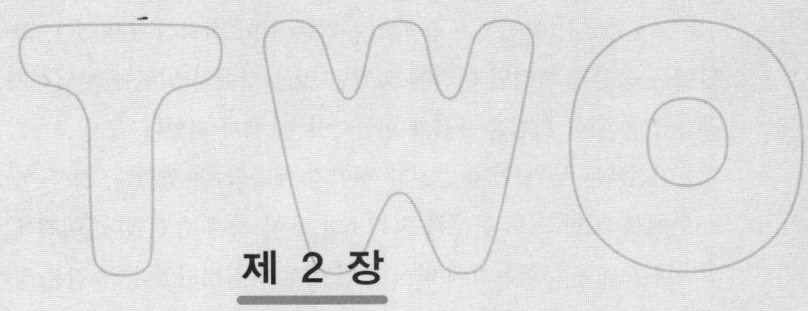

제 2 장

오늘날의 승진 현실

人 승진하거나 최고의 자리에 오르기가 오늘날만큼 힘들었던 적은 없었다. 이전에는 승진으로 가는 길이 비교적 분명했다. 그러나 오늘날에는 승진을 하려면 이전에 없었던 많은 장애와 난관에 부딪히게 된다. 이제 승진을 위한 지침을 새롭게 만들어야 할 때가 되었다.

이전에는 누가 언제 승진할 것인지 예측할 수 있었다. 보통 한 회사에서 25년에서 30년 정도 근무하면 최소한 두어 차례 승진했다. 이전에는 회사에 얼마나 오래 근무했는가에 따라 승진 여부가 결정되었다. 승진은 장기 근무에 대한 보상이었던 것이다. 때문에 회사에 오래 남아 있기만 하면 승진이 보장되었다. 이전에는 '대접받을 만한 사람'을 승진시켜 주었고, 그런 사람을 위해 자리를 일부러 만들어 주기도 했다. 당시에는 그렇게 하는 것이 당연하고 바람직하다고 생각했었다. 그러나 그러한 낡은 방식은 이제 더 이상 효과가 없다. 과거 편안했던 직장 생활을 반영하는 그러한 방식은 이제 경제 역사책에서나 볼 수 있을 것이다. 오늘날에는 대접받을 만한 사람을 승진시켜 주는 회사는 어디에도 없고, 앞으로도 그럴 것이다!

회사들이 다운사이징을 함에 따라 승진에도 다음과 같은 변화가 생겼다.

- 승진할 자리가 줄어들었다.
- 승진 경쟁이 그 어느 때보다 치열해졌다.
- 큰 성장세에 있는 회사도 간부 자리를 줄이고 있다.
- 오늘날 회사들이 '더 적은 인력으로 더 많은 일을' 하려고 한다. 이에 따라 개인의 책임은 늘지만 업무 달성에 다른 보상으로 승진시켜 주지는 않는다. 즉, 업무량은 느는 반면 직책이나 임금은 오르지 않는다.

오늘날 승진 여부는 얼마나 오래 근무했는가가 아니라 얼마나 생산적으로 일을 했는가에 따라 결정된다. 회사에 일 년 더 다녔다고 해서 특별한 보상을 제공하지는 않는다. 오늘날에는 생산성이 높은 사람이 승진한다. 보통 오래 근무한 사람이 생산성도 높기 마련이지만, 그렇지 않을 경우에는 생산성이 높은 사람이 승진에 유리하다. 회사 정책도 승진을 결정하는 데 여전히 중요한 영향을 미치고 있고, 앞으로도 그럴 것이다. 하지만 회사 정책도 효율적이고 생산적으로 일한 사람, 많은 성과를 올린 사람에게 유리하게 작용할 것이다.

이 장에서는 '오늘날의 승진 현실(Today's Promotion Realities, TPR)' 중 가장 핵심적인 사항들을 논의할 것이다. 좋든 싫든, 정당하든 부당하든, 옳든 그르든, 합리적이든 비합리적이든, 당신이 어떻게 생각하는가는 사실 중요하지 않다. 치열한 경쟁을 뚫고 승진 가도를 달리려면 그 기본 지침을 알아야 한다. 지금부터 논의할 오늘날의 승진 현실을 참고하면 승진 지침을 어떤 방식으로 새롭게 작성해야 할지 그 토대를 알 수 있을 것이다.

TPR #1: 대접받을 만하니까 승진하는 시대는 지났다
'대접받을 만한' 것은 아무것도 없다

당신은 자신이 당연히 승진해야 한다고 생각할 것이다. 문제는 다른 사람도 모두 똑같이 생각한다는 점이다. 물론 당신 눈에는 자신이 매우 뛰어나고 헌신적이며 근면하고 성실한 직원으로 비춰질 것이다. 그러나 이제는 이러한 자아 도취에서 벗어나야 한다. 그러한 생각은 승진에 아무 도움이 되지 않는다. 이 세상에서 그런 생각을 하는 사람은 당신 자신과 당신 어머니뿐일 것이다.

오늘날에는 당연히 대접받아야 한다는 이유만으로 당신을 위해 자리를 만들어 주지는 않는다. 열심히 노력해 눈에 띄는 성과를 올렸을 때 비로소 승진을 거머쥘 수 있다. 이전에 충분히 많은 성과를 올렸다고 생각하는 사람은 자신이 할 일은 다 했으니까 회사에서 보상을 줄 때까지 쉬엄쉬엄 일해도 괜찮겠지라는 안이한 생각해 빠진다. 그러다가 승진에서 탈락되면 실망한 나머지 회사를 욕하고 점점 불만이 쌓인다. 이러한 것은 승진에 아무 도움도 되지 않는다. 오히려 불만을 행동으로 나타내거나 떠들고 다니면 승진 가능성은 더욱 줄어든다. "이 회사에서 몇 년을 썩었는데 아직도 승진을 시켜 주지 않다니. 회사를 때려치우든지 해야지." 또는 "승진만 시켜 주면 정말 열심히 일할 텐데."라며 자신을 정당화하거나 화를 내는 모습을 보이지 마라. 이러한 모습을 보이면 동료, 특히 승진을 결정하거나 그 결정에 영향을 주는 사람들의 눈에 당신이 불평 불만이 많은 사람으로 비춰질 것이다.

이전에는 성실하고 회사에 충실하고 헌신적인 직원들을 승진시켜 주는 것을 당연하다고 생각했다. 심지어 그러한 직원들을 위해 새로운 직책을 만들어 주기도 했다. 회사에 충실한 직원들을 기쁘게 해주는 동시에, 열심히 일하면 어떤 보상이 있는지 다른 직원들에게 본보기로 보여 주기 위해서였다. 그러나 새로 만든 직책은 핵심 업무와는 동떨어진 주변 업무에 불과한 경우가 대부분이었다. 이러한 관행으로 인해 회사는 몸집만 과도하게 커지고 말았다. 그러나 오늘날 회사들은 균형과 통제를 회복하기 위해서 앞다퉈 군살 빼기 정책을 시행하고 있다. 이로 인해 불필요한 직책은 점점 사라지고 있다.

□ "내 할 일은 벌써 다 했어."라는 안이한 생각에 빠지지 마라. 언제나 할 일은 남아 있다. 승진을 위한 노력은 매일 새롭게 시작해야 한다.

TPR #2 : 다운사이징과 구조 조정으로 줄어든 승진 기회

중위급 이상의 간부 자리가 줄고 있는 반면, 일반 미국 책임자들의 권한은 급속도로 증가하고 있다. 이전에는 자리가 비면 바로 새 인원으로 충원했다. 그러나 오늘날에는 "새 인원을 꼭 뽑아야 하나?", "새로 사람을 뽑지 않고도 질과 생산성을 유지할 수 있는 방법은 없을까?", "다른 직책에 있는 사람에게 이 일을 맡기고 이 자리는 아예 없애 버릴까?"라는 태도가 일반적이다.

빈자리가 생겼을 때는 인원을 새로 뽑는 대신 남아 있는 직원에게 더 많은 업무를 맡기고 그 자리를 아예 없애는 경우가 늘고 있다. 다운사이징과 구조 조정이 전반적으로 어떤 효과를 나타낼지, 그리고 장기적으로 어떤 반향을 일으킬지는 아직 미지수다. 그러나 한 가지 분명한 사실은, 그로 인해 승진 자리가 줄고 있다는 것이다.

한 가지 위안이 될 만한 소식이 있다. 비록 중위급 이상의 간부 자리는 줄고 있지만, 첨단 기술 분야의 발달로 그 분야에서는 새로운 승진 기회가 생기고 있다는 점이다.

TPR #3 : 경제 역사상 오늘날만큼 승진 경쟁이 치열한 적도 없었다

승진 자리는 점점 줄고 있는 반면, 점점 더 능력이 뛰어나고 생산성이 높은 인재들이 승진 경쟁을 하고 있다. 그러다 보니 치열한 경쟁에서 승리하기 위해서는 남보다 우수하다는 사실을 입증해야 하고, 성공에 대한 결의를 나타내는 긍정적인 태도를 끊임없이 보여야 한다. 일반적으로 승진 자리 하나에 대해 최소한 네 명의 후보를 뽑는다. 따라서 웬만큼 일을 잘 하는 것으로는 승진할 수 없다. 최고가 되어야 한다. 그리고 회사 발전에 기여할 수 있는 능력을 가지고 있어야 한다.

TPR #4 : '잠재력'의 수명은 3주!

이전에는 잠재력이 큰 사람을 승진시켰다. 그리고 잠재성이 크다는 인식은 오랫동안 승진에 유리하게 적용했다. 하지만 어떤 사람은 은퇴한 후에도 잠재력을 발휘하지 못했다. 이제 잠재력은 큰 의미가 없어졌다. 대신 현재 업무에서 눈에 띄는 성과를 보이는 것이 더 중요해졌다.

❑ **앞으로 무엇을 할 수 있는지는 중요하지 않다. 지금 무엇을 하고 있는가가 중요**

하다.

부장이 되고 싶으면 우선 훌륭한 팀장이 될 수 있다는 것부터 증명하라. 생산량을 대규모로 늘리고 싶으면 우선 작은 규모의 생산량부터 높여 주목을 받아라. 다른 사람의 생산성을 향상시킬 수 있는 기회를 원한다면 우선 자신의 생산성을 높임으로써 다른 사람들의 업무에 긍정적인 영향을 끼칠 수 있다는 것을 입증하라. 대규모 프로젝트를 맡고 싶으면 소규모 프로젝트부터 효과적으로 해내라. 앞으로 잘 할 수 있다는 주장은 점점 설득력을 잃고 있다. 승진을 원한다면 우선 현재 업무를 잘 해내야 한다. 승진한 다음에 회사에 기여하고 높은 성과를 보이겠다고 생각하고 있다면 현실을 너무 모르고 있는 것이다!

TPR #5 : 회사에 큰 기여를 할수록 승진 가능성이 높아진다

회사에 보탬이 될지의 여부를 따져서 승진을 결정하는 경우가 점점 늘고 있다. 즉, "그를 승진시키면 회사에 큰 도움이 될 것인가? 만약 그렇다면 어떻게 도움이 될 것인가?"에 비중을 두고 승진을 결정하고 있다. 스스로 자신이 새 직책을 맡으면 회사에 어떤 방법으로 어떤 기여를 할 것인지 생각해 보고, 이에 대한 대답을 승진을 결정하거나 그 결정에 영향을 주는 사람들에게 얘기해 보라. 승진 가능성이 급속히 높아질 것이다.

회사에 더 큰 기여를 하는 사람으로 인식되는 사람이 승진을 획득할 수 있다. 지금까지 회사에 어떤 기여를 해 왔는지, 새로운 직책을 맡으면 무엇을 '높이고' 무엇을 '줄일' 것인지 생각해 보라. 수익, 이윤, 효율성, 품질을 높이는 데 기여했는가? 비용, 시간, 인력, 분쟁을 줄이는 데 기여했는가?

회사에 큰 기여를 한 적이 한 번이라도 있다면 다음 질문에 대한 대답을 생각해 보라.

- 승진을 결정하거나 그 결정에 영향을 주는 사람들이 당신의 성과를 알고 있는가?
- 사내 직원들에게 당신의 성과를 어떻게 알릴 것인가?
- 현재의 성과로 앞으로의 성공을 어떻게 증명할 것인가?
- 회사 발전에 보탬이 될 수 있도록 어떤 방법으로 회사에 기여할 것인가?
- 새로운 서비스, 상품, 공정, 방법을 개발할 수 있는가?
- 인수를 지지할 수 있는가?
- 현재 핵심 사업을 위한 새로운 수익 흐름이나 새로운 마케팅 기회를 파악하고 창출할 수 있는가?

ロ 다음 측면에서 회사에 기여한다면 당신의 가치와 승진 가능성이 높아질 것이다.

- 속도 증가   - 효율성 증가
- 비용 절감   - 생산성 향상
- 새로운 방법   - 수익성 증가

TPR #6 : 이전과는 달라진 승진의 의미

이전에는 지위가 높을수록 통제권도 늘었다. 지위가 높을수록 더 많은 부하 직원을 거느렸고, 부하 직원이 많을수록 더 많은 예산을 관할했다. 관할하는 예산이 많을수록 사내 서열도 높아졌다. 아직까지도 이러한 모습이 남아 있기는 하지만, 오늘날에는 승진을 해도 통제권이 늘지는 않는다. 오히려 지위가 높아질수록 거느리는 직원이 준다. 또한, '사람'이 아니라 '과정'을 관리 또는 통솔한다.

오늘날에는 임무를 완수하는 데 인원이 적게 동원될수록 효율적이라고 생

각한다. 승진한다는 것은 '팀'이나 '그룹'의 형태로 함께 협력하여 일하는 직원들에 대한 통제권은 줄어드는 반면, 생산 라인이나 기술 개발, 프로젝트, 품질 향상 등과 같은 'things'에 대한 영향력과 통제권이 늘어나는 것을 의미하게 되었다. 즉, 오늘날에는 승진이란 최종 결과에 대한 영향력과 책임의 상승을 의미할 뿐 반드시 사람에 대한 영향력의 상승을 의미하지는 않는다. 오늘날 고위 직책의 업무에는 관리 업무가 포함되지 않을 수도 있다. 얼마나 많은 부하 직원을 거느리는가를 보고, 또는 직책의 이름만 보고 그 직책의 가치를 평가하지 마라. 그 직책의 진정한 가치를 평가하려면 총책임, 지속적인 성장 기회, 자신의 경력과 수익에 대한 장기적이고 긍정적인 영향을 보아야 한다.

이전과 비교해서 승진의 의미가 어떻게 달라졌는지에 대한 자세한 예를 이 장 끝에서 보여 주겠다.

TPR #7: 슈퍼 영웅은 이제 필요없다

오늘날에는 회사에 없어서는 안 될 사람, 또는 혼자 모든 일을 도맡아 할 수 있는 슈퍼 영웅으로 보이기 위해 노력할 필요가 없다. 한 사람에게 모든 권한과 영향력을 부여하는 것이 얼마나 위험한지가 그 동안 확연히 드러났다. '도맡아 할 수 있다'는 것은 분명 큰 장점이 될 수 있지만, 사실 혼자 모든 일을 떠맡는다는 것은 큰 부담이 아닐 수 없다. 오늘날에는 오히려 이러한 슈퍼 영웅 때문에 업무에 지장이 생길 수도 있다. 모든 업무가 한 사람을 거쳐야 한다면, 또는 구체적이고 핵심적인 업무를 할 수 있는 사람이 한 사람뿐이라면 그 밖의 다른 사람들은 그 한 사람이 얼마나 일을 잘 해내느냐에 따라 자기 일을 잘 할 수도 있고 잘 못할 수도 있다. 그 한 사람이 업무를 마쳐야만 다음 일이 진행되는 것이다. 그래서 혼자 모든 일을 도맡아 하는 슈퍼 영웅은 종종 비난이나 비판의 대상이 된다. 사람들은 기한을 넘기거나 품질이 나쁘면 책임 정도를 막론하고 그 사람을 비난한다. 기한에 쫓겨 편법을 써야 하는 것은 그 사람 때문에 일이 지연되었기 때문이라고 생각하는 사람은 이러한 부정적인 인식을 승진을 결정하거나 그 결정에 영향을 주는 사람들에게 전달할 것이다.

모든 일을 도맡아 하고자 하는 욕심이 있고 그럴 수 있는 능력이 있다는 것은 개인적으로는 매우 큰 장점이다. 그러나 그렇게 하면 업무 통제와 관련해 문제가 발생할 수 있고, 완벽주의자라는 비난을 받을 수도 있다. 이것은 승진에 전혀 도움이 되지 않는다. 무조건 업무와 책임을 많이 맡는다고 좋은 것이 아니다. 오히려 엄청난 짐이 될 수 있다. 과도한 양의 업무와 책임에 시달리다 보면 급속히 지쳐 버릴 뿐만 아니라, 업무에 지장을 초래하는 사람으로 낙인찍히기 십상이다. 다른 사람들이 제대로 업무 수행을 할 수 있도록 도와주어라. 다른 사람들도 회사에 기여하고 자신의 가치를 높일 수 있는 기회를 주어라. 업무와 책임을 분담하라. 다른 사람들에게 기술과 지식을 가르쳐 주어라. 그렇게 하는 것이 진정으로 당신의 가치를 높일 수 있는 방법이다.

□ 승진을 하고 싶다면 없어서는 안 될 사람, 어느 누구도 대신할 수 없는 사람이라는 인상을 주어서는 안 된다.

역할이나 업무, 또는 기능에 대해 가능한 한 많은 것을 배워라. 하지만 혼자 모든 것을 하겠다고 고집부리지는 마라. 다른 사람들과 더불어 할 줄 알아야 한다. 오늘날에는 다른 사람들이 배우고 책임을 늘일 수 있도록 도와주지 않는 것을 약점이라고 생각한다. 업무에 지장을 주거나 제멋대로 통제하는 사람으로 인식되는 것은 커리어에 치명적이다.

TPR #8 : 지도력은 필수

지도력이란 높은 지위를 이용해 부당하게 권력을 행사하지 않으면서도 사람들에게 영향을 줄 수 있는 능력을 말한다. 높은 직책에 오를수록 권한과 책임이 느는 것은 물론 어느 정도의 공식적인 힘도 생긴다. 그러나 그 직책에 성공적으로 도달하려면 우선 비공식적인 힘, 즉 지도력부터 키워야 한다. 지도력이란 공식적인 힘이 없거나 직책이 높지 않아도 영향력을 행사할 수 있는 능력을 말한다. 제1장에서 논의했던 4P에 영향을 주는 아홉 가지 요소 중 카리스마가 바로 지도력에 속한다.

지도력은 타고나는 것이 아니라 얻는 것이다. 그리고 직책이나 직무와는 관계가 없다. 요구나 강요를 한다고 얻을 수 있는 것도 아니다. 자발적으로 따르게 만들어야 한다. 책임자도 아닌데 많은 사람들이 따르는 경우가 있는가 하면, 책임자인데도 사람들이 따르지 않는 경우도 많다. 일반적으로 직원들은 직장에서 지도력을 보이는 사람을 고위 직책의 간부보다 더 잘 따른다.

책임자는 권위의 자리를 부여받는다. 그리고 기존의 정책과 절차, 테두리 안에서 행동을 관리한다. 한마디로, 책임자의 권한은 직책의 이름에 놓여 있다고 할 수 있다. 그래서 그 직책을 잃으면 권한도 급속히 줄어든다. 사실 책임자 자리에서 물러난 사람만큼 영향력이 없는 사람도 없다. 그러나 지도력은 다르다. 주변 사람들의 신뢰를 저버리지 않는 한 지도력은 줄어들지 않으며, 빼앗을 수도 없다. 책임자의 권한은 임시로 주어지는 것일 뿐이지만, 지도력은 지속되는 것이다.

지도력의 네 가지 요소

그렇다면 지도력은 어떻게 하면 얻을 수 있는가? 지도력의 네 가지 요소를 갖추면 된다. 그러면 당신의 영향력은 커질 것이고 다른 사람들은 당신을 더 존경하게 될 것이다. 이 네 가지 요소를 적절히 조합하여 직장에서 당신의 지도력을 키우기 바란다.

미래에 대비할 수 있도록 도와라

동료나 상사가 미래의 도전에 대처할 수 있도록 대비시켜라. 앞으로 발생할 기회를 포착할 수 있도록 준비시켜라. 사람들이 미래에 대해 잘 대비하고, 자신에게는 물론 회사와 주변 사람에게 더 가치 있는 사람이 될 수 있도록 도와주어라. 당신은 사람들을 좌절하게 만드는가, 아니면 사람들의 능력을 키워주는가? 사람들이 더 발전할 수 있도록 도와주는가, 아니면 위협적인 경쟁 상대로 부상하지 못하도록 발전의 기회를 막는가? 이것은 대답하기 힘든 질문이다. 자신을 한번 되돌아보아라. 당신은 다른 사람들이 미래에 대비할 수 있도록 도와주고 있는가?

선택안을 제시해 주어라

주변 사람들이 난관이나 위기에 봉착했을 때 해결책이나 대안을 찾을 수 있도록 도와주어라. 업무나 상사에 대해 불평을 늘어놓는 사람이 있으면 함께 불평하지 말고 어떤 대안이 있는지 알려 주어라. 문제를 바로잡고 대처할 수 있는 효과적인 방법을 알려 주어라. 프로젝트나 업무가 잘 안 풀릴 때 해결책을 찾을 수 있도록 도와주어라. 현재의 불평이나 불만을 심화시키는 것은 지도력이 아니다. 그런다고 불평이나 불만이 사라지지는 않는다. 사람들의 불만에 맞장구치면서 그 불만을 더 확대시키는 것은 누구나 할 수 있다. 그러나 문제에 대한 해결책을 제시하는 것은 아무나 할 수 있는 일이 아니다.

해결책을 찾으려면 우선 여러 선택안을 놓고 대조해 보아야 한다. 지도력이란 사람들에게 명령하고 사람들이 그 명령에 복종하기를 기대하는 것이 아니다. 문제를 대신 해결해 주는 것도 아니다. 진정한 지도력은 대안을 제시함으로써 사람들이 가장 효과적인 해결책을 선택할 수 있도록 도와주는 것이다. 많은 사람들은 자신에게 아무런 선택안이나 권한이 없기 때문에 실패한 것이며, 따라서 자신들을 피해자라고 생각한다. 그러나 여러 선택안과 대안이 있다면 이러한 무기력함과 절망감을 느끼지 않을 것이다.

과거를 잊을 수 있도록 도와라

지도력을 키운다는 것은 미래에 초점을 맞춘다는 의미이다. 계속 과거에 집착한다면 결코 지도력을 갖지 못할 것이다. 과거의 좋지 않았던 일들을 잊지 못하는 사람이 있다. 예전에 겪었던 부당한 대우, 무관심, 희롱 등을 계속해서 떠올리고, 때로는 그러한 일들을 중심으로 대화를 이어 가기도 한다. 생각, 행동, 심지어 현재 일어나고 있는 좋은 일도 어떤 식으로든 과거의 불행한 사건과 연관지어 생각한다. 그런 사람들이 불행했던 기억에서 벗어나 앞으로의 일에 매진할 수 있도록 도와주어라. 사람들의 이야기를 들어 주어라. 한 번이면 된다. 그리고 나서 다음과 같은 말로 새로운 방향을 제시해 주어라. "이것을 극복할 수 있는 방법은 무엇인가?", "문제를 해결할 수 있는 방법은 무엇인가?", "어떻게 하면 과거가 아니라 미래에 눈을 돌리게 할 수 있는가?"

그렇게 과거에 집착하는 심정이 이해가 가는 사람이 있는가 하면, "난 너무 불쌍해."라는 자기 연민에 빠져 있는 사람도 있다. 안타깝게도 과거는 지워버릴 수 없다. 우리가 할 수 있는 일은 과거를 인정하고 거기서 교훈을 배워 앞으로 정진하는 것이다.

□ **진정한 지도자는 과거 때문에 현재나 미래가 좌우되거나 지장받도록 하지 않는다.**

변화를 수용할 수 있도록 도와라

변화는 불가피하다. 오늘날 모든 회사가 변화에 직면하고 있다. 현실을 직시하라. 만약 당신이 몸담고 있는 회사가 변화하고 있지 않다면 당신은 묘지로 향하는 장례 행렬에 서 있는 것과 마찬가지다. 만약 그렇다면 어서 그 느릿느릿한 행렬에서 빠져나와 새로운 방향으로 가라.

어떤 사람은 변화를 수용해서 전진하는가 하면, 어떤 사람은 변화를 두려워한 나머지 현실에 안주하기도 한다. 그러나 변화는 어떤 것으로도 멈출 수 없다. 변화를 환영하거나 지지할 필요는 없다. 그러나 변화해야 할 필요성은 인정해야 한다. 인정하기 싫으면 새로운 일자리를 구해야 한다. 변화한다는 것은 결코 쉬운 일이 아니다. 변화를 선택하는 것은 소유주, 이사회 임원, 최고경영자와 같이 극소수이지만, 많은 사람들이 변화를 겪어야 한다. 사람들로 하여금 내부 갈등을 극복해 변화를 잘 수용할 수 있도록 도와주는 사람이야말로 재능이 뛰어나고 가치 있으며 승진 가능성이 높은 사람이다.

변화 수용을 도울 때, 두 가지 점에 초점을 맞추어야 한다. 변화했을 때의 긍정적인 결과와 변화하지 않았을 때의 부정적인 결과를 알리는 것이다.

- 변화의 긍정적인 결과 알리기 : 의도한 변화의 긍정적인 결과를 끊임없이 알려라. 변화해야 하는 이유, 변화가 일어나고 있는 부분, 달성하고자 하는 것을 알려 주어라. 사람들이 불편을 겪어야 한다면 그 이유는 알아야 하지 않겠는가.

많은 사람들이 변화를 부정적으로 받아들이고, 그것을 개인적인 시각에서 바라본다. 변화가 개개인에게는 가혹하고 불편하다는 것은 어떤 면에서는 사실이다. 그러나 좀더 넓은 시각에서 보면 변화의 원동력은 회사의 변덕스러운 정책이 아니라 시장의 힘이라는 것을 알 수 있을 것이다. 외부로부터 오는 도전이 급속히 변화함에 따라 효율성을 유지하고 지속적인 성과를 거두기 위해 목표, 방침, 절차, 활동 등을 수정해야 하는 것이다.

- 변화하지 않았을 때의 부정적인 결과 알리기 : 변화를 거부하거나 변화에 뒤처졌을 경우 그 결과가 어떨지 알려 주어라. 변화에 실패한 회사는 대부분 살아남지 못한다. 변화를 거부한 결과를 기꺼이 받아들이겠다면 굳이 변화를 강요할 필요는 없다. 그러나 그렇지 않을 경우에는 변화에 실패하면 어떤 결과가 생길지 분명히 알려 주어야 한다. 변화에 실패하면 다음과 같은 결과에 직면할 것이다.

- 한창때를 놓치게 된다.

- 어쩔 수 없이 현 상태를 유지해야 한다.
- 변화에 실패한 부분에 대한 아웃소싱
- 영향력, 접근, 힘의 감소
- 회사 규모 축소 또는 파산

변화에 성공하면 회사의 전망이 밝아질 것이다. 그러나 변화에 실패하면 부정적인 결과에 직면하게 될 것이다. 사람들에게 이러한 사실을 인식시키면서 그 중요성을 계속 강조하라. 그리고 직접 본보기를 보여라. 사람들이 변화를 수용하고 앞으로 전진할 수 있도록 도울 수 있다면 승진 가능성이 훨씬 높아질 것이다.

TPR #9 : 팀원들과 협력하고 원만한 인간 관계를 유지해야 승진 가능성이 높아진다

오늘날 회사들이 입버릇처럼 부르짖고 있는 말은 협력을 통해 '더 적은 인원으로 더 많은 일을 하라'는 것이다. 자신만의 영역을 만들거나, 동료들을 도와주지 않아 협력적인 업무 달성을 방해하는 행동은 커리어에 치명적이다. 업무를 수행하는 데 있어서 팀원과 잘 협력할 수 있다는 것을 보여 주어라. 공동의 창의력과 지식과 재능을 이용할 줄 알아야 승진에 유리하다. 이전의 "이 엄청난 일을 해내다니, 난 정말 대단한 사람이야."라는 식의 태도는 더 이상 커리어 향상에 도움이 되지 않는다. 심지어 동료들로부터 따돌림을 당할 수도 있다. 오늘날 직장에서는 다음과 같은 행동이 필요하다.

- 우리 대 나의 마음가짐을 가져라.
- 팀이나 그룹을 이루어 협력을 통해 문제를 해결하라.
- 아이디어, 사람, 스타일의 다양성을 인정하라.
- 참여 대 경쟁의 구도를 구축하라.

- 회의에서 좋은 의견을 내고 좋은 행동을 보여라.
- 그룹 내 마찰을 해결하라.
- 의사 전달은 간단명료하게 하라.
- 좋은 의도의 비판은 적극 수용하라.

TPR #10: 뛰어난 기술은 필수. 그러나 그것만으로는 부족하다

오늘날 직장에서 성공하기 위해서는 뛰어난 기술이 있어야 한다는 것은 두말할 여지도 없다. 기술은 성공의 기본 조건이다. 이렇다 할 기술이 없다면 성공할 수 없다. 그러나 기술만 뛰어나다고 승진이 보장되는 것은 아니다. 기술은 시작에 불가할 뿐 최종 목표가 아니다. 인간 관계를 원만히 유지하고 자기 관리를 철저히 해야 승진 가능성이 높아진다.

원만한 인간 관계 유지 방법

- 효과적으로 의사를 전달하라.
- 남의 말을 경청하라. (이것은 오늘날 직장에서 훈련이 가장 부족한 기술이다)
- 동료나 고객의 불만을 진정시켜라.
- 사람들과 잘 어울려라.
- 문제를 정확히 진단하라.
- 문제를 창의적으로 해결하라.
- 분쟁을 공정하고 생산적으로 해결하라.
- 성공적인 결과를 위한 행동 계획을 세워 실천하라.

자기 관리 방법

- 책상이나 작업 환경을 깨끗하고 효율적으로 정돈하라.
- 자신의 업무뿐 아니라 다른 사람의 업무도 논리적이고 생산적이며 효율적인 순서로 배치하라.
- 서류를 잘 분리해서 보관하라. (가장 최근의 서류를 어느 파일에 두어야 할지 몰라 승진에서 누락되는 사람도 있다)
- 파일을 순서대로 정리하라.
- 효과적인 일과표를 만들어라.
- 단기(6개월 미만), 중기(6~18개월), 장기(18개월 이상) 목표를 수립하라.

☐ 승진 가능성을 높이고 싶으면 인간 관계를 원만히 유지하고, 자기 관리를 철저히 해야 한다.

책상이 지저분하거나 작업 환경이 어수선한 사람들은 자기 나름대로 서류를 보관하는 방법이 있다고 말한다. "책상이 엉망이기는 하지만 뭐가 어디에 있는지는 다 알아." 이것은 자기 환상에 불과하다. 설령 이 말이 사실이라고 하더라도 다른 사람들은 그렇게 생각하지 않는다. 책상이 지저분하면 자기 관리를 잘 못하는 사람이라는 인상을 주고, 그 인상은 한 번 새겨지면 좀처럼 사라지지 않는다. 책상이 지저분하다는 것은 현재 업무를 제대로 처리하지 못하고 있다는 구체적인 증거다. "지금 맡은 일도 헤매는 사람한테 더 힘든 일을 맡겨도 좋을까?" 다른 사람도 당신의 시스템을 믿고 있다는 환상은 버려라. 정돈되지 않은 시스템은 다른 사람에게 부정적인 인상을 주며, 그런 인상은 당신의 힘으로는 바꾸거나 고칠 수 없다.

사회 생활을 하면서 가장 훌륭하거나 가장 존경할 만하다고 생각했던 사람을 한번 떠올려 보라. 분명 그 사람의 업무 수행 능력은 매우 뛰어날 것이다. 만약 당신이 회사를 세운다면 그 업무 수행 방식을 따라 하고 싶을 것이다. 그가 그렇게 위대한 것이 무엇 때문이라고 생각하는가? 기술이 뛰어나서? 물론 그것도 한 가지 이유가 될 것이다. 그러나 그가 위대한 진정한 이유는 기술이 뛰어날 뿐만 아니라 대인 기술과 자기 관리 능력이 훌륭했기 때문이었을 가능성이 많다. 다시 말해, 뛰어난 기술도 물론 중요하지만, 인간 관계를 원만히 유지하고 자기 관리를 철저히 해야 남보다 돋보일 수 있다는 것이다.

오늘날 직장에서는 기술이 뛰어나다는 것은 단지 현재 업무를 유지하도록 하게 할 뿐이다. 다른 사람보다 돋보이고 싶고 그래서 승진하고 싶다면 뛰어난 기술을 가지고 있어야 할 뿐 아니라 인간 관계도 원만히 유지하고 자기 관리도 철저히 해야 한다.

TPR #11: 자기 개발을 위해 노력해야 한다

□ 당신의 능력은 당신 하기에 달려 있다.

안타깝게도 오늘날 직장에서는 성공에 필요한 모든 기술을 직원들에게 효과적으로 가르치지 못하고 있다. 기껏해야 필요한 기술의 50% 정도만을 교육하고 있을 뿐이다. 기술 연수만 시켜 줄 뿐 인간 관계를 원만히 유지하는 방법이나 자기 관리 방법은 전혀 가르치지 않는다. 회사에서 가르치지 않는 나머지 50% 기술은 직원 각자가 알아서 배워야 한다. 그렇게 하지 않으면 영원히 배우지 못할 것이다. 정말 승진하고 싶다면 회사가 제공하는 한정된 교육에만 의존하지 마라. 안타깝게도, 오늘날 직장인들은 스스로 자기 계발을 하려는 노력은 하지 않고 기술 부족을 회사 탓으로 돌리는 경우가 많다. 회사 책임인 것이 사실일 수도 있다. 그리고 그렇게 하는 것이 편하고, 자신을 합리화시키는 방법이 될 수도 있다. 그러나 회사만 탓하다가는 부족한 기술을 영영 배우지 못할 것이고, 결국 엄청난 대가를 치를 것이다. 이러한 실수를 저지르지 마라.

현실을 받아들이고, 부족한 기술을 배울 기회가 있는지 찾아보라. 스스로 자기를 발전시켜 나가다 보면 다른 경쟁자들보다 훨씬 앞서나갈 것이다. 자신의 기술을 객관적으로 평가해 보라. 그리고 상사나 다른 간부들에게 당신의 능력을 평가해 달라고 부탁하라. 그런 다음 학습 계획을 세워 실천하라. 이것이 자기 개발의 방법이다.

필요한 기술을 어떻게 배우고, 자기 계발에 대한 의지와 노력을 어떻게 보일지는 이 책을 통해 자세히 알 수 있을 것이다. 물론 그 동안 그래 왔던 것처럼 대학이나 전문 기술 교육 과정을 거칠 수도 있다. 이러한 기관들은 오늘날의 적극적이고 의욕에 넘치는 직장인들을 위해 맞춤 교육을 제공하고 있다. 요즘에는 대인 기술이나 자기 관리 능력에 대한 책도 서점에 많이 나와 있다. 오디오나 비디오 테이프를 비롯하여 CD롬을 통해서도 정보를 얻을 수 있다. 쌍방향 컴퓨터 학습 모델도 매우 효과적이다. 자기를 계발할 수 있는 기회는 얼마든지 있다. 기회를 얼마나 잘 이용하는가는 당신에게 달려 있다. 남들이 당신을 앞질러 승승장구하는 것을 그냥 지켜보기만 할 것인가, 아니면 현재 업무뿐 아니라 앞으로의 승진에도 도움이 될 기술을 적극적으로 배우고 개발할 것인가. 어떤 쪽을 선택할지는 당신이 결정할 일이다.

□ 당신이 어떤 기술을 가지느냐는 당신 하기에 달려 있다. 아무도 대신 책임져 주지 않는다.

TPR #12 : 신뢰 구축은 승진의 토대

지도력과 마찬가지로 신뢰도 노력을 통해 획득하는 것이다. 요구나 강요에 의해 얻을 수 있는 것이 아니다. 그러나 지도력과 달리 신뢰는 쉽게 깨진다. 한번 신뢰를 저버리거나 잃으면 회복은 거의 불가능하다. 직장에서 신뢰를 쌓는 방법은 여러 가지인데, 그 중 가장 중요한 몇 가지 방법만 소개하겠다.

한다고 말한 일은 반드시 하라

할 마음이 없거나 할 수 없는 일은 하겠다고 말하지 마라. 당신이 무언가를 하겠다고 말하면 사람들은 당신을 의지하게 된다. 당신이 그 일을 해야 다른 사람들도 업무를 수행할 수 있는 경우도 있다. 우리는 의지할 수 있는 사람을 신뢰하고, 신뢰하는 사람에게 의지한다. 의도가 아무리 좋았더라도 지키지 않으면 소용없다. 다른 사람들은 당신이 얼마나 바쁜지, 무슨 문제 때문에 일을 처리하지 못하는지에는 관심이 없다. 당신이 하겠다고 한 일을 하는지에만 관심이 있다. 하겠다고 말했으면 그 일은 반드시 하라! 당신 동료 중에서도 하겠다고 말한 일을 반드시 하는 사람이 있고, 가끔씩 못하는 사람도 있다. 당신은 어떤 동료에게 더 믿음이 가는가? 하겠다고 말한 일을 하지 못하면 신뢰는 무너지고 만다.

다른 사람의 말을 경청하라

신뢰를 탄탄하게 쌓을 수 있는 가장 효과적인 방법은 상대방의 말을 경청하는 것이다. 상대방의 말을 경청한다는 것은 상대방의 생각과 지식을 존중한다는 의미다. 번거롭더라도 남의 말을 잘 들어 주어라. 그러면 상대방은 당신에 대해 아주 좋은 인상을 갖게 될 것이다. 말을 들어 준다고 해서 상대방의 의견에 꼭 동의한다는 의미는 아니지만, 말을 들어 준다는 것은 상대방의 사고방식과 의견을 존중한다는 것, 그리고 상대방을 진지하게 대한다는 것을 나타낸다. 사람들은 자신의 말에 귀기울여 주는 사람을 신뢰한다. 그러나 대부분의 사람들은 남의 말에 귀기울이지 않는다. 그저 서로 말하려고 안달이다.

남의 말을 경청하는 방법에 대해서는 제4장에서 깊이 다루기로 하겠다.

비밀을 지켜라

신뢰를 얻고 싶다면 비밀을 지켜라. 앞에서 언급했듯이, 소문이나 험담을 퍼뜨리거나 비밀을 누설하면 신뢰받지 못한다. 그리고 그런 사람에게는 아무도 의지하지 않는다. 비밀을 퍼뜨리는 사람에게 누가 비밀을 털어놓고, 누가 비밀 정보를 알려 줄 것인가. 사람들은 보통 남의 비밀을 말해 주면서 "내가 하는 말 아무한테도 말하면 안 돼." 또는 "이건 아무한테도 말하면 안 되는데, 너니까 믿고 말해 주는 거야."라고 말한다. 이것은 그 비밀을 털어놓은 당사자의 신뢰를 저버리는 행동일 뿐만 아니라, 그 비밀을 전해 들은 사람도 당신에게는 비밀을 얘기해서는 안 되겠다고 생각하게 한다!

개인적인 비밀을 털어놓거나 은밀한 정보를 알려 주는 사람의 신뢰를 저버리지 마라. 비밀을 지켜서 신뢰할 만한 사람이라는 것을 보여 주어라.

□ **입이 가벼우면 승진길이 막힌다.**

다른 사람의 성과나 아이디어를 자신의 공인 양 말하지 마라

다른 사람의 성과나 아이디어를 자신의 공으로 말하는 사람은 신뢰를 급속히 잃어버린다. 다른 사람의 공을 자신의 공인 양하면 당장에는 보상이 있겠지만, 멀리 내다보면 신뢰 손상이라는 엄청나고 값비싼 대가를 치러야 한다. 누군가가 당신이 한 일을 자기가 한 일인 척하는 경우를 직접 당해 본 적이 있다면 그런 경우에 신뢰가 얼마나 무참히 파괴되는지 잘 알 것이다. 다른 사람들의 노력이나 아이디어에 도움을 받았다면 그들의 공을 인정하고 칭찬하라. 이런 식으로 한 번 신뢰를 잃으면 회복은 거의 불가능하다.

언제나 남을 존중하라

함께 일하는 사람을 모두 좋아할 필요는 없다. 직장 생활을 하다 보면 의견 충돌이 생기기 마련이고, 그러다 보면 싸움으로 번지는 경우도 있다. 하지만 그렇더라도 상대방을 무시하거나 자존심을 상하게 하는 행동은 하지 마라. 인신 공격이나 욕을 하며 상대방을 무시하면 이미지도 나빠지고 승진에도 나쁜 영향을 끼친다. 의견이 있으면 당당히 말하라. 건의 사항이 있으면 건의하라. 생각이 다르면 다르다고 말하라. 단, 성숙한 자세와 상대방을 존중하는 태도는 잃지 말아야 한다. 마음에 들지 않는 의견이나 행동이 있으면 지적하라. 그렇지만 상대방을 깔보거나 약점을 공격하지는 마라. 직장에서 흔히 볼 수 있는 남을 무시하는 행동에는 다음과 같은 것들이 있다.

- 뒤에서 남 욕하기
- 감정적으로 폭발하게 만들거나 공개적으로 망신당하게 하기
- 상대방 기분 생각하지 않고 함부로 말하기
- 상대방의 심정이나 생각은 아랑곳없이 흥분된 내용의 메모나 이메일 마구 보내기
- 순간적인 감정에 따라 사람 대하기

자신을 무시하는 사람을 신뢰하고 지지할 사람은 아무도 없다.

실수를 인정하라

실수를 저질렀으면 실수를 인정하고, 거기서 교훈을 얻어 더 나은 일을 할 수 있도록 하라. 완벽주의자가 되려 하거나 실수를 인정하지 않으려는 태도는 커리어 향상에 큰 걸림돌이 된다. 책임을 회피하거나 남에게 전가하는 사람은 동료들로부터 외면당하기 쉽다. 일이 잘못되었을 경우 그 책임을 나에게 떠넘길 사람과 누가 함께 일하려고 하겠는가? 실수를 통해 교훈을 배우는 사람이라는 것을 보여 주어라. 실수를 숨기지 마라.

TPR #13 : 상사가 업무 목표를 달성할 수 있도록 도우면 승진 가능성이 높아진다

승진으로 가는 가장 확실한 지름길은 상사를 돕는 것이다. 이것은 지금까지 변하지 않았던 사실이며, 앞으로도 변하지 않을 것이다. 상사가 승진할 수 있도록 도와라. 혹시 당신이 그 자리에 오를지도 모르지 않는가. 공적인 일이든 사적인 일이든 상사가 어떤 일 때문에 고민하고 있는지 파악하라. 그리고 그 일을 해낼 수 있도록 상사를 도울 방법을 찾아라. 다시 말해, 어떤 일이 상사에게 중요한 일인지 파악한 다음 합법적이고 도덕적이며 윤리적인 선에서 모든 방법을 총동원하여 상사를 도와라.

상사가 앉았던 자리에 오르게 되든 완전히 다른 직책을 맡게 되든 상관없다. 상사를 잘 보조했다는 기록 자체로 당신의 승진 가능성은 한결 높아진다. 새로 상사가 될 사람도 이전 상사의 성공과 성과에 많은 도움을 준 사람을 더 반길 것이다. 솔직히, 사람이라면 자기가 좋아하는 사람을 승진시키고 싶어하기 마련이다. 상사의 마음에 들 수 있는 가장 좋은 방법은? 바로 상사가 업무를 잘 수행할 수 있도록 도와주는 것이다!

TPR #14 : 비용 문제

회사 비용의 효율적인 지출을 염두에 두어라. 현재 회사 지출을 담당하고 있든 그렇지 않든 마찬가지다. 의견이나 충고를 제시하거나 행동을 할 때, 항상 비용 문제를 먼저 생각해 보아야 한다. 어마어마한 비용이 필요한 제안을 한다면 재정 관념이 부족하다는 인상을 줄 것이다.

회사 돈을 효율적으로 쓴다는 것을 어떻게 보여 줄 수 있을까? 출장 가서 차 안에서 자야 할 필요는 없지만, 사비로 비용을 지불한 것처럼 해서 비용이 생기게 하는 것은 괜찮다. 그것은 모두 인식에 관한 문제다. 5달러면 충분한 일에 10달러를 쓰지 마라. 숨겨진 비용이 있다는 사실을 명심하라.

- 한 시간이면 충분할 회의에 네 시간 동안 직원들을 묶어 둘 때, 실질적으로 회사에 드는 비용은?
- 인쇄물 브로셔에 색깔을 하나 더 추가할 때, 실질적으로 드는 비용은?
- 직원 한 명을 추가로 고용할 때 드는 비용은?
- 모든 우편물을 속달 배달할 필요가 있는가?

TPR #15: 자진해서 위험을 무릅써야 한다

편하고 안전한 길만 택하면서 승진을 기대하고 있다면 너무 안일한 생각이다. 적절히 위험을 무릅쓸 줄도 알아야 자기 개발도 되고 승진을 결정하거나 그 결정에 영향을 주는 사람들의 눈에 띌 가능성도 높아진다. 위험을 무릅쓴다는 것은 솔선수범하고, 적극적으로 의견을 제시하거나 의사를 결정하며, 결과에 책임을 진다는 의미다. 잠재 위험의 우선순위를 정하라. 그리고 실패했을 경우 어떤 대가를 치러야 하는지 면밀히 파악하라. 위험이 클수록 성공할 경우 승진 가능성도 높아지지만, 실패할 경우에는 커리어에 치명적인 손상이 생길 것이다.

위험을 회피하는 사람은 불안하고 우유부단하며 확신이 없는 사람이라는 인상을 준다. 심지어 자신감이 부족하거나 중대한 조치를 취할 수 없는 사람으로 비춰질 수도 있다. 반면, 위험을 무릅쓰는 사람은 자신의 재능과 능력에 자신이 있는 사람, 실수를 통해 교훈을 얻고자 하는 사람이라는 인상을 준다. 위험을 무릅쓰거나 업무를 끝까지 수행할 수 있다는 것을 입증할 프로젝트나 새로운 계획이 있는가? 회사에 도움이 되는 사람은 적절히 위험을 무릅쓸 줄 아는 사람, 맡은 임무를 끝까지 해낼 수 있는 사람이다. 그리고 그러한 사람이 승진을 거머쥔다.

승진에 유리한 사람

- 사람들이 좋아한다.
- 큰 실수를 하지 않는다.
- 상사가 지켜보지 않아도 열심히 일한다.
- 의사 전달 능력이 뛰어나다.
- 상대방의 말을 경청한다. 즉, 상대방이 하고자 하는 말을 잘 간파한다.
- 직책이 높지는 않지만 지도력이 있다.
- 보고 체계가 효과적이고 서류 정돈이 잘 되어 있다.
- 분쟁이나 이견이 생겼을 때 회피하지 않고 지혜롭게 대처한다.
- '예'라고 말하기 위해 노력한다. 그러나 필요할 때 '아니오'라고 당당히 말한다.
- 책임 영역을 넓혀서 영향력을 늘리고, 새로운 도전을 찾는다.
- 자기 업무에 충실하면서, 한편으로는 다른 사람들이 자신을 개발할 수 있도록 돕는다.

현직자가 제공하는 생생한 승진 조언

승진한다는 것은 이전과는 다른 의미를 가지고 있을 것이다

유나이티드 테크놀로지 사의 프랫 앤 휘트니 에어크라프트 부서는 품질과 생산성 향상에 초점을 맞춘 내부 프로그램을 개발했다. ACE(Achieving Competitive Excellence: 경쟁력 있는 우수성 획득하기)라는 이 프로그램은 루이스 쉬네버트의 지휘 아래 조 도슨, 롭 러키, 데이비드 해덕의 설계로 1996년 2월부터 시행되어 왔다. ACE 프로그램의 원동력은 다음 선언문에 나타나 있다.

프랫 앤 휘트니는 첨단 기술로 이루어진 신뢰할 수 있는 추진 시스템과 부품, 서비스 제공 부문에서 세계 1위가 되기로 다짐했다. 이를 위해 우리는 고객의 기대에 부응하고 고용 기회를 창출하며 남보다 나은 업무 결과를 달성하기 위해 생산성을 지속적으로 개선해 나갈 것이다.

ACE 프로그램의 목적은 다음 선언문에 나타나 있다.

품질과 생산성을 높여라. 이것은 고객 만족도를 높이고, 더 많은 양의 업무를 더 효과적으로 하기 위한 것이다. 우리는 이것을 Achieving Competitive Excellence 프로그램을 통해 달성할 것이다.

프랫 앤 휘트니 부는 셀(cell)이라는 업무 단위로 작업장을 구분했다. 셀은 기계와 사람들로 이루어진 특정 그룹으로서, 제품을 중심으로 하는 일관 작업 배치 방식으로 조직되어 있으며, 특정 제품을 제조한다. 보통 셀 하나는 10~12명으로 구성되어 있다. 각 셀은 파일럿(Pilot)이라고 부르는 직원이 대표로 이끈다.

파일럿은 품질과 생산성 향상이라는 목표의 중요성을 셀 구성원들에게 인식시켜야 하고, 변화에 대한 동기를 부여해 변화를 지지하도록 해야 하며, 기존의 생산 방식을 바꿔야 하는 막중한 책임을 맡는다. 실질적으로 ACE 프로그램을 이행하는 사람들이 바로 이 파일럿이다. 파일럿은 보통 기계 가동, 칩 생산, 제트 엔진 부품 제조에 오랜 경력이 있는 사람들이다.

파일럿이 된다는 것은 앞으로의 커리어에 도움이 될지는 모르지만, 공식적인 승진을 의미하지는 않는다. 임금 인상도 없다. 파일럿이 된다는 것은 반복적인 일상에서 탈피하고, 의미 있는 변화를 만들어 내기 위해 새로운 분야에 뛰어들고, 앞으로 새로운 커리어에 도전할 수 있도록 개인적인 경험을 쌓을 수 있는 것이다.

ACE 프로그램을 설계한 사람 중 한 명인 조 도슨은 파일럿들이 어떤 훈련을 받는지, 앞으로 어떤 성장 가능성이 있는지 대략 이렇게 설명했다.

파일럿들은 ACE 프로그램의 일곱 가지 주요 요소에 관해서 1년에 200시간이 넘는 교육을 받습니다. 그리고 그 밖에 셀 구성원을 어끌고 사기를 북돋아 주기 위한 교육도 받습니다. 파일럿들은 고도의 훈련을 받습니다. 또한 다른 셀의 파일럿들과 잘 협력하면서, 한편으로는 자신의 셀 구성원들이 품질과 생산성을 향상시킬 수 있도록 이끄는 역할을 합니다. 또한 자신의 셀 내에서 ACE 프로그램의 전 과정을 주도하는 책임을 집니다. 지금 배우는 기술과 지식은 앞으로 파일럿들이 지도자 위치에 올랐을 때 매우 큰 도움이 될 것입니다.

파일럿 집중 훈련 프로그램에서는 다음과 같은 기술을 교육한다.

- 의사 소통 기술   - 프레젠테이션 기술
- PC 운용 기술   - 소프트웨어 기술
- 자기 관리 기술   - 대인 기술

데이비드 해덕은 특히 셀 구성원간에 서로 원만한 관계를 유지하고 협력할 수 있도록 하는 것이 중요하다고 강조했다.

ACE 프로그램에서는 셀을 이끄는 역할을 하게 되었을 때 구성원 모두의 협력이 필요하다는 것을 사람들은 잘 알고 있습니다. 모두가 지도자 역할을 하려 든다면 지도자 역할을 하기가 매우 힘들 것입니다. ACE 프로그램을 효율적으로 시행하기 위해서는 셀 구성원 모두가 전적으로 협력해야 합니다.

ACE 프로그램은 대성공을 거두었다. 얼마 전에는 유나이티드 테크놀로지 사의 전 CEO를 기리는 의미에서 그의 이름을 딴 '아서 E. 스미스' 상을 받기도 했다. 이 상은 유나이티드 테크놀로지 회사들에게는 가장 명예로운 상 중 하나다.

ACE 파일럿이 되어 효율적으로 업무를 수행한다는 것은 기존의 승진과 다른 모습일 수도 있다. 그러나 이것을 통해 우리는 오늘날 직장에서 커리어를 향상하고 자기를 계발한다는 것이 어떤 것을 의미하는지 생생하게 알 수 있다.

제 3 장
앞으로의 경향과 현재의 과제

앞으로의 경향

앞으로는 승진이 어떤 모습으로 보일까? 지속적이고 장기적으로 커리어를 쌓으며 승진하려면 어떤 기술과 능력이 필요할까? 만약 이에 대한 대답을 알고 있다면 승진 걱정은 크게 할 필요가 없을 것이다. 그러나 이것을 예측하는 것은 불가능하다. 많은 미래학자들이 앞으로의 직장 모습을 예측하고는 있지만, 가장 좋은 방법은 자신의 직감과 상식을 따르는 것일 것이다.

제1장에서 승진 가능성을 높이기 위해 필요한 다음 세 요소를 강에 비유해 설명했었다.

- SAW(기술, 능력, 의지)의 연마
- 4P(승진 가능성에 대한 사람들의 긍정적인 인식)
- 사내 승진 기회

마찬가지로, 미래에 관해서도 다음 그림처럼 강에 비유해서 설명할 수 있다.

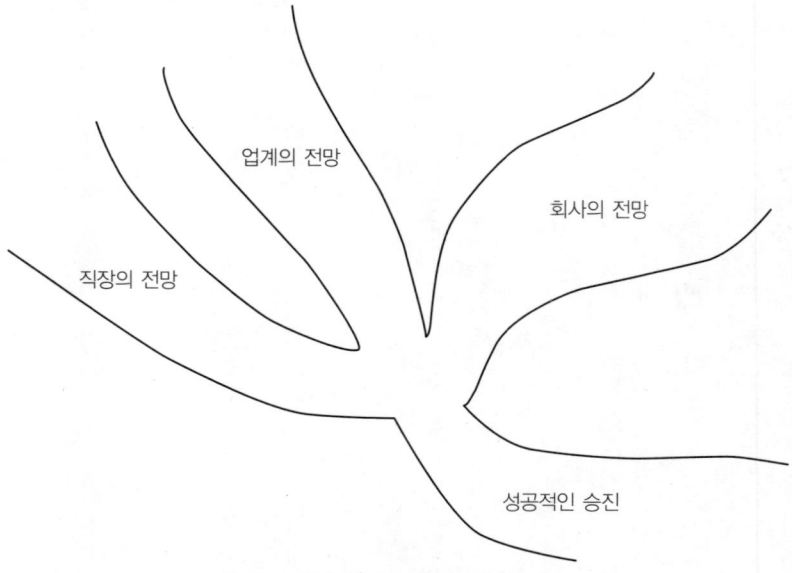

업계의 전망

회사의 전망

직장의 전망

성공적인 승진

[그림 3-1] 승진 가능성에 영향을 주는 미래 요소들

미래와 관련해서 승진 가능성에 영향을 주는 요소는 세 가지다. 당신 직장의 전망, 당신 업계의 전망, 당신 회사의 전망이 바로 그것이다.

회사의 발전에 영향을 줄 조짐과 경향이 분명히 있다. 각각의 강도와 여파는 아직 알 수 없지만, 그러한 것들의 영향은 부인할 수 없다. 당신이 해야 할 일은 그러한 조짐이나 경향이 당신이 속한 업계와 회사에 어떤 영향을 줄지 통찰력을 가지고 나름대로 판단하는 일이다.

세계 경제의 현실

우리의 경제 활동은 더 이상 작은 지역 사회나 한 국가 안에만 국한되어 있지 않다. 오늘날 우리는 세계를 무대로 경쟁하고 있고, 앞으로도 그럴 것이다. 이전에는 경쟁자가 같은 지역 사회에 살고 있는 경우가 대부분이었기 때문에 경쟁자를 잘 파악할 수 있었다. 그러나 오늘날에는 규율이 전혀 다른 지구 반대편에 살고 있는 사람이 경쟁자가 될 수도 있다. 대체로 특허권이나 저작권 보호는 우리 나라(미국) 안에서만 통할 것이다. 특허권이나 저작권을 보호하는 나라도 있고, 그렇지 않은 나라도 있다. 대부분의 경우, 특허권이나 저작권을 보호하지 않는 국가가 경쟁력에 가장 심각한 타격을 준다.

미국이 세계 경제에서 차지하는 우위는 날마다 위협받고 있다. 중국 경제의 안정, 유럽 경제의 통합, 심지어 아시아의 경제 불안으로 인해 당신의 국가는 물론 당신이 속한 시장, 업계, 그리고 당신 개인도 엄청난 경쟁에 직면하게 되었다. 이렇게 떠오르는 세계 경제 속에서 더욱 가치를 인정받고 주목받기 위해서는 무엇을 해야 하는가?

다음 사실을 통해 그 해답을 얻을 수 있을 것이다.

– **외국어 능력이 매우 중시될 것이다** : 지금까지 전세계 공통 무역 용어는 영어로 되어 있었다. 그러나 이것이 변하고 있다. 세계가 꼭 우리 문을 향해 다가오라는 법은 없다. 이제 우리도 그들의 문을 두드려야 한다. 스페인어,

일본어, 한국어, 중국어를 제대로 의사소통할 수 있을 정도로 배워 둔다면 매우 유리할 것이다.

- **외국의 문화와 기업 관행을 반드시 알아야 한다** : 주요 해외 시장의 법, 기업 풍토, 주요 관습, 규범, 문화 등을 잘 알아 두면 큰 도움이 될 것이다. 특히 '기업 관행'은 나라마다 지역마다 아주 큰 차이가 있다.

- **외국의 은행 업무와 화폐에 대한 지식이 매우 중시될 것이다** : 전문가 수준의 지식은 필요없지만, 외국의 은행 업무나 화폐에 대한 지식이 없다면 커리어에 큰 걸림돌이 될 것이다.

- **세계 시장에 대한 통찰력이 있어야 한다** : 세계 시장의 힘에 유연하게 대처하고 전략적으로 사고할 수 있어야 한다. 또한 신속하고 경쟁력 있고 효과적으로 대응할 수 있어야 한다. 이것은 장기적인 성공과 승진에 매우 중요하며, 앞으로도 그럴 것이다. 가령 중대한 변화의 조짐과 흐름을 조기에 예측할 수 있어야 한다. 그래야 변화 속에서 헤매지 않고 변화를 효과적으로 이용할 수 있다.

급속한 기술 발전

당신이 종사하고 있는 업계와 회사에 영향을 주는 기술이 하루가 다르게 발전하고 있으며 새로 개발되고 있다. 이러한 기술 발전의 흐름에 뒤처진다면 시대에 뒤떨어지고 말 것이다. 사실 오늘날 미국의 모든 업계와 업종이 이러한 기술 발전에 영향을 받고 있다. 그리고 앞으로도 마찬가지일 것이다. 그러므로 자신의 업계와 관련된 기술 발전의 동향을 꾸준히 따라잡아야 한다. 지금 가지고 있는 지식을 유지하는 것만으로는 부족하다. 다음에 어떤 기술이 개발될 것일지도 파악하고 있어야 한다. 기존의 기술을 새로운 환경에서 이용할 수 있는 기회도 많이 있을 것이다. 중요한 것은 기존 기술을 어떻게 하면 더 잘 활용할 수 있는지, 그리고 다른 분야에도 적용할 수 있는지의 문제다.

기술 발전의 흐름을 계속 따라잡기 위해서는 많이 노력해야 한다. 전문

서적, 또는 자신의 업계나 직업과 관련된 협회나 단체를 통해서 많은 지식을 얻을 수 있는데, 그러기 위해서는 본인이 많은 시간과 노력을 투자해야 한다. 그리고 관련된 사람들과의 인맥을 넓히고 유지해야 한다.

이 점을 항상 생각하라. 앞으로 어떤 방향으로 기술이 발전할 것인가? 지금부터 5~10년 뒤에 내 기술은 어떤 수준일까? 다음에는 어떤 획기적인 기술이 개발될 것인가?

정보화 시대

오늘날 우리가 이용할 수 있는 정보는 상상을 초월할 정도로 많고, 매일같이 새로운 정보가 쏟아지고 있다. 거역할 수 없는 이 엄청난 정보의 흐름은 오늘날 직장에 큰 영향을 끼치고 있다. 따라서 앞으로 승진 가능성을 높이기 위해서는 정보 기술을 효율적으로 이용할 수 있어야 할 것이다. 정보를 제대로 처리할 줄 모르면 승진에 탈락하거나, 심지어 더 보잘것없는 직책으로 강등될 수도 있다. 그러므로 현재 사용되고 있는 컴퓨터와 정보 기술뿐만 아니라 새로운 기술도 계속해서 익혀야 한다. 남보다 월등히 뛰어날 정도까지는 아니더라도, 남에게 뒤처진다는 인상을 주어서는 안 된다!

오늘날 점점 늘어나는 정보를 효율적으로 처리하기 위해서는 다음 세 가지 능력을 갖추고 있어야 한다.

1. 정보에 접근하고 이용할 수 있는 능력. 정보에 접근할 수 있어야 한다!
2. 많은 양의 정보를 처리할 수 있는 능력. 정보 과부하는 엄연한 현실이다. 게다가 매일매일 새로운 정보가 쏟아져 나오고 있다. 따라서 컴퓨터 기술을 이용하여 엄청난 양의 정보를 소화하고 처리할 수 있는 나름대로의 방법을 개발해야 한다. (기술과 시간이 대단히 중요하다)
3. 어떤 정보가 정말로 중요한지 가려 낼 수 있는 능력. 정보가 워낙 많다 보니 모든 정보가 중요한 것처럼 보이고, 모든 정보가 똑같아 보인다.

그렇기 때문에 중요하고 유용한 정보와, 흥미롭기는 하지만 중요하지는 않거나 전혀 도움이 되지 않는 정보를 구분해 낼 수 있어야 한다.

전혀 도움이 되지 않는 정보를 골라서 버리는 일은 거의 누구나 할 수 있다. 그러나 정말 어려운 것은 흥미로운 정보와 중요한 정보를 구분하는 일이다. 단지 흥미롭기만 할 뿐 자신의 성공이나 회사의 주요 업무에 아무 도움도 되지 않는 정보를 소화하고 처리하느라 귀중한 시간과 노력을 투자할 수는 없다.

고객 서비스

경제가 제조업 중심에서 서비스 중심으로 계속 변화함에 따라 고객 서비스가 매우 중요해질 것이다. 경쟁이 치열해지고 의뢰인, 고객, 학부모, 학생 등이 이용할 수 있는 선택의 폭이 넓어졌기 때문에 고객과 지속적인 관계를 유지하기 위해서는 특별한 고객 서비스를 제공해야 한다. 그렇지 않으면 경쟁에서 뒤쳐져 결국 파멸하고 말 것이다.

경쟁 업체가 없다면 고객 서비스도 그리 중요하지 않을 것이다. 고객에게 달리 선택의 여지가 없기 때문이다. 그러나 경쟁 업체가 들어서는 순간부터는 고객 관계를 새롭게 정의해야 한다. 그 대표적인 예가 IRS다. IRS는 납세자를 고객처럼 대하고 있다. 이와 같이 공공 기관도 앞으로는 납세자를 고객처럼 대해야 할 것이다. 현재 적절한 고객 서비스를 제공하지 않는 공공 기관들은 재정상의 큰 문제를 겪고 있다.

이와 같이 지금까지는 경쟁자가 없었던 기관들도 경쟁이 치열해짐에 따라 특별 고객 서비스를 제공하고 있다. IRS를 비롯해서 주 정부나 지방 정부가 운영하는 서비스 기관들은 납세자에게 좋은 서비스를 제공하기 위해 노력하고 있다. 독점이 금지되고 정부의 보호가 사라지면서, 확실한 고객 기반을 확보하고 있던 업계와 회사도 이제 치열한 경쟁에 직면하게 되었다. 앞으로는 양질의 고객 서비스를 제공할 수 있는 능력과 그럴 의지가 더욱 중요해질 것이다.

양질의 서비스를 제공한다는 것은 단순히 고객에게 상냥하고 친절하게 대하는 것만을 의미하지는 않는다. 물론 고객에게 친절해야 하지만, 다음과 같은 것들이 점점 더 중요해지고 있다.

- 고객이 지금 필요로 하는 것과 기대하고 있는 것을 파악한다.
- 고객의 필요와 기대를 충족시키기 위해 필요한 기술을 파악해서 계속 갱신한다.
- 종업원과 직원에게 그러한 기술을 훈련시킨다.
- 경향, 고객의 필요, 기대, 요구의 변화를 지속적으로 살펴서 그것에 즉각 대응한다.
- 현재의 공정, 정책, 절차를 지속적으로 재평가해서 고객에게 즉각적으로 반응할 수 있도록 한다.
- 모니터와 피드백을 위한 첨단 시스템을 도입하여 경쟁 업체의 고객 관리 능력과 새로운 고객 관리 기법을 파악한다.

끊임없이 배워야 한다

오늘날 직장인들의 지식과 능력의 수명은 매우 짧다. 오늘 알고 있는 지식과 기술이 내일이면 구식이 되어 버릴 수도 있다. 시대에 발맞춘다는 것은 매우 힘든 도전이며, 이 도전은 결코 끝나지 않을 것이다. 자신의 성과에 도취되어 현실에 안주하거나, 내가 할 일은 이미 다 했다고 생각한다면 성공에서 급속히 멀어질 것이다. 이것이 오늘날의 현실이다. 끊임없이 배우기 위해 자신을 다그쳐라. 자신과의 싸움을 해야 한다. 새로운 지식을 배웠으면 마음껏 기뻐하고 뿌듯해하라. 그리고 나서 또다시 새로운 지식과 기술을 익혀라.

□ 앞으로 어떤 미래가 펼쳐지더라도 '끊임없는 학습'은 선택이 아니라 필수 사항
  이다.

앞으로는 다음 능력을 얼마나 잘 개발했는가를 기준으로 직원들을 평가
할 것이다.

- 의사 표현 능력
- 자기 관리 능력
- 문제 해결 능력 또는 프로젝트 관리 능력
- 대인 기술
- 자발적인 정신. 일정한 틀 없이 스스로 알아서 해야 하는 상황에서
  효과적으로 일할 수 있는 능력

이러한 기술을 개발하고 입증하는 전략은 제4장에서 제8장까지 실제 사
례를 통해 밝히겠다.

□ 앞으로의 경향과 도전을 파악해 전략을 수립하기 위한 좋은 방법은, 승진에 성
  공한 사람들의 패턴을 분석해서 배울 점을 찾는 것이다.

현재의 도전

승진을 하려면 많은 도전을 극복해야 한다. 극복하기 쉬운 것도 있고, 어
려운 것도 있다. 승진을 원하는 사람이라면 누구나 크고 작은 도전에 직면할
것이다. 그리고 자신이 처한 상황에 따라 다르게 대응할 것이다. 그러나 회사
의 모든 사람들이 공통적으로 겪는 예측할 수 있는 도전들이 있다.

사람들이 당신에 관해 가지는 비전 넓히기

사람들은 당신의 현재 역할을 어떻게 생각하고 있는가? 능력과 승진 가능성은 완전히 별개의 문제다. 현재 당신의 업무 수행 능력은 대단히 뛰어날지 모른다. 그리고 모든 사람들이 당신의 능력을 칭찬할지 모른다. 그러나 사람들이 당신을 지금보다 더 많은 일을 할 수 있는 사람으로 인식하도록 만들어야 한다. 이 책에서 우리는 4P(승진 가능성에 대한 사람들의 긍정적인 인식)에 대해 논의하고, 그 인식을 강화할 수 있는 전략을 제시하고 있다. 당신의 능력에 대한 사람들의 인식을 강화하면 사람들이 당신의 능력과 성과를 인정하게 할 수 있을 뿐 아니라 당신의 향상된 능력에 대한 비전을 갖게 할 수 있다. 또한 당신이 앞으로 어떤 사람이 될 수 있을지도 알게 할 수 있다. 하지만 당신에 관해 사람들이 가지는 비전을 넓히지 못한다면 당신의 명예도 현재 직책에서 끝날 것이다.

자신에 관한 비전을 넓히는 것은 매우 힘든 도전이다. 사람들이 당신의 역할을 어떻게 생각하는지는 당신이 통제할 수 없기 때문이다. 그리고 한 역할에만 계속 머무는 것은 커리어 향상에 치명적일 수 있다. 적극적이고 자발적으로 지금 맡고 있는 업무가 요구하는 것 이상의 일을 해야 한다. 부탁받을 때까지 기다리지 말고 적극적으로 나서야 한다.

□ 기다린다(wait)는 것은,

*W*allow

*A*lways

*I*n

*T*oday

항상 오늘에 머문다는 것이다.

장기간의 비주류 업무 피하기

그다지 주목받지 못하거나 핵심 업무와 무관한 일을 한다면 사람들에게
자신의 능력을 보여 줄 수도 없고 긍정적인 인식도 유지할 수 없을 것이다. 그
럴 경우 대부분 사람들에게서 잊혀지고 만다. 직장인들은 상사로부터 "걱정
말게. 금방 끝나는 일이야. 일이 끝나면 내가 자넬 돌봐 주지."라는 애매하고
구속력 없는 약속을 받고 비주류 업무를 맡곤 한다. 하지만 설령 그것이 진심
이었다 하더라도 상사는 종종 그 약속을 저버린다. 그래서 임시 업무가 영구
적인 업무로 되어 버리는 경우가 많다.

당신에게 선택권이 있다면 그 단기간의 임시 업무가 장기적으로 당신의
커리어 전반에 어떤 영향을 끼칠지 판단해 보고 결정하라. 이때 두 가지를 견
주어서 판단해야 한다. 회사 발전에 기여하지 않으려 한다는 인상을 주지 말
아야 하고, 한편으로는 커리어 향상에 지장을 주는 것을 막아야 한다. 그래서
될 수 있으면 그 업무를 얼마 동안 할지, 그 업무를 마치고 나면 어떤 것을 선
택할 수 있는지를 계약 형식으로 문서로 남겨 두는 것이 좋다. 일정 기간 동
안 특정 업무 하나를 완수했다고 해서 승진을 기대할 수는 없을 것이다. 그러
나 문서로 남겨 둔다면 그 업무를 완수하고 난 다음의 선택의 폭이 넓어질 것
이다.

만약 주목받지 못하거나 주류에서 벗어난 것이거나 승진에는 아무 도움
이 되지 않는 업무를 맡게 되었다면 당신의 성과가 어떻게 평가될 것인지, 성
공 또는 실패의 기준이 무엇인지 명확히 알고 있어야 한다. 경기에서 이기려
면 경기 규칙을 알아야 하는 법이다. 임시 업무의 목표와 목적과 더불어, 상사
또는 승진을 결정하거나 그 결정에 영향을 주는 사람들이 당신의 성과를 어떻
게 평가할지 분명히 파악하고 있어야 한다. 평가 기준을 미리 알고 있으면 그
기준에 맞게 행동하고 결정할 수 있다. 또한 목표와 목적을 분명히 알고 있으
면 매달 관련된 모든 사람에게 간단히 보고서를 제출해 업무 진전과 성과를
알릴 수 있다. 이렇게 하면 지속적으로 자신의 능력을 알릴 수도 있고, 이로

인해 궁극적인 성공도 획득할 수 있다.

□ **목표와 목적과 평가 기준을 명확히 파악하지 않으면 당신의 능력을 알릴 수 있**
는 기회가 크게 줄어들 것이며, 사실상 아무도 당신의 능력을 알지 못할 것이다!

잠재적 고립에 대처하기

재택 근무를 하거나, 외진 곳으로 발령이 나거나, 상사를 비롯하여 승진
을 결정하거나 그 결정에 영향을 주는 사람들에게 자신의 모습을 잘 보이지
않으면 승진에 불리해질 것이다. 기술 발전과 기업들의 지방 분산화로 인해
많은 사람들이 집이나 위성 사무실 등 본사에서 떨어져 일하게 되었다.

독립적으로 일하는 것에는 장점도 있고 단점도 있다. 우선 좋은 점은, 상
사가 감시하지 않아도 자발적으로 업무를 효과적으로 수행할 수 있다는 것을
입증할 수 있고 이로 인해 승진 가능성이 높아질 것이라는 점이다. 또한 상사
의 잔소리를 듣지 않아도 된다. 그러나 회사 중역들이 모여 있는 본사에서 멀
리 떨어져 있으면 그만큼 승진하기가 어렵다. 아무래도 영향력 있는 핵심 인
물들과 가까이 있는 사람들이 승진에 유리할 것이다. 그래서 본사에서 떨어져
일하게 될 경우에는 의사 전달 능력을 개발하는 것이 특히 중요하다. 의사 전
달 능력이 승진을 좌우할 것이다. 즉, 직접 말로 하든 컴퓨터를 이용하든 의사
전달을 잘 하면 승진에 결정적인 도움이 되지만, 그렇지 못할 경우에는 승진
에 치명적이 될 것이다. 어떻게 하면 승진에 도움이 되도록 의사 전달을 할 수
있는지는 제4장에서 자세히 다룰 것이다. 이 정보는 분명 당신에게 매우 유용
할 것이다.

본사에서 멀리 떨어져 근무하게 되었을 때 역시 가장 중요한 것은 상사와
더불어 승진을 결정하거나 승진에 영향을 주는 사람들이 당신의 성과에 거는
기대를 파악하는 것이다. 또한 자신이 맡고 있는 업무의 목표와 목적을 분명
히 파악하고 있어야 한다. 본사에서 멀리 떨어진 곳에서 일을 하고 있을 때에

도 본사 사람들은 당신을 엄격히 평가하고 있을 것이다.

오늘의 생산성과 내일의 성장, 균형 있게 발전시키기

당신의 시야는 내일의 성장에 초점을 맞추고 있는 반면, 당신의 성과와 노력은 오늘이라는 토양에 단단히 심어야 한다. 이 두 가지를 동시에 하기란 결코 쉽지 않다. 하지만 지금 하고 있는 일의 비중을 80 대 20으로 나눈다면 어느 정도 도움이 될 것이다. 즉, 80%는 오늘의 목표와 목적을 달성하고, 현재 사람들이 당신에게 갖고 있는 기대를 충족시키고, 맡은 임무를 성공적으로 완성하는 데 비중을 두는 것이다. 그리고 나머지 20%는 성장과 변화에 대한 당신의 비전을 평가해 알리고, 앞으로의 도전에 대비하는 데 초점을 맞추는 것이다.

> □ 오로지 오늘에만 초점을 맞춰 일하면 오늘의 당신 모습이 결정된다. 그러나 초점을 내일의 비전까지 넓히면 내일의 당신 모습이 결정된다.

사내 직원 승진에 영향 주기

일반적으로 대부분의 회사는 사내 직원을 승진시키기를 선호한다. 다음과 같은 큰 이점이 있기 때문이다.

- ‘사내 출신’은 회사의 정책이나 절차, 기업 문화를 잘 알고 있다.
- 현 상태를 지속할 수 있다.
- 생산성이 높은 사람은 승진할 수 있다는 본보기가 된다.
- 비용이 적게 든다. 외부에서 유능한 인재를 채용하는 것보다는 사내 직원을 단계적으로 승진시키는 것이 비용이 적게 든다.

그러나 사내 직원을 승진시키는 것에는 다음과 같은 단점도 있다.

- 현 상태가 유지된다. 즉, 새로운 발전이나 변화가 없다.
- 외부 인력에 비해 사내 후보의 능력이 떨어질 수 있다.
- 사내 후보의 결점은 많은 사람들에게 노출되었을 수 있다. 동료 직원들은 그 후보의 모순된 행동, 과거의 좋지 않은 업무 성과, 불평하고 반항하는 모습들을 생생히 기억하고 있을 것이다. 최근의 성과가 아무리 뛰어났다 해도 동료 직원들은 그 후보의 가장 감추고 싶어하는 단점까지 기억하고 있을 것이다.
- 여러 후보 중 한 명이 뽑혀 승진이 되면 승진에서 탈락한 다른 후보들이 일제히 부정적 반응을 보일 수 있다. 보통 탈락한 후보들은 편애나 차별 때문에 탈락했다고 생각하기 때문에 회사 내에서의 질투와 불만의 목소리가 커진다. 그들은 업무량을 줄이거나 부정적, 수동적, 공격적, 반항적 행동을 통해 이러한 감정을 드러내기도 한다. 또한 승진에 탈락한 후보들은 여러 사람들을 끌어모아 반대 세력을 만들어 승진한 동료를 비난하기도 한다.

사내 직원 승진에 영향을 줄 수 있는 방법

- 충분히 승진 후보 자격이 될 수 있을 만큼 생산성을 높여라. 단, 당신의 눈높이가 아니라 상사나 승진 결정권자의 눈높이에 맞춰야 한다.
- 회사에서 결점을 노출하지 마라. 다시 말해, 모순된 행동을 하거나 화를 내거나 반항적인 행동 등을 하지 마라.
- 승진에서 탈락했을 경우, 구체적인 이유를 파악해서 부족한 점을 개선하기 위해 노력하라. 다음에 기회가 생겼을 때는 확실히 승진할 수 있도록 준비하라. 승진에서 탈락했다고 회사를 욕하거나 반항적인 행동을 하지 마라. 그러한 모습이 남긴 부정적인 이미지는 오랫동안 지속된다.

– 변화를 수용하고, 사람들이 변화를 수용할 수 있도록 도와라. 즉, 현재의 정책과 절차를 옹호하되 변화의 기회가 생기면 적극 수용하라. 그리고 앞으로 필요할 전략과 기술을 사람들에게 알려 주고, 타당하고 적절한 제안을 해주어라.

승진에서 탈락했다면 더 분발하기

오늘날에는 승진 경쟁이 치열해지면서 승진에서 적어도 한 번은 탈락할 가능성이 매우 높아졌다.

경쟁에서 졌다는 사실을 쉽게 받아들일 수는 없을 것이다. 그러나 자신이 선택되지 않았다고 해서 함부로 행동해서는 안 된다. 누군가가 감정적으로 행동하는 당신의 모습을 유심히 지켜보고 있을 것이다. 승진에서 탈락한 것이 오히려 기회가 될 수도 있다. 큰 실망을 겪고 있을 때도 성숙하게 난관을 잘 극복할 수 있다는 것을 보여 줄 수 있는 기회다. 승진하지 못한 것은 당신이 회사에서 인정받지 못했기 때문이라는 자책에 빠지지 마라. 승진에서 탈락했을 때 화를 내며 불만을 늘어놓는 것은 누구나 하는 일이고, 이해해 줄 만한 반응이다. 그러나 커리어 향상에는 전혀 도움이 되지 않는다. 이번이 승진할 수 있는 마지막 유일한 기회였다면 장기적인 차원에서 판단을 내려라. 계속 전진하는 것이 최선책일 수도 있다. 그러나 장기적으로 당신과 가족, 그리고 커리어에 부정적인 영향을 끼칠 수 있는 감정적인 결정은 하지 마라.

□ 오늘날의 직장에서는 승진에 탈락하는 것이 일상적인 일이다. 그러한 불리한 상황도 승진에 유리하게 이용할 수 있어야 한다.

불안한 직장 환경 속에서 긍정적 태도 유지하기

오늘날의 직장 환경 속에서는 직장인들이 부정적인 태도에 빠지기 쉽다. 회사들이 업무의 효율성을 높이기 위해 다운사이징을 하고 있으며, 이에 따라

고용주와 직원들간의 상호 신뢰가 사라지고 있다. 이와 같은 오늘날의 직장 환경에서는 긍정적인 태도를 유지하기가 쉽지 않다. 오히려 긍정적인 태도를 유지하는 사람이 따돌림을 받을 정도다. 오늘날 직장인들에게서 흔히 볼 수 있는 부정적인 태도는 내 저서 「부정적인 태도에서 생존하는 법 : 경영자들을 위한 필수 지침(The Bad Attitude Survival Guide : Essential Tools for Manager)」(Perseus, 1998)에 자세히 나타나 있다. 또한 현직 경영자나 앞으로 경영자가 되고자 하는 사람들이 자기 자신이나 다른 사람들의 부정적 태도와 행동에 대해 잘 대처할 수 있으려면 어떤 기술을 익혀야 하는지도 이 책에 잘 설명해 놓았다.

부정적인 생각에 빠지지 마라. 오늘날의 직장 환경과 변화가 불만족스러울지 모르지만 극복해야 한다. 두 가지 선택이 있다. 하나는 오늘의 규칙을 따르는 것이고, 다른 하나는 어제의 규칙을 고수하는 것이다. 전자를 선택했을 때는 경쟁력이 생겨 자신이 원하던 승진과 성장을 획득할 수 있지만, 후자를 선택했을 때는 불만과 부정적인 태도만 쌓일 뿐 결국 승진과 성장은 얻지 못할 것이다. 무엇을 선택할지는 당신이 결정하라.

□ 부정적인 태도를 갖는 데는 아무 재능도 필요없다.

직업 안정성에 대해 새로운 정의 내리기

많은 사람들이 직업 안정성이 사라졌다고 말하는데, 실상은 그렇지 않다. 물론 직업 안정성이 변하기는 했지만 그렇다고 완전히 없어진 것은 아니다. 사실 관점에 따라서는 오늘날만큼 직업 안정성이 컸던 적이 없었다고도 할 수 있다. 이전에는 직업 안정성이란 회사에 헌신적이고 생산성이 높은 직원에게 오랜 기간 동안의 고용을 보장하는 것을 의미했다. 우리가 잘 알고 있듯이, 이러한 의미의 직업 안정성은 더 이상 존재하지 않는다. 오늘날의 직업 안정성이란 장기간의 고용을 보장하는 것이 아니라 고용 가능성을 보장하는 것이다.

그리고 직업 안정성을 보장하는 주체는 회사가 아니라 개인이다. 다시 말해, 각 개인이 자신의 고용 가능성을 유지하고 높임으로써 스스로 직업 안정성을 보장한다. 궁극적인 책임이 각 개인에게 있다는 점에서 볼 때, 오늘날만큼 직업 안정성을 스스로 조절할 수 있었던 적은 없었다.

□ 커리어 향상과 직업 안정성과 승진 가능성은 당신이 어떤 성과를 거두고 어떤 행동을 하느냐에 따라 결정된다.

필수 학위나 자격증 따기

다운사이징 열풍으로 승진할 자리는 줄어든 반면 승진 후보들의 능력은 높아져 승진 경쟁이 아주 치열해지고 있다. 이에 따라 승진 후보를 뽑을 때 회사들은 점점 더 까다로운 조건을 내놓고 있다. 따라서 필수 자격증을 가지고 있는 것은 경쟁자를 물리치는 데 결정적인 역할을 할 것이다. 그 중에서 가장 중요한 것은 학위다. 오늘날에는 아무리 열심히 일해도, 아무리 생산성과 효율성이 높아도 학위가 부족하면 승진 대상에서 제외된다. 원하는 직책에 오르려면 어떤 학위가 필요한지 파악해서 그것을 취득하라. 이것은 전적으로 당신 하기에 달려 있다. 가령 원하는 자리로 승진하려면 MBA 학위가 필요하다고 해보자. 그런데 당신에게 그 학위가 없거나 그 학위를 따려고 노력하지도 않는다면 사실상 당신은 승진을 기대할 수 없을 것이다.

이와 같이 승진 후보 조건이 점점 까다로워지고 있고 기준도 점점 높아지고 있다. 또한 학위나 자격증이 승진에 큰 영향을 미치고 있다. 많은 회사들은 승진 대상을 고르는 데에도 특정 학위를 마쳤는지, 또는 그 학위를 따려고 노력하는지를 고려한다. 필요한 학위를 따겠다는 의사만 내비칠 것이 아니라 적극적으로 그럴 의지를 보여 준다면 당신은 승진에 훨씬 더 유리해질 것이다.

오늘날에는 배울 수 있는 기회가 그 어느 때보다 많다. 교육 기관들이 경쟁적으로 다양한 교육 프로그램을 제공하고 있으며, 사외 속성 학습 프로그램도 생겼다. 또한 근무 시간도 자유로워졌으며, 쌍방향 팀 학습 환경도 조성되어 있다.

□ **필수 학위나 자격증, 면허증을 반드시 따라!**

구조 조정

합병, 인수, 제휴 등으로 인해 기업의 구조, 소유권, 파트너 등이 바뀌거나 새로 생기고 있다. 이로 인해 기회가 끊임없이 새롭게 정의되고 있으며, 새로 생기고 사라졌다가 다시 생기는 일이 되풀이되고 있다. 금융, 텔레커뮤니케이션, 교통, 정보 시스템 업계만 해도 따라잡을 수 없을 정도로 많은 구조 조정이 이루어지고 있다. 오늘의 경쟁자가 내일의 협력자가 될 수 있고, 오늘의 약탈자가 내일의 파트너가 될 수도 있다. 구조 조정으로 승진의 길이 갑자기 막혀 버릴 수도 있지만, 반대로 승진 가능성이 더 커지거나 새로 생길 수도 있다. 문이 닫히자 창문이 열리는 격이다. 1930년대에 전 세계가 경제 대공황을 겪고 있을 때를 한번 생각해 보라. 힘든 시간 속에서도 어떤 사람들은 엄청난 돈을 벌어들였다.

□ **남들은 기회라고 생각하는 것을 난관이나 역경이라고 생각하지 마라.**

구조 조정 열풍으로 오늘날에는 자신의 업계와 관련된 기술, 지식, 동향을 지속적으로 파악하는 것이 더욱더 중요해졌다.

현직자가 제공하는 생생한 승진 조언

아트 루커스는 인력 배치를 전문으로 하는 회사인 루커스 그룹의 설립자이면서 사장이자 최고경영자(CEO)이다. 루커스 그룹은 애틀란타, 댈러스, 휴스턴, 시카고, 피닉스, LA에 지사를 두고 있으며, 다음과 같은 부서로 구성되어 있다.

- 제대 후 하급 군인들의 재배치를 담당하는 군사부. 이 분야에서는 미국에서 가장 큰 서비스를 제공한다.
- 기술이나 통신 기술이 뛰어난 신병의 배치를 담당하는 군사 기술부
- 회계나 금융 업계에 재무 책임자(CFO), 상근 회계사, 임시 계약자를 알선해 주는 회계 · 금융부
- 틈새 산업, 특히 소비자 제품, 텔레커뮤니케이션, 플라스틱 업계에 간부급 인력을 알선해 주는 부서

외부 인력을 고용하는 회사가 직면하는 도전

아트는 다음과 같이 고찰한다.

핵심 자리에 외부 인력을 고용하는 이유는 여러 가지가 있다. 우선 원하는 속도만큼 빠르게 사업을 이끌어 갈 인재가 사내에 없을 경우로, 아마 이것이 외부 인력을 고용하는 가장 큰 이유일 것이다. 두 번째 이유는 큰 변화를 원할 경우다. 즉, 새로운 사업 방법이 절실히 필요한데, 사내 직원에게서는 새로운 방법을 기대할 수 없는 경우다. 그래서 다른 회사에서 변화에 큰 성공을 거둔 사람을 영입한다. 변화에 성공해 본 사람을 통해 변화하는 것이 훨씬 더 쉬운 방법이라는 것을 알기 때문이다. 언젠가 누구한테 들은 말이 기억난다. "평생을 들여 회사를 바꾸는 것보다 15분 만에 새 인력을 고용하는 것이 더 효과적이다."

직원들의 승진을 결정할 때 어떤 점을 중점적으로 고려하느냐는 질문에 아트는 이렇게 대답했다.

우선 이전에 성공을 거두어 보았는지, 즉 현재 직책에서 자신의 실력을 입증하고 뛰어난 업무 수행 능력을 보였는지를 고려한다. 그리고 동료들과 비교해 보았

을 때 상위 10% 안에 드는지, 그 직책을 맡고자 하는 의욕을 보이는지를 본다. 또한 그 직책을 진정한 도전으로 받아들이는지, 그리고 자신의 성장을 위해 그 직책에 도달하려고 하는지도 고려한다. 다시 말해, 우리는 현재 직책에서 뛰어난 성과를 거둔 사람, 그리고 한 단계 높은 자리에 오르고자 하는 의욕이 있는 사람을 승진시킨다.

아트는 승진 전략에 대해 다음과 같은 조언을 해주었다.

　　세 가지 점을 권하고 싶다. 첫째, 현재 직책에서 남보다 뛰어난 성과를 올려라. 남들처럼 평범하게 일하는 것은 소용없다. 정말 승진하고 싶다면 현재 자신의 직책에서 최고가 되라. 둘째, 자신의 업무 외에 다른 프로젝트에도 자발적으로 참여하라. 다른 사람에게 조언을 해주거나 지식이나 기술을 가르쳐 주어라. 또한 자신의 업무와 관계없는 프로젝트에도 참여하라. 자기 일이 아니더라도 기꺼이 하고자 하는 모습을 경영진에게 보여야 한다. 셋째, 계속 새로운 것을 배우고 새로운 것에 도전하고자 하는 모습을 보여야 한다. 또한 현실에 안주하는 것이 목표가 아님을 보여야 한다. 그리고 더 높은 단계, 회사가 필요로 하는 단계로 오르고 싶어한다는 것을 보여야 한다. 회사가 무엇을 필요로 하는지 파악해서 그것이 바로 자신이 하고 싶어하는 일임을 알려야 한다.

제 4 장
의사 소통

경력을 쌓고 성공하려면 설득력 있는 의사 소통 기술을 충분히 익혀야 한다. 의사 소통은 모든 일에 가장 중요한 기반이 되기 때문이다. 자신의 의사 소통 기술이 뛰어나다고 자부하는 사람도 언제나 지금보다 더 향상시킬 수 있는 여지는 있다. 자기가 의사 소통에 아주 능하다고 생각하는 사람은 대개 문제가 생기거나 실패하면 상대방을 비난하는 경우가 많다. 사람들은 보통 자신이 내용을 잘못 전달하거나 받아들였기 때문에 의사 소통이 제대로 이루어지지 않았을 때조차도 상대방이 잘 듣지 않거나 내용을 제대로 전달하지 못했기 때문이라며 상대방을 심하게 비난한다. 의사 소통 문제는 어느 조직에나 있는 문제며, 효과적으로 의사 소통을 할 수 있는 사람은 단시간에 최고의 위치까지 도달할 수 있다. 의사 소통 기술은 전이성이 강하므로 이 기술을 잘 익히면 생활의 모든 면에 긍정적인 영향을 미칠 수 있다.

의사 소통 기술은 가장 많이 활용할 수 있는 기술이며, 또한 의사 소통을 잘하는 사람이 단순히 말 잘하는 사람만은 아니라는 사실을 깨닫게 될 것이다. 먼저 의사 소통의 톱니(SAW)를 연마하는 방법을 살펴보자.

메시지 전달

의사 소통은 독선적 태도의 의사 소통, 수동적 태도의 의사 소통, 설득력 있는 태도의 의사 소통 등 세 가지 형태로 구분된다. 독선적 태도나 수동적 태도로 의사 소통을 하면 대개 실패하게 된다.

독선적 태도의 의사 소통

독선적 태도로 의사 소통을 하는 사람은 '당신이'라는 말을 특히 많이 쓴다. 이 말에는 대개 상대방을 비난하거나 부정적으로 판단하는 내용이 내포되어 있으며, 사람들은 이 말을 사용함으로써 상대방에게 모든 책임을 전가한다. "당신이 이렇게 했다", "당신이 이것을 하기로 되어 있었다."처럼 말이다.

독선적 태도로 의사 소통을 하는 사람은 목소리가 크고 위협적이며, 공간상 경계를 자주 침범하는 사람이다. 이런 태도를 지닌 사람은 아주 가깝게 다가서서 '한번 해보자'는 태도를 취한다. 이런 태도를 취하면 청자(聽子)는 화자(話子)의 말에 귀기울이지 않게 되고, 방어적이 되어 상대방 의견에 반대하게 되며, 또한 공격할 태세를 취하게 된다.

독선적 태도로 의사 소통을 하는 사람은 일이 잘 되면 자기가 잘해서 그렇다며 생색을 내고, 다른 사람의 공로를 가로채기도 한다. 또한 다른 사람이 이룬 성과에 대해서도 자기가 도움을 주지 않았더라면 불가능했을 것이라는 말을 넌지시 비추기도 한다. 이런 사람은 자신을 결단력 있는 리더로 착각하기 쉽지만, 사실 이런 스타일은 다른 사람의 의욕을 꺾고 협동심을 깨뜨린다.

수동적 태도의 의사 소통

수동적 태도로 의사 소통을 하는 사람은 상대방과 나누는 상호 작용이 부족한 사람이다. 필요할 때만, 그것도 마지못해 정보를 공유한다. 내용을 완전하게 전달하지 않고 당면 문제점만 알려 줄 뿐 전체적 상황은 알려 주지 않는다. 말하자면, 대개의 경우 단편적으로만 의사 소통을 한다.

수동적 태도로 의사 소통을 하는 사람은 자신이 먼저 의사 소통을 시작하는 경우는 드물며, 무엇이든 재빨리 동의해 버린다. 적극적인 반응을 보이지 않고, 정보를 전적으로 받아들이기만 한다. 고개를 끄덕이거나 "음." 같은 소리를 내는 것이 이런 태도를 지닌 사람이 보이는 제한된 반응이기 때문에 얼마나 이해하고 있는지는 알 수 없다. 이런 사람이 청자의 입장에 서게 되면 듣고 있다는 표시로 빤히 쳐다보기는 하지만 쳐다만 볼 뿐 집중하고 있지 않다는 것을 쉽게 알 수 있다. 이런 사람은 비난을 재빨리 받아들이는데, 이는 부정적인 면에 대한 책임을 자기가 떠맡으면 상황을 완화하는 데 효과적이며 대화나 갈등을 쉽게 끝낼 수 있다고 생각하기 때문이다. 이런 태도로 의사 소통을 하면 다른 사람들은 이를 결점으로 여기며, 리더십과 적극성이 부족하다고 생각한다. 물론 승진에도 도움이 되지 않는다.

설득력 있는 태도의 의사 소통

설득력 있는 태도로 의사 소통을 하는 사람은 대화체를 사용한다. 대화체로 말한다는 것은 겉으로 부정적 감정이나 판단을 드러내지 않고 잘 절제하고 있다는 표시다. 남을 비난하는 말이 아닌 '나'나 '우리'를 많이 사용한다. "당신이 이렇게 말했다…."라고 하지 않고 "나는 이렇게 들었다…."로 말하고, "당신이 이것을 했다…." 대신 "나는 이렇게 보고 있다…."라고 말한다. 설득력 있게 의사 소통을 하는 사람은 책임을 받아들이고 다른 사람의 성과를 인정한다.

또한 이런 태도를 지닌 사람은 독선적 태도를 지닌 사람에게서 볼 수 있는 반사적 반응과 충동적이고 감정적인 공격적 반응을 보이지 않는다. 또한 수동적 태도를 지닌 사람에게서 나타나는 억제되거나 소극적인 반응도 보이지 않는다. 문제점을 충분히 생각한 다음 대답한다. "문제점을 꼼꼼히 생각한 후에 대답하고 싶습니다. 한 시간 후에 얘기할 수 있을까요? 당신이 말하는 내용을 충분히 주의 깊게 생각해 보고 싶습니다. 제가 그 과정을 거친 다음 다시 만납시다." 하고 말한다. 그리고 차후 업무를 진행할 시간을 정한다.

문제의 책임을 특정인에게 돌리는 것도 삼간다. 중요한 것은 '무엇을 논의하는가'일 뿐 '누가 정보를 제시하고 있는가'나 '누가 책임을 져야 하는가'가 아니다. 독선적인 태도를 지닌 사람은 문제점을 '누가'에 초점을 맞추고 대화를 논쟁적이거나 적대적 분위기로 이끌어 간다. 설득력 있는 태도를 지닌 사람은 거시적 상황에 초점을 두고 실질적인 문제가 무엇인가를 논의한다.

의사 소통 방법

승진 가능성을 높이려면 자신이 어떤 태도로 의사 소통을 하는지, 또 원하는 내용을 완전히 전달하면 다른 사람들이 어떤 영향을 받는지 반드시 인식하고 있어야 한다.

저술가이며 커뮤니케이션 전문가인 라니 아레돈도는 자신의 저서 「프로처럼 보이는 방법 : 상대방을 자신의 방식으로 보게 하기」에서 "메시지는 의사 소통의 세 가지 채널, 즉 시각적, 음성적, 언어적 매체를 통해 전달된다."라고 지적했다. 저명한 저술가이자 대중 연설가인 니도 쿠바인은, 의사 소통의 전체 메시지 가운데 언어가 7%, 목소리 어조가 38%, 비언어적 의사 소통이 55%를 차지한다는 연구 결과를 인용하였다.

의사 소통에서는 무엇을 말하는가만이 중요한 것이 아니라 어떻게 말하는가도 중요하다. 의사 소통에 다양한 방법이 있다는 점을 생각해 보면 정보를 효과적으로 전달하는 것이 얼마나 어려운 일인지 알 수 있다. 편지나 메모, 이메일, 팩스 등 문자로 메시지를 전달한다면 세 가지 전달 방법 중 가장 비효율적인 방법을 이용하는 것이다. 전화로 전달하면 언어와 목소리 어조 두 가지를 활용하는 것이고, 직접 대면하여 의사 소통을 한다면 언어적, 음성적, 시각적 방법을 모두 활용하는 것이다.

시각적 의사 소통

의사 소통을 할 때 사람들은 상대방의 무엇을 보는가? 직접 대면할 때는 신체적 외모와 몸짓을 본다. 요즘에는 직장에서 어떻게 옷을 입는 것이 적절한지에 관해 의견이 분분하지만, 승진을 위한 차림새라면 다음 조언을 염두에 두자.

- 당신이 오르고자 하는 지위에 있는 사람들의 외양처럼 남들이 당신을 봐 주길 원할 것이다. 그러나 회장처럼 차려입지는 마라.
- 유행을 따르지 말고 어느 정도는 격식을 차려라.
- 항상 자신감 있는 태도를 취하라. 구부정한 자세는 관심이 없거나 의

욕이 없어 보이고, 자신감이 부족해 보일 수 있다. 반면, 딱딱한 자세는 불편하게 보이거나 우월감에 차 보이고, 두려워하고 있다는 인상을 줄 수 있다. 자신감 있는 바른 자세는 긍정적인 인상을 준다.

- 흔히 볼 수 있는 자세로, 한쪽 발을 다른 발 앞으로 꼬고 서 있는 자세를 취하지 마라. 이런 불편한 자세를 취하면 당신이 긴장하고 있으며 자신감이 부족하고 불안한 듯 보인다. 두 발을 어깨 넓이 정도로 벌리고 한쪽 발을 약간 앞으로 내밀고 똑바로 서 있어라.

- 듣는 사람 쪽으로 약간 기울이는 자세를 취하라. 앉아 있을 때도 듣는 사람 쪽으로 약간 기울여라. 가능하면 정면으로 마주보고 앉지 마라. 이렇게 자리를 배치하면 너무 격식을 차리는 것으로 보이며, 쌍방이 다소 대립적 입장이라는 인상을 준다.

- 가능하면 사람들과 나란한 위치에 있도록 하라. 그러면 상호 작용을 하며 협조하는 분위기를 만들어 낼 수 있다.

- 상대방이 당신의 몸짓과 태도에서 무엇을 보고 있는지 감지하라. 자세와 위치는 의사 소통 과정에서 매우 중요하다.

- 손동작을 하면 강한 인상을 줄 수 있지만, 지나치면 산만해진다.

- 안절부절못하는 태도를 보이지 마라. 대개의 경우, 얼굴에 손을 대는 행동은 의사 소통에 방해가 된다.

- 클립이나 펜 등 물건을 만지작거리지 마라.

- 적절하게 눈을 맞춰라. 눈을 맞추는 것은 아주 중요하며, 당신이 의사 소통을 하는 사람으로서 자격이 있음을 나타낸다. 4~6초 동안 눈을 맞추고, 눈길을 돌렸다가 다시 맞춘다. 빠르게 쏘아보면 정직하지 않거나 불편하고 불안하다는 인상을 준다. 노려보면 화가 났거나 멸시하거나 협박하려는 태도로 보인다. 요즘의 직장 생활에서는 상대방의 눈을 빤히 응시하면 메시지를 전하고 싶지 않다는 의도로 보일 수도 있다.

– 얼굴 표정도 늘 중요하다. 항상 적당한 미소를 짓고 있어라. 자기도 모르는 사이에 늘 찡그린 얼굴을 하고 있는 사람이 많다.

음성적 의사 소통

의사 소통을 할 때 사람들은 상대방의 무엇을 들을까? 음성 전달은 목소리의 크기, 말의 속도, 발음의 명확성, 어조로 이루어진다. 남들이 듣듯이 자신의 말소리를 들어 보라. 평상시 사적인 전화 대화를 녹음하여 당신의 음성이 얼마나 효과적인지 평가해 보라. 녹음된 자신의 목소리를 처음 듣는 경우, 일반적으로 자기 목소리가 아니라고 부정한다. "저 말은 내가 한 말이지만, 목소리는 내 목소리가 아닌 걸. 똑같은 얘기를 다른 사람이 하고 있는 거야." 그러나 처음에 느끼는 불쾌감을 떨쳐 버리고, 자신이 원하는 대로 말의 스타일과 속도, 목소리 크기, 발음의 명확성을 고치도록 노력해 보라. 어떤 사람들은 남들보다 목소리를 내는 기교가 뛰어나다. 당신도 노력하면 지금보다 더 좋아질 수 있다.

목소리 크기는 의사 소통의 형식에 적합해야 한다. 업무를 논할 때는 대화할 때의 크기가 알맞지만, 청중에게 연설할 때는 보다 힘이 있어야 한다. 긴장하거나 스트레스를 받는 상황일 때 목소리 크기는 달라진다. 더 커지는 사람도 있고, 더 작아지는 사람도 있다. 당신은 어떤 경우인가?

목소리가 커지는 사람의 경우에는 자신이 상대방과 실제보다 약 15cm 정도 더 가깝게 있다고 상상하면 도움이 된다. 더 가까이 있으므로 목소리도 더 줄여야 할 것이다.

목소리 크기가 작아지는 사람의 경우에는 15~20cm 정도 더 멀리 떨어진 것처럼 생각하면 도움이 된다. 상사에게 말하거나 회의에 참가할 때, 또는 고객이나 다른 중요 인물들과 대화할 때 당신의 목소리가 어떤 성향을 띠는지 평가해 보라. 각각의 상황에서 목소리 크기를 조절하도록 연습하라.

말의 속도 역시 내용이나 형식을 반영해야 한다. 말하는 속도를 통해 편안함, 불쾌감, 자신감이 모두 전달된다. 속도는 스트레스나 압박감을 받으면 변하게 된다. 당신이 보통 어떻게 반응하는지 분석하고, 그에 맞게 속도를 조절하라. 일반적으로 상대방의 목소리 크기와 속도를 따라야 한다. 목소리가 크고 말의 속도가 빠른 사람과 대화할 때는 상대방에 맞추어야 한다. 그렇다고 말이 점점 빨라져서 소리지르기 시합이 되게 해서는 안 된다. 목소리 크기가 작고 말의 속도가 느린 사람과 말할 때도 가능하면 상대방에 맞추어야 한다. 상대방에게 맞추는 것이 놀리거나 흉내를 내는 것은 아니다. 상대방이 편안하게 말할 수 있는 분위기에서 대화하려고 노력하는 것이다.

말하는 속도와 목소리 크기는 또한 대화를 조절하는 방법으로도 이용할 수 있다. 약간 천천히, 그리고 작게 말하면 말을 빨리 하는 사람을 천천히 말하게 할 수 있다.

□ **중요한 의사 소통을 준비할 때는 메시지뿐만 아니라 말의 비언어적 요소 및 어조도 신중하게 계획하라.**

똑똑하게 발음하는 것도 중요하다. 분명하지 않게 연달아 발음하거나 중얼거리면 자신감이 없고 무능력해 보이는 등 부정적 인상을 준다. 사투리를 쓰는 것도 효과적 의사 소통에 심한 장애 요소가 될 수 있다. 똑똑하게 발음하는 것은 효과적으로 정보를 전달하는 데 필수적이다. 그렇다고 딱딱하거나 지나치게 격식을 차리지는 마라.

목소리 어조도 중요한 요소다. 거칠거나 너무 빠르게 말하지 말고, 문장 끝이나 특정한 단어에서 억양을 높이거나 낮추지도 마라. 알맞은 어조로 말해야 메시지가 짜증나고 불쾌하게 들리지 않는다.

언어적 의사 소통

의사 소통에서 당신이 하는 말은 상대방에게 무엇을 전달하는가? 어휘력, 단어 선택의 적절성, 정확한 이해를 위한 메시지 구성 능력은 승진하는 데 중요한 요소들이다.

어휘력은 아주 중요하다. 직장 생활 성공도 및 승진과 언어 구사력 사이에는 뗄 수 없는 관계가 있다. 심리 검사, 적성 검사, 수학 능력 검사, 공무원 시험 같은 일반 테스트에서도 어휘력 평가에 큰 비중을 둔다. 학교 다닐 때도 내내 어휘력에 관한 시험을 보고 평가를 받았지만, 직장에서도 그때만큼 엄격하고 확실하게 매일 지속적으로 어휘력을 평가한다.

□ 끊임없이 어휘력을 늘이는 데 시간과 자원을 투자하라.

보통 미국인들은 8, 9학년 수준으로 의사 소통을 한다. 텔레비전 프로그램, 신문, 정기 간행물의 대부분이 이 수준에서 정보를 전달한다. 대중 매체로서는 적절한 수준일지 모르나, 여러분이 승진하려면 이 정도의 수준으로는 부족하다.

언어 실력을 향상시키기 위해 아래 방법을 제안한다.

- 자신이 속한 업계 및 회사에서 사용하는 적절한 최신 전문 용어를 익히고 사용하도록 항상 노력하라.
- 어조를 낮추어 말하지 말고, 상대방이 이해할 수 있는 수준에서 의사 소통하라.
- 승진하고자 하는 지위에서 사용하는 수준의 어휘를 구사하라.
- 상대방에게 익숙하지 않은 전문 용어, 법률 용어, 유행어를 사용하지 마라. 그러면 상대방은 기가 죽고 혼란스러워진다.
- 당신이 속한 그룹, 팀, 부서 내에서 의사 소통할 때 사용하는 모든 최

신 관용어를 익숙하게 사용하도록 하라.
- 단어를 되도록 적게 사용하라. 한 단어로 충분한 것을 두 단어로 말하지 마라.

자신의 말을 남에게 확실히 이해시키기

메시지를 효과적으로 전달하는 것으로 그쳐서는 안 된다. 받는 쪽에서 메시지를 정확하게 수용하지 못한다면 역기능이 발생하고 의사 소통은 실패하게 된다. 당신이 효과적으로 의사 소통을 했다고 어떻게 장담할 수 있을까? 의사 소통이 얼마나 성공적이었는지를 아는 가장 좋은 방법은 자신이 말한 내용을 상대방에게 다시 말해 보라고 하는 것이다. 이 방법을 알고는 있지만 실제로 이용하는 경우는 드물고, 효과적으로 이용하지 못하는 경우도 많다. 사람들은 대개 "제가 말한 걸 모두 이해하시겠습니까?"라고 질문함으로써 상대방에게 다시 말해 보도록 요구하는데, 이때 자기가 구하고 있는 '그렇다'라는 긍정적인 대답을 신호로 보내기 위해 고개를 끄덕이며 말한다. 또는 질문받기를 꺼린다는 명백한 표시로 "질문 없지요?"라고 말한다. 예상대로 상대방은 이해했다거나 질문이 없다고 답할 것이다. 그러면 당신은 '잘됐어. 사람들이 내가 한 말을 알아들었으니 이제 일을 진행하겠지.'라고 생각하며 대화 장소를 떠날 것이다. 반면, 들은 쪽에서는 "무슨 말인지 통 모르겠군. 뭘 기대하는 거지?"라고 투덜대며 그 장소를 떠날 것이다. 이런 식의 의사 소통 장애는 매우 위험하며, 가시적 성과를 드러내야 하는 미해결 문제가 있을 때는 더욱 치명적이다.

'다시 말해 보기' 기법을 잘못 이용한 위의 예는 '당신이'라고 말을 시작하는 메시지 전달 방식처럼 아주 독선적인 태도로 대화하는 경우에 해당한다. 이렇게 독선적인 태도로 의사 소통을 하는 사람은 상대방이 정확하게 이해하지 못하면 그 책임을 모두 듣는 사람 쪽에 전가한다. 또, 듣는 사람은 자신이 이해했음을 증명해야 하는 것으로 생각할 수 있다. 실제로, 정확하게 메시지를 다시 말하지 못하면 당황하는 사람들도 있다.

　듣는 사람이 다시 말하도록 하는 좋은 방법은 없을까? 듣는 사람이 자신이 이해한 대로 자신의 표현을 써서 당신에게 다시 말하도록 요구하면 된다. 질문할 때 독선적인 태도로 하지 말고 설득력 있는 태도로 말하라. "제가 전달을 잘 했는지 알고 싶군요. 확인해 주세요. 내용을 요약해 주십시오."라고 말하라. 이런 태도는 상호 작용과 참여에 초점을 맞추고 있다. 듣는 사람에게 당신이 성공적으로 의사를 전달했는지 확인해 주도록 요구하는 것이다. 그러면 듣는 사람도 자신을 부정적으로 평가하지 않게 된다. 또한 본인이 다 이해하지 못했다는 점을 안심하고 받아들일 수 있으며, 그런 사실이 드러나더라도 당황하거나 일반적으로 내리게 되는 부정적 평가를 하지 않게 된다. 의사 소통이 잘 되지 않고 있다는 사실을 일찍 알아 내는 편이 훨씬 낫다. 성과가 제대로 나오지 않거나 기대에 미치지 못하게 되어 대가를 충분히 받지 못하는 결과가 나올 때까지 기다리지 마라.

의사 소통 평가

	예	아니오
1. 나는 독선적이거나 수동적 태도로 의사 소통을 하는가?	☐	☐
2. 내용에 중점을 둘 뿐 사람에 초점을 두지 않는가?	☐	☐
3. 대화할 때 나에게 방어적 태도를 취하는 사람들이 많은가?	☐	☐
4. 내가 오르기를 원하는 지위에 어울리는 옷을 입는가?	☐	☐
5. 나의 옷차림이 적절하지 않거나, 형식적이거나, 캐주얼하거나, 유행을 따르거나 하여 사람들에게 부정적인 주목의 대상이 되는가?	☐	☐
6. 비언어적 메시지가 주는 영향을 항상 감지하고 있는가?	☐	☐
7. 목소리의 음질, 어조, 말하는 속도, 크기, 명확한 발음의 중요성을 도외시하는가?	☐	☐
8. 회사 및 업계에서 쓰는 전문 용어에 관한 지식과 어휘력		

을 늘이기 위해 꾸준히 노력하는가? ☐ ☐

9. 전달이 항상 정확하게 이루어진다고 생각하여, 상대방이
   이해했는지 확인하지 않는가? ☐ ☐

10. 내 메시지는 항상 정확하게 전달되므로, 상대방이 이해하
    지 못한 것처럼 보이기 때문에 실망하는 경우는 드물다. ☐ ☐

평가 :

홀수 번호 문제의 답으로 '예'나, 짝수 번호 문제의 답으로 '아니오'가 있
다면 승진 가능성을 높이기 위해 관심을 기울이고 계획을 세워야 한다.

듣는 쪽에 서기

'능률적으로 듣기'는 의사 소통 기술 중 가장 훈련이 안 된 부분이다. 사
람들은 흔히 듣지 않고 그저 자신이 말할 때를 기다린다. 또, 이미 형성된 사
고와 일치하는 정보만 걸러내 선별적으로 듣는다. 합의해야 하는 거시적 문
제를 인정하기보다 자신의 의견과 다른 것들을 비판하면서 사소한 것에 매달
린다. 즉, 듣고 싶거나 기대하는 것만 듣는다. 멍청하다고 생각하는 사람과 대
화할 경우 그가 멍청하다는 것을 확인시켜 주는 것들만 듣는다. 정말 그럴 것
이다. 또, 한 분야의 전문가라고 생각하는 사람이나 신뢰하고 존경하는 사람
과 대화할 때는 의문을 갖지 않고 기꺼이 모든 것을 받아들일 것이다. 객관적
으로 듣지 않고 주관에 얽매여 듣고 있는 것이다.

잘 듣는 기술은 승진할 때 적어도 두 가지의 이점이 있다.

1. 정확하게 이해하면 의사 소통이 잘못 이루어질 가능성, 기대 이하의 결
   과, 부족한 업무 처리 등의 사태를 줄일 수 있다.

2. 바람직한 인간 관계와 직장 내 협조 관계를 만들어 낼 수 있다.

어떻게 하면 더욱 훌륭한 경청자가 될 수 있을까? 다음의 적극적인 듣기

테크닉을 염두에 두라.

진지한 경청자

듣는 기술은 타고나는 것이 아니다. 꾸준히 연습해야 한다. "나는 사람들의 말을 듣고 나와 다른 의견이나 시각을 인정하는가? 모두가 내 생각과 같지는 않다. 거기서 뭔가 배울 수 있는 점이 있다."라고 끊임없이 자문함으로써 듣는 기술을 향상시킬 수 있다.

또한 상대방의 가치관이나 사고 과정이 타당한지에 관해 선입견을 갖는 것도 경청할 때 큰 장애가 되므로 이를 없애야 한다. 다른 부서, 직급, 교육 수준, 성별, 인종, 나이 등 상대가 어떤 사람인가에 따라 메시지를 사전에 거부하기도 한다. '우리와 그들'이라는 대립 심리가 직장 생활과 개인 생활에 만연해 있는데, 이 때문에 상대방이 어떤 말을 하든 반대하게 된다. 편견, 자신과 다른 면, 반대, 사소한 질투심 때문에 경청을 망치지 마라.

□ 우리와 의견이 같은 사람들의 말을 가장 귀기울여 듣게 되지만, 우리와 의견이 다른 사람들에게서 더 많이 배울 수 있다.

대화할 장소 관리

물리적 환경도 준비해야 한다. 가까운 공간 내에 상대의 말을 듣는 데 방해가 될 만한 물건들이 있다면 가능하면 없애거나 정돈하라. 직접 대면하여 대화를 할 경우 컴퓨터 스크린을 끄고, 대화에 꼭 필요하지 않으면 보이지 않는 곳에 두라. 그렇지 않으면 모니터에 눈길이 자꾸 가게 되고, 스크린 세이버도 신경을 건드린다. 상대방의 뒤로 넓은 복도가 있거나, 다른 사무실이 보이거나, 밖이 보이는 창문이 있다면 상대방 혹은 당신이 자리를 바꿔 산만해지지 않게 하라. 다른 곳으로 시선을 돌리면 상대방은 열심히 듣고 있지 않다고 생각할 것이다. 중요한 회의가 있을 때는 전화를 받지 않도록 하는 등 방해가 될 만한 것을 제한하라. 한 번씩 중단될 때마다 의사 소통의 진행, 정확성, 영향력이 급격하게 떨어진다. 회의실이나 조용한 구석 등 방해를 최소로 줄일 수 있을 만한 곳으로 장소를 옮겨라. 듣는 환경을 적극적으로 관리하라.

메모하기

메모를 하면 세 가지 중요한 목표를 이룰 수 있다.

1. 상대방이 말하는 내용을 중요하게 생각하고 있다는 인상을 준다. 즉, 상대방을 존중하고 그의 지식과 사고 과정을 높이 평가한다는 점을 강조하는 것이다.
2. 더욱 집중해서 들을 수 있다. 받아 적기 위해서는 손에 필기도구를 쥐고 집중해서 들어야만 한다.
3. 메시지 내용을 더욱 정확하게 이해할 수 있으며, 나중에 참고할 수 있는 비공식 기록이 된다.

메모하는 이유를 상대에게 설명하고 양해를 구하라. "매우 중요한 일이라서 정확하게 하기 위해 메모를 하려고 합니다. 괜찮습니까?" 양해를 구하면 상대방도 부담스럽게 생각하지 않고, 간혹 메모하는 것을 원하지 않으면 하지 않았으면 좋겠다고 편하게 말할 수 있다. 그러나 사람들은 대부분 자신의 말을 상대가 중요하게 생각한다는 것을 알면 기분이 좋아지고 상대에게 좋은 인상을 받는다.

이 테크닉은 중요한 전화를 할 때도 아주 효과적이다. 흔히 전화를 받으면서 컴퓨터 자판을 두드린다든지, 메모를 읽거나 쓴다든지, 점심을 먹는다든지 하여 전화받는 태도가 좋지 못하다는 사실을 상대방에게 드러내고 만다. 자기가 인식하지 못하더라도 상대방에게는 이런 태도가 분명하게 드러나며 부정적 영향을 미치게 된다. "여보세요. 전화 받고 계세요? 들립니까? 무슨 말인지 이해하겠습니까?" 이런 말들을 자주 듣는 편인지 생각해 보라. 이런 태도는 자신이 이 통화를 별로 중요하게 생각하지 않는다는 증거로 상대방에게 비칠 것이다. "지금 이 통화는 아주 중요하거든요. 그래서 정확하게 하려고 메모를 좀 하겠습니다. 제가 몇 초 정도 늦게 반응하더라도 오해하지 마십시오." 라고 말하면서 통화를 시작한다. 이렇게 하면 사람들은 좋은 느낌을 받고 천천히, 크게 말할 것이다.

적절한 질문

들을 때 질문하는 것도 중요한 기술이다. 질문을 하면 당신이 집중해서 듣고 있다는 것을 상대에게 보여 줄 수 있으며, 대화가 주제를 겉돌 때도 질문을 함으로써 다시 집중할 수 있게 된다. 말이나 데이터의 명확하지 않은 부분도 질문으로 확인할 수 있다.

주제에 다시 접근하기 위해서는 다음과 같은 질문을 해보라.

"이 부분에서 중요한 점은 무엇입니까?"

"최우선 과제 세 가지를 무엇으로 보십니까?"

"부수적인 문제는 나중에 검토하기로 하죠. 지금 제가 어떻게 하면 가장 도움이 되겠습니까?"

내용을 분명히 하기 위해서는 다음과 같은 질문을 해보라.

"이해가 잘 안 되는데요. 이 문제가 전에도 일어났습니까, 아니면 자주 발생하고 있습니까?"

"○○라고 말씀하셨습니까, 아니면 ○○라고 말씀하셨습니까?"

"확실하게 이해가 안 됩니다. 다시 설명해 주시겠습니까?"

언어적 및 비언어적 표현을 사용, 당신이 듣고 있다는 점을 알려라

잘 알아듣고 있다는 표현으로 "아!", "그렇군요. 그것 참 괜찮은데요." 같은 말을 적절히 사용하라. "쿨하네요.", "끝내주네요." 같은 구어나 유행어를 쓰는 것도 좋다. 높은 지위로 올라갈수록 속어 사용에 신중해야 한다. 최고 고위층과 대화할 때는 점잖은 표현을 써라. 대화 중간 중간에 이런 말들을 끼워서 하면 당신이 집중해서 듣고 이해하고 있다는 것을 상대방에게 확인시켜 준다.

당신의 말을 잘 듣고 있는 사람은 태도를 어떻게 취하는지 잘 알 것이다. 눈을 맞추고, 고개를 적당히 끄덕이며, 말하는 사람 쪽으로 약간 기울여 앉고, 집중해서 듣는다. 당신도 들을 때 똑같이 하면 된다. 상대의 말에 약간 미소를 짓고, 중요한 포인트에 이르면 눈썹에 약간 힘을 주면 훌륭한 경청자로 보인다. 눈을 맞추지 않고 천장을 보거나 클립을 만지작거리는 등 집중하지 않으면 열심히 듣고 있다는 인상을 주지 못한다.

내가 얼마나 정확히 알아들었는지 테스트하기

정확히 이해했는지 알아보기 위해 피드백·체크 방식으로 시작하라. 가장 효과적인 듣기 테크닉은 들은 내용을 자신의 표현으로 요약해서 말해 보는 것이다. 그러면 얼마나 잘 이해하고 있는지 알 수 있다. "제가 제대로 들었는지 궁금합니다. 제가 들은 내용은 …입니다. 맞습니까?" '당신이' 같은 상대방을 비난하는 단어를 사용하지 말고, 독선적이지 않은 설득력 있는 태도로 말하라.

당신이 짧게, 효과적으로 요약하면 적어도 다음 세 가지를 증명할 수 있다.

1. 당신이 메시지를 이해했다는 점, 또는 이해하지 못했다는 점
2. 적극적인 태도로 들었다는 점
3. 대화에 중요성을 부여했다는 점

정확하게 요약한다면 말을 전한 사람이 동의할 것이고, 쌍방은 정보를 정

확하게 전달음을 알게 되어 자신감을 갖게 된다. 요약이 정확하지 않다면 오해한 부분을 즉시 바로잡을 수 있다. 이런 경우는 "무슨 말인지 전혀 이해가 안 됩니다. 다시 한번 말해 주십시오."라고 말할 수 있다.

당신이 요약한 후에, 말을 전한 사람이 멍한 표정을 짓거나 당황하는 기색을 보인다면 당신이 무슨 말을 하는지 이해하지 못하겠다는 뜻일 수 있다. 이번에는 처음 말을 전한 사람도 잘 듣지 못한 경우가 된다. 말을 전하는 사람은 자신이 전하는 것에만 신경을 써서 듣는 사람의 반응에 주목하여 대처하지 못한 것이다. 흔히 일어나는 일이다. 이것을 두고 상대방이 동의한다고 생각한다거나 잘못된 부분을 그대로 둔다거나 해서는 안 된다. 잘못된 부분을 해결한 후에 다음으로 넘어가라.

효과적으로 요약하는 것은 들은 말을 똑같이 사용하여 앵무새처럼 반복하는 것을 의미하는 건 아니다. 아주 영리한 새들이나 이해력이 부족한 사람들이 이렇게 할 수 있다. 그러나 똑같이 따라 한다고 해도 실제로 이해하는 것은 아니며, 단지 말이 귀로 들어가기만 한 것이다. 자기 자신의 표현을 써서 다시 말할 수 있어야 정확하게 이해하고 있는 것이다.

듣기 능력 평가

당신의 듣기 능력을 1점(전혀 하지 않는다)에서 5점(항상 그렇다)까지 점수를 매겨 평가해 보라. 솔직하게 평가해 보면 자신의 장단점, 개선할 점을 알게 될 것이다. 평가가 솔직하지 못하고 정확하지 못하면 당신의 듣기 능력은 현 상태에서 전혀 개선되지 못할 것이며, 승진에도 상당한 걸림돌이 될 것이다.

나는 내가 말하는 것만큼 듣거나 또는 그보다 덜 듣는다. _____
산만해지지 않고 집중하여 들을 수 있다. _____
상대방이 말을 끝낼 때까지 참을성 있게 듣고 나서 내 생각

을 말하거나 답한다.   _____

듣는 내용에 관심이 많다.   _____

다른 사람들이 나누는 대화를 들을 때 지루하지만 참아 낼
수 있다.   _____

지위, 나이, 성별, 인종에 상관없이 모든 사람의 말을 평등하
게 듣는다.   _____

다양한 의견, 특히 나와 다른 의견을 열린 마음으로 듣는다.   _____

대화가 끝나고 1시간 후에도 내용을 정확하게 기억할 수 있다. _____

상대방의 말, 제스처 등에 최대의 주의를 기울인다.   _____

표정, 제스처 등을 의식하면서 짓는다.   _____

내용을 이해하지 못하면 그 사실을 인정한다.   _____

메시지를 더 효과적으로 전달하기 위해 사용하는 말, 목소리
어조, 비언어적 요소를 항상 조절한다.   _____

다른 사람들이 말하는 내용을 판단하지 않으며, 그들이 대화
를 끝낼 때까지 결론을 내리지 않는다.   _____

모든 중요한 대화를 메모한다.   _____

일치하는 부분을 찾으려 하고, 그렇지 않은 부분은 중요시하
지 않는다.   _____

점수 :

44점 이하 : 듣기 능력을 많이 개선해야 한다.

45~60점 : 이것은 평균적인 점수로, 어느 정도 듣기 능력이 있으며 개선
          의 여지도 있다.

61~68점 : 듣기 능력이 매우 우수하다.

69점 이상 : '진실'이 무슨 뜻인지 사전에서 찾아보기 바란다.

상대방이 잘 듣도록 유도

듣는 사람이 다른 문제에 생각이 빠져 있거나, 집중해서 들을 수 없게 하

는 방해 요소가 있다면 그런 상황을 타개할 수 있게 해주는 기법들이 있다.

 – **잠시 멈춰라** : 눈에 띌 정도로 듣고 있지 않다면 말을 멈춰라. 그러면 상대방은 멈추는 의도를 알아채고 다시 듣기에 집중한다. 말이 중단된 것을 상대방이 알아챌 때까지 말을 멈춰라.

 – **자리를 바꿔라** : 상대방의 시선을 흩뜨리는 방해물을 없애기 위해 자리를 바꿔라. 아니면 상대방이 부담을 느끼지 않는 선에서 가까이 다가가라.

 – **제스처** : 상대방이 시선을 두리번거리면, 보이는 곳에서 집게손가락을 들어 보여라. 당신의 움직임에 상대방이 집중하기 시작하면 천천히 당신의 턱 밑으로 손가락을 가져가라. 이렇게 하면 상대방은 다시 듣기에 집중하기 시작할 것이다.

 – **메모를 하라고 말하라** : "메모 좀 부탁합니다." 혹은 "좀 적어 주세요."라고 말하라. 그러면 사람들은 놀랄 정도로 대부분 바로 그렇게 한다. 필기도구를 들고 적기 시작하는 것이다.

 – **다른 시간을 정하라** : 상대방이 심각하게 다른 생각에 빠져 있거나 보다 중요한 일이 있다면 당신이 말하는 것을 주의 깊게 들을 리 없다. 나중에 일을 도모하는 것이 낫다. 이 사실을 인정하고 빠른 시간 내 다시 만날 시간을 정하라. "지금은 상황이 좋지 않군요. 30분 뒤에 얘기할까요?" 혹은 "지금은 계속 말하기가 어렵군요. 점심 시간 후에 다시 얘기합시다."라고 하라.

4P

당신의 의사 소통 능력에 관해 사람들이 지닌 인식에 영향을 미칠 수 있는 기회는 많이 있다. 그 중 몇 가지 중요한 것들은 다음과 같다.

글에 의한 의사 소통

의사 소통 능력을 보여 줄 수 있는 가장 좋은 기회는 문서로 전달하는 경우다. 말로 전달하면 일회성으로 그치지만 문서는 계속 남아 있기 때문이다. 즉, 메모, 서한 등은 수명이 길다. 문서는 유용한 무기가 될 수 있다. 잘 작성된 문서는 당신의 커리어에 유리하게 작용하지만, 적절하지 않게 쓰인 문서는 좋지 않은 영향을 미칠 수 있다. 문서를 작성할 때 다음 사항들을 유의하라.

문법에 맞게 쓰는 것이 무엇보다 중요하다. 문법이 틀리면 가장 빨리 눈에 띄며 오랫동안 남아 나쁜 인상을 준다. 문법을 체크해 주는 소프트웨어가 있다지만 안심하고 다 믿을 수는 없다. 이런 소프트웨어를 사용하더라도 확인하고, 확인하고, 또 확인하라. 무슨 말인지 이해가 될 것이다. '목표'와 '목포'는 단지 ㅛ와 ㅗ 차이지만 전혀 다른 뜻이다.

문서는 간단명료해야 한다. 책을 쓰는 것이 아니다. 이런 것을 읽고 싶어 하는 사람은 없다. 가능하면 몇 페이지 이하로, 가급적이면 한 장으로 작성하라. 양이 아니라 질이다. 윈스턴 처칠은 묵직한 보고서를 올려놓은 보좌관에게 "이 보고서는 읽지 말라고 올려놓은 것이군." 하고 말한 적이 있다. 읽는 사람을 힘들게 하고 참을성을 시험하는 것이 되어서는 안 된다.

문서에는 긍정적 내용을 담도록 하라. 누군가에게 감사하거나 축하할 때, 크고 작은 성공을 보고할 때, 해결책을 제안할 때, 최신 정보를 알려 줄 때는 서면으로 작성하도록 하라. 정확하게 쓰고 교정을 거쳐서 가급적 많은 사람들이 보도록 하라.

좋지 않은 정보는 가능하면 넣지 마라. 당신의 상사 같은 지위가 있는 사람이 지시할 경우에만 넣어라. 확인되지 않은 사실을 써서는 안 된다. 좋지 않은 내용이라면 말로 전달하라. 부정적인 내용을 서면으로 작성하는 경우는 대개 누군가가 어떤 책임을 져야 한다는 내용이 담겨 있다. 다른 사람들은 내용이 정확한지, 편견에 치우치지는 않았는지 꼼꼼히 살핀다. 정확하지도 않고 좋지도 않은 내용을 적은 문서가 누군가의 파일에 보관될 수도 있고, 나중에 당신에게 불리하게 이용될 수도 있다. 그 문서에 관해 잊고 있을 때 당신은 뒤통수를 맞을 수 있다.

개성 있게 글을 쓸 수도 있고, 혹은 조직 문화에 맞게 글을 쓸 수도 있다. 그러나 일반적으로 수용할 수 있는 기준이나 조직에서 규정하는 틀을 벗어나서는 안 된다. 글쓰기 능력을 개선할 수 있는 길은 많다. 훌륭한 지침은 "말하듯이 글을 써라."라는 것으로, 말할 때와 똑같은 스타일로 서면으로 내용을 전한다는 뜻이다. 단어의 선정, 길이, 어조 등은 말할 때와 글로 쓸 때 다를 바가 없다.

글쓰기 지침

- 간략하게 써라.
- 전하고자 하는 주제를 앞부분에 써라. 소설을 쓰는 것이 아니다. 서론, 본론, 결론으로 나눠 늘어뜨리지 말고 요점만 정리하라.
- 감정을 자제하고 예의바르게 써라.
- "…가 말했다."는 식으로 쓰지 마라.
- 읽는 사람이 이해하지 못할 전문 용어, 속어를 쓰지 마라.
- 명확하게 하라. 클립을 '종이를 묶는 가느다란 물건'이라고 하지 마라.
- 미사여구를 피하라. 독자들은 구체적이지 않은 내용은 읽지 않는다.

성공적인 문서 작성

□ 개인적 성공 사례를 문서로 남길 수 있는 모든 기회를 잡아라.

프로젝트나 특정 업무를 완수했다거나, 승진 심사와 관련 있는 목표를 성공적으로 달성했다거나, 다른 사람이 성공적으로 일을 하게끔 지원했다면 이런 내용을 서면으로 작성할 방법을 강구하라. 기회 있을 때마다 상사나 승진 결정권자 또는 승진에 영향력 있는 사람에게 이러한 사실을 알려라. 최소한 다음 승진 심사 때는 이런 사실을 적은 문서를 그들이 고려할 수 있게 하라. 사실을 정확하게 적어라. 몇 가지 예를 들어 보겠다.

"○○께 : 우리가 논의한 대로 AT&T의 모든 로케이션에 금요일 2시 30분까지 자료를 보냈습니다. 우편물을 받은 모든 사람과 그들의 로케이션을 복사해서 동봉합니다."

"○○가 제너럴 모터스와 협상을 종결짓기 위해 자세한 정보를 제게 요구했습니다. 2시간 걸려 자료를 만들었고, ○○는 협상을 성공적으로 마무리할 수 있었습니다."(사실을 증명하는 서류를 동봉한다)

"저희 팀이 이번 달 내로 ABC 프로젝트를 끝내려고 매달렸습니다. 프로젝트가 마무리되었고, 더구나 닷새 일찍 끝났다고 알려드립니다. 당신이 저희 팀의 노고를 높이 평가하고 있다는 것을 잘 알고 있습니다."

남이 정보를 줄 때까지 기다리지 마라

남이 정보를 줄 때까지 앉아서 기다리지 마라. 수동적으로 앉아 있다가 혼자만 모를 수 있다. 적극적으로 자료와 정보를 구하라. "아무도 말해 주지 않았습니다."는 패배자와 불평분자가 하는 말이다. 당신의 정보 흐름을 다른 사람의 말에 의존해서는 안 된다. 적극적으로 정보를 찾아라. 자신의 직감을 믿고, 공격적 태도가 아닌 자신감 있는 태도로 정보를 구하라. 무언가 시작되거나 전개된다는 느낌이 있으면 깊게 파고들어라.

혼자만 모르고 있다는 상황 판단이 서면 그것을 입증할 비공식 일지(日誌)를 작성하라. 자신에게 잘 전달되지 않는 정보원, 서류, 보고서, 화젯거리의 경향을 파악하라. 자주 이런 일이 발생한다면 정보 흐름에 방해가 되는 요소와 근원을 분석하라. 경향을 감지했으면 근본 원인을 알아내어 시정하도록 하라. 보통 이런 문제는 분석만 잘하면 쉽게 고칠 수 있다.

"제가 적절한 시기에 정보 제공을 잘 받지 못한다는 것을 알아냈습니다. 나중에 일어날 문제점을 예방하고 필요한 정보를 받을 수 있도록 어떻게 하면 되겠습니까?"라는 말은 해결책을 효과적으로 제시할 수 있는 방법이다.

프레젠테이션 기술

많은 사람들 앞에서 발표를 하면 자신의 능력을 돋보이게 할 수 있다. 연습을 했다면 자진해서 하라. 아이디어가 나오면 항상 당신이 프레젠테이션을 하도록 노력하라. 물론 아이디어를 낸 사람에게 공로를 돌려라. 고객, 상사, 내부 직원, 팀, 부서 등 어떤 대상에게든 발표할 기회가 오면 최대한 이용하라. 성공적으로 프레젠테이션을 하면 당신의 능력과 지식을 한 번에 많은 사람들에게 알릴 수 있다. 사람들 앞에 선다는 것은 개인적 차원에서 엄청난 시간과 기회가 필요한 일이다. 그러나 프레젠테이션을 성공적으로 해내면 승진 가능성을 높이며, 경쟁에서 매우 유리해진다.

그룹 프레젠테이션은 아주 좋은 기회지만, 많은 사람들은 불안과 걱정이 앞선다. 미국 직장인들은 사람들 앞에서 말하는 것을 가장 싫어하는 것으로 꼽기도 한다. 사람들 앞에서 당황할까 봐 걱정을 하는 것이다. 사람들 앞에서 웃음거리가 되지나 않을까 불안해하는 것이다. 그러나 충분히 연습하고 준비하면 이런 두려움을 극복하고 성공적인 프레젠테이션을 할 수 있다. 돋보일 수 있는 소중한 기회를 두려움 때문에 놓치지 마라.

적절하게 실수와 책임을 인정

실수를 책임질 지위에 있으면 항상 신속하게 효과적으로 책임을 인정하라. 인정할수록 사건도 빨리 해결된다. 시간을 끌수록 그만큼 사건은 복잡하게 꼬인다. 한 현명한 지도자는 "문제를 일찍 말해 주면 돕거나 조언을 줄 수 있다. 그러나 너무 늦어 버리면 나는 당신에게 등을 돌리고 내칠 수도 있다." 라고 말했다.

실수를 인정하고 책임을 질 때는 다음을 유의하라.

– 분명하게 책임을 인정하라 : 돌려서 말하거나 모호하게 말하지 마라. 마지못해 책임진다는 인상을 주지 마라.

– 비난을 삼가라 : 자신은 책임이 별로 없다는 식으로 말하지 마라. 남을 끌어들이는 것도 보기 흉하다.

– 어떤 점을 배웠는가를 말하라 : 분명하고 간략하게 이번 기회에 무엇을 배웠는지 전하라. 자신에게 불리하게 작용할 수 있는 이기적인 말들을 하지 마라. "믿을 사람 아무도 없어요." 혹은 "일을 똑바로 처리하려면 혼자 해야겠어요. 남들은 믿을 수가 없으니까요."라는 말은 해서는 안 된다. 이런 말들은 책임을 전가하려는 얌체 같은 말이다. "결과를 더욱 열심히 분석, 확인해야 한다는 것을 알았어요." 혹은 "사후 처리를 더욱 철저히 해야 한다는 것을 알았어요."라고 말하는 것이 좋다.

– 앞으로 어떻게 하겠다는 것을 말하라 : 간략하게 앞으로 무엇을 할 것인가를 인정하라. "앞으로 문제가 있으면 빨리 알아낼 수 있도록 조기 경보 신호를 확인하도록 하겠습니다."

좋지 않은 소식 전하기

좋지 않은 소식을 전할 때 도움이 되는 포인트는 다음과 같다.

– 신속하게 그러나 신중하게 전하라 : 오래 끌수록 상황은 더 악화된다. 신속하게 전해 주지 않으면 왜곡된 내용으로 소문이 돌고, 사태가 보다 위험하게 진행될 수 있다. 당신에게 전혀 도움이 되지 않는다.

– 사실과 추측을 분명히 구분하라 : 사실을 확인하면 자세한 증거를 제시하라. 추측하고 있다면 추측이라고 분명히 말하라. "이런 일이 일어날 것입니다." 또는 이를 바꾸어 말하는 "가능한 문제점을 고려해 보아야 합니다." 등의

말은 하지 마라. 자신의 생각이나 추측을 사실처럼 들리도록 말하지 마라.

－ **항상 대안을 제시하라** : 좋지 않은 소식을 전하기만 하고 그냥 두어서는 안 된다. 난국을 타개할 수 있는 방법을 만들어 피해를 줄이도록 하라. "문제점을 갖고 오지 말고 해결책을 갖고 오세요."라는 말을 상사들은 자주 한다. 상사가 요구하기 전에 해결책을 찾아야 한다. 흔히 우리는 나쁜 사실을 전했다고 비난을 받을까 봐 전하지 않을 때가 있다. 실제로 이들은 단지 나쁜 사실을 전하기만 하기 때문에 비난을 받기도 한다. 하지만 이때 해결책을 내놓으면 능력을 인정받는다. 혹 실행되지 않더라도 해결책은 창의적으로 문제를 해결할 수 있는 근거로 이용될 수 있다.

□ 항상 긍정적 대안을 내놓으면서 문제를 해결하는 사람으로 보이게 하라.

승진할 자질을 보여 줄 좋은 기회는 주로 좋지 않은 사실이나 사건, 문제, 위기가 있을 때다. 문제 해결 능력을 발휘해 사람들에게 인상을 남길 수 있는 모든 기회를 잡아라. 더욱 부정적인 예측을 한다든지, 문제점을 보다 나쁘게 확대하는 것은 역효과를 낸다. 침착하게 문제를 해결하는 주체가 되어라.

보고할 책임

조직이 돌아가기 위해서는 상부 책임자에게 보고할 책임이 있다. 생산성을 증명하는 실제 목적과 달리, 오늘날의 보고 업무는 '바쁘게 일하고 있다는 걸 내게 보여 달라'는 뜻으로 상당 부분 전락했다. 그러나 여전히 필요한 일이다. 승진 가능성을 높이려면 보고(報告) 시스템을 무시해서는 안 된다.

항상 제 시간에 보고서를 제출하라. 읽혀지지 않을 수도 있지만, 보고서를 내라는 명령을 따랐는지, 제 시간에 냈는지를 누군가가 책임지고 기록하고 있을지 모른다.

상사가 좋아하는 보고서 스타일을 결정하라. 어떤 자료를 원하고, 어떤 형식으로 받기를 원하는지, 불필요하다고 생각할 부분은 없는지 확인하라.

□ 상사가 원하는 자료를 알아내 그가 원하는 형식으로 제출하라.

필요한 것만 보고하고, 차후에 요구할 때를 대비해 추가 자료를 준비해 두어라. 자료를 많이 갖고 있다고 해서 그것을 다 보고해서는 안 된다. 간략하게 보고하고, 더 요구하면 그때 추가 자료를 제출하라.

현직자가 제공하는 생생한 승진 조언

프리실라 홀은 텍사스 주 Ft. 워스에 있는 알콘 랩(Alcon Labs)의 기술 교육 담당 책임자다. 알콘 랩은 세계 최대의 제약 회사 중 하나로, 연구 및 개발에 주력하며 시력 보호 제품을 주로 생산하고 있다.

프리실라는 '승진 과정에서 의사 소통의 중요성'에 관한 자신의 생각을 이렇게 적고 있다.

직장에서 승진하기 위해 가장 중요한 것 중 하나는 의사 소통입니다. 가장 중요한 요소라고 할 수 있죠. 철자를 잘못 쓴 이메일을 볼 때마다 좋지 않은 인상을 받습니다. 사람들은 이메일 같은 의사 소통 방법이 자신의 성격을 아주 분명하게 나타낸다고는 생각하지 않는 것 같습니다. 그러나 이메일을 보면 그 사람의 글쓰기 기술과 메시지 전달 능력을 알 수 있습니다. 만약 당신이 간단히 쓰면 될 것을 늘려 쓰는 사람이라면 자신의 의사 소통 기술을 점검할 필요가 있습니다.

직장에서 승진하고자 하는 사람들이 겪는 어려움에 관해 프리실라 홀은 다음과 같이 말한다.

오늘날 회사 규모는 점점 작아지고 있습니다. 따라서 승진 기회도 예전처럼 많지는 않습니다. 제조 회사에서는 그룹 리더 같은 더 높은 지위까지 승진하는 사람들이 많기는 하지만, 이들의 지위는 보조적 위치이며 면책권도 없습니다. 그러나 간부급으로 승진하는 경우는 드뭅니다. 물론 요즘은 전문 기술을 한 가지 이상 요구하는 직업이 많습니다. 전문 분야에 대한 기술과 행정적 기술, 리더십, 비즈니스 감각이 필요합니다. 더 중요한 것은 일의 우선순위를 정하는 능력과 프로젝트 관리 능력입니다. 회사 규모가 작아지고 세계적 네트워크, 정보 시스템, 인터넷이 앞으로 더욱 중요해질 것입니다. 이 정보원으로부터 정보를 효율적으로 이용할 수 있는 능력, 즉 인터넷을 다루는 것은 중요한 기술입니다. 정보를 잘 처리할 줄 아는 사람은 컴퓨터를 능숙하게 다룰 것입니다. 워드 프로세서나 계산 기능을 사용하는 능력뿐 아니라 정보를 수집하기 위한 인터넷 사용 능력을 말하는 것입니다. 이것이 결국은 매우 중요할 것입니다.

프리실라 홀은 인맥을 잘 만들어 나가라고 조언하고 있다.

당신의 영향력이 미치는 범위를 넓히는 것이 중요합니다. 직접 나서서 크리스마스 파티 준비를 돕고, 회사 일 외에도 다른 활동을 나서서 한다는 것을 보여 주십시오. 그러면 사람들은 당신이 적극적인 사람이라고 생각할 것입니다. 긍정적인 사고방식으로 접근하십시오. 다른 사람이 아이디어를 내거나 뭔가 바꿀 것을 제안할 경우 당신이 "불가능한 일이에요.", "전에 그렇게 해봤어요."라고 말한다면 다른 사람들은 당신을 매우 부정적으로 생각하게 됩니다. 당신을 돋보일 기회를 기다리면서, 다른 사람들에게 당신을 무엇이든 할 수 있는 사람으로 보이십시오. 그래야 기회가 생기면 능력을 인정받을 일을 해낼 것입니다. 이런 자세로 임해야 승진 가능성이 높아집니다. 대기업에 다닌다면 다른 부서 사람들을 잘 알아 두고, 여러 부서의 공동 프로젝트에 참여할 방법을 찾으십시오. 요즘 회사들은 봉사 활동 등 지역 사회의 활동에도 많이 참가하는데, 이런 기회에 회사 사람들과 친해지고, 인간 관계를 쌓으며 소중한 경험을 하십시오. 축구 등 스포츠 경기에 참여하면 회사 내의 여러 부서에 소속된 다양한 지위의 다양한 사람들을 생각했던 것 이상으로 많이 만나게 됩니다. 회사 연수 프로그램에도 참가하면 사람들을 만나 영향력을 넓힐 수 있는 기회가 될 것입니다.

제 5 장
자기 관리 기술

효율성과 생산성은 대부분 당신의 자기 관리 능력에 달려 있다. 이 기술은 성공하는 데 매우 중요하지만, 대개 직장에서는 그리 효과적으로 가르쳐 주지 않는 기술이기도 하다. 제5장에서는 승진 결정권자가 승진을 결정할 때 자기 관리 기술을 고려하도록 하는 방법과, 어떤 기술이 필요하고 어떻게 익혀야 하는지 살펴보겠다.

자기 관리 기술의 톱니(SAW)를 연마하는 방법을 살펴보면서, 목표를 설정하고 계획하고 우선순위를 신중하게 결정하는 일이 얼마나 중요한지 설명하겠다. 시각적으로 잘 정리할 수 있는 구체적인 전략도 설명하겠다.

목표 설정

계획하는 것은 목표를 설정하는 것에서 비롯된다. 목표를 설정한 사람은 그렇지 않은 사람보다 훨씬 생산적이다. 일단 목표를 세우면 그 하위 목표를 세울 수 있으며, 자리 관리 기술은 성공을 위한 수단이다. 목표를 이루기 위해 자신을 관리하고, 자신이 해야 할 일을 계획하고 정리해야 한다.

먼저 개인의 목표와 조직의 목표가 무엇인지 명확히 하는 것이 중요하다. 개인의 목표는 혼자 결정하면 되지만, 조직의 목표는 다른 사람들이 정하는 경우가 많다. 승진 목표와 함께 개인적인 생산성과 업무 성과에 관해 구체적인 개인 목표를 세워야 한다. 이들 목표들은 구체적이고 합당해야 하며, 실현 가능성이 있어야 한다. 조직의 목표가 생산성 10% 향상이라면 개인의 목표는 10% 이상 향상해서 18개월 내에 승진하는 것으로 할 수 있다. 개인의 목표와 조직의 목표가 잘 맞게 돌아가면 승진 가능성은 높아진다. 그렇지 않으면 현실적으로 회사에서 승진 기회는 없다.

다음 핵심 문제를 자문해 보라. 전반적인 조직의 목표를 알고 있는가? 당신의 목표는 무엇인지 알고 있는가? 구체적으로 어떤 일을 책임지고 있는지 알고 있는가? 그렇지 않다면 질문의 답부터 찾아 나서라.

□ 이루고자 하는 목표를 알아야 자기 관리를 할 수 있다.

목표 설정을 잘 할 수 있도록 도와주는 훌륭한 모델이 많이 있다. 아주 간단한 실험을 거쳐 그 방법을 더욱 복잡한 과제에 적용하는 경우도 있다. 간단할수록 좋다. 경험에 바탕을 둔 효과적인 목표 설정 모델은 다음 사항들을 묻는다.

– **무엇을 할 것인가?** : 아주 구체적이어야 한다. 그저 '더 향상시킨다'처럼 하면 안 된다. 너무도 평이하여 평가할 수 없기 때문이다. ○○%라고 명확하게 생산성을 높이거나 줄인다는 목표를 세운다. 목표가 구체적일수록 달성할 가능성도 커진다.

– **왜 그것을 하길 원하는가?** : 합당한 일인가? 당신의 전반적인 계획을 도와주고 나아가 개인과 조직의 업무에 도움이 되는가?

– **언제 시작할 것인가?** : 모든 목표는 기간을 정해야 한다. 기간을 정하지 않은 목표는 희망 사항에 불과하다.

– **달성했다면 어떻게 알 수 있는가?** : 이것은 평가에 관한 문제다. 평가가 구체적이고 객관적일수록 결과도 성공적이다. 주관적 평가는 사람들의 견해에 좌우된다. 이런 견해는 상대적이므로, 성공했다고 하더라도 단지 사람들의 생각에 머물고 만다. 항상 논쟁의 여지를 남긴다.

– **목표를 적어 둠으로써 더욱 성실하게 일할 수 있었는가?** : 목표를 서면으로 작성해야 하며 다른 사람들에게 알려야 한다. 적어 두면 더욱 열심히 노력할 수 있다. 또한 사람들에게 알리면 당신이 노력하고 있다는 사실이 공개되므로, 그들에게 당신의 성과를 점검하는 역할을 맡길 수 있다.

□ 사람들이 모르는 목표는 비밀에 불과하다.

목표 설정과 위험 감수

목표를 설정하고 공개하는 데는 위험 부담이 있다. 목표 설정 자체는 당신이 한층 발전하고 성취하기를 원한다는 점을 선언하는 긍정적 발표다. 목표를 설정하면 지금 하고 있는 일을 줄여야 하고, 또한 당신이 변화를 추구하고 있다는 사실을 사람들에게 알리는 것이 된다. 이 모든 것에는 위험 부담, 즉 실패할 가능성이 있다. 위험을 회피하고 목표 설정 과정을 무시하는 편이 쉽고 편할 것이다. 그러나 당신은 앞으로의 변화보다 현상 유지에만 급급하고 있는 것이 된다. 목표 설정은 앞으로 무엇을 달성할 것인지에 관해 긍정적으로 선언하는 것이다. 모든 여행의 첫걸음이 목적지를 결정하며, 효과적인 목표 설정은 긴 여행의 첫 발걸음이다. 목표 설정의 위험 부담을 기꺼이 감수하겠는가?

우선순위 정하기

목표를 정했다면 해야 할 일에 우선순위를 정하는 것이 중요하다. 개인의 목표와 조직의 목표를 달성하는 데 가장 중요한 일은 무엇인가? 업무 및 활동을 4개 영역으로 나눌 수 있다.

분류 1 : 현재의 핵심 업무

당신의 업무 분장에 규정된 임무들로서, 마감 시간이 닥친 프로젝트, 위기, 문젯거리 등 당신이 맡고 있는 일들이다. 당장 노력을 집중해야 하는 일들이며, 이 업무를 수행해야 회사가 제대로 돌아가고, 수익도 올리고, 회사의 요구에 응하는 것이 된다. 당신은 이 핵심 업무를 하기 위해 고용되었다. 이 업무를 훌륭히 완수하면 당신은 매우 능력 있는 사람으로, 당신의 자리를 인정받게 된다.

분류 2 : 장래 발전을 위한 업무

발전과 변화를 위해 필요한 업무다. 주로 기획, 준비, 협조 관계 형성, 평가, 교육 부문의 일이다. 이 업무의 중요성은 알고 있지만 당장 해야 할 일이 아니기 때문에 미룰 때가 많다. 정말 중요한 일이긴 하지만 누가 당장 하라고 재촉하지는 않는다. 이 일을 해야지, 하면서도 시간이 나지 않는다. 마지막 업무 성과 평가 때 "정말 처리하고 싶었지만, 할 시간이 없어서…."라고 말했을 것이다. 이런 업무들은 장래 발전을 위한 업무다. 정말로 능력이 뛰어난 사람이라면 이런 업무들을 처리하는 데 시간을 투자하기 위해 철저하게 자신을 관리할 것이다. 그리고 성공적으로 성취해 낸다면 당신은 승진할 것이다.

분류 3 : 소모적인 업무

이런 일들은 엄청난 시간을 소요하고 당장 해야 할 일처럼 보이지만, 개인의 목표와 조직의 목표를 달성하는 데 있어 비교적 중요하지 않은 부분이다. 흔히 귀찮은 업무인 '해야 할 기타 업무'로 분류된다(모든 업무 규정에는 간부들이 자의적 지시를 할 수 있도록 허용하는 비슷한 규정들이 포함되어 있다. "당신의 업무 규정에는 내가 당신에게 부여한 일도 있어요. '내 일이 아니다'라고 해서는 안 돼요. 내가 지시하면 해야 됩니다."). 때로는 다른 사람이 할 시간이 없기 때문에 자신이 맡게 된 일도 이 범주에 속한다. 전화를 걸어 이런 일을 맡기기도 하는데, 이는 누군가가 잘못 기획해서 벌어진 결과다.

오늘날 우리가 직장에서 해야 하는 많은 보고도 실제로 이 분류에 속하는 일들이다. 사람들은 아무도 읽지 않는 보고서를 만드느라 많은 시간을 소모한다. 아무도 그 내용을 읽으려 하지는 않지만, 누가 보고서를 제때 잘 냈는지는 체크하고 있다. 어떤 내용인가에 상관없이 당신이 보고서를 늦게 냈다는 사실만을 알고 있다. 보고서를 제출하는 데 불필요한 점을 발견한다면 시정을 요구할 수 있다. 보고서를 제출하지 말자고 한다든지, 좀더 효과적이고 시간이 덜 드는 보고서 형식으로 바꾸자고 할 수 있다.

□ **보고서 제출을 반대하지 말고, 최소의 노력으로 최대의 효과를 보도록 노력하라.**

이런 일을 하는 시간이 줄어들면 더 많은 시간을 당신의 목표 달성에 투자할 수 있다. 이런 일을 충실히 해내고 있다면, 바쁘기만 하고 스트레스가 쌓일 것이다.

분류 4 : 시간 낭비하는 일

자신과 남의 시간을 낭비하는 일들이다. 주로 자신의 특권을 남용하거나, 전화나 컴퓨터를 개인 용도로 쓰거나, 여유 있게 점심을 먹거나, 잡담, 험담, 넋두리 등을 하거나 하는 따위다. 이런 일에 익숙하다면 승진은 고사하고 머지않아 해고될 것이다.

승진을 위한 공식

분류 1에 80%, 분류 2에 20%, 분류 3과 4에 0%의 시간을 할애하는 것이 이상적이다. 그러나 현실적으로는 분류 3과 4를 어떻게 활용하는가에 성패가 달려 있다. 분류 1을 할 시간을 줄일 수는 없다. 핵심 업무이며 반드시 완수해야 하기 때문이다. 따라서 분류 2의 일을 할 시간을 늘리려면 분류 3의 일을 가능하면 많이 줄이고 시간 낭비하는 일은 없애야 한다.

□ 적은 시간에 많은 일을 하려면 소모적인 일과 시간 낭비하는 일을 필사적으로 줄임으로써 시간과 노력을 효율적으로 이용해야 한다.

승진 기회를 높이기 위한 훈련

최소 2주(10일 간의 업무일) 동안 해야 할 일에 대해 목록을 작성하라. 특수한 업무를 담당하고 있다면 4개의 분류 가운데 어디에 속하는지 분석하라. 정확하고 솔직하게 작성하고, 각 업무와 그것에 소요되는 시간도 적어라.

업무를 분류하고 나면 뚜렷한 현상을 보게 될 것이다. 다 없애려고 하지 말고 줄이도록 힘써라. 효율성을 저해하는 소모적인 업무를 많이 하고 있다면 대화를 청해서 상사에게 사실을 말하고 조정하도록 하라. 소모적인 일들을 다 없앨 수는 없겠지만, 생각보다 훨씬 많이 줄일 수 있을 것이다.

분류 1과 3은 구분하기가 모호할 때가 있다. 분류 3의 업무는 당장 해야 할 일처럼 보이기 때문에 분류 1로 착각하기 쉽다. 그러나 그렇지 않다. 이 둘의 차이를 구분하는 좋은 방법은 자신에게 생사에 관한 질문을 던지는 것이다. "내가 이 일을 하지 못하면 일어날 최악의 상황은?" 그 대답이 파멸, 끔찍함, 끝장 같은 말이 아니라면 그 업무는 분류 3의 업무이다.

계획

누구든 말로는 계획을 한다고 하지만 사실 효율적으로 하는 사람은 드물다. 계획이 부실하면 항상 바쁘고, 위기에 대처해야 하고, 당신이 일을 지배하는 것이 아니라 일이 당신을 지배하는 혼란한 상태가 된다.

□ 계획 없이 일하면 일이 당신을 지배한다.

계획을 짜는 데 여러 지침이나 프로그램을 이용할 수 있다. 어떤 것은 너무 복잡해서 사용하는 데만 엄청난 투자와 특별한 훈련이 필요하기도 하다. 법률 용지에 매일 기록하는 것만으로도 능률적으로 계획하는 사람들이 많다. 또, 매우 능률적인 컴퓨터 프로그램도 많다. 어떻게 이용하는가는 당신에게 달려 있다. 중요한 점은 실천하는 것이며, 이는 간단할수록 좋다. 어떤 프로그램이든 훌륭한 계획을 짜려면 다음 사항을 반드시 갖추어야 한다. 즉, 전반적인 해야 할 일에 대한 목록, 각 업무와 시간 조정, 예기치 않은 일에 대한 대비책이 있어야 한다.

해야 할 일에 대한 목록 정하기

일일 계획은 그날 해야 할 모든 일과 그것을 하는 데 필요한 시간을 자세하게 계산하는 것부터 시작한다. 물론 점심 시간도 포함한다. 해야 할 일은 항상 많고, 시간보다 할 일이 더 많다고 생각하게 된다. 우선순위를 결정하는 일이 중요한 시점이 바로 이때다. 목록에 있는 해야 할 일들을 위의 4개 분류 가운데 하나에 각각 올려라.

우선순위를 결정하고 나면 다음의 중요한 질문 세 가지를 자문해 보라.

1. **없앨 수 있는 것은?** (분류 3과 4에 속하는 것 중 전혀 할 필요가 없는 것은?)
2. **미룰 수 있는 것은?** (그러나 이 업무를 언제 하겠다고 반드시 정해야 한다. 구체적으로 후속 조치를 하지 않으면 처리하지 않은 채 계속 두게 되고, 나중에는 심각한 상황이 벌어질 수 있다)
3. **위임할 수 있는 것은?** (상사, 동료, 부하 가운데 이 업무를 맡기거나 도움을 청할 사람이 있는가?)

이렇게 실행하기란 쉽지 않다. 또한 시간과 자원을 쏟아붇는 노력에 관해 당신은 다소 힘든 결정을 해야 한다. 그러나 부지런히 노력하여 업무 성과와 승진 가능성에 관한 개인적 목표를 달성하고, 상사와 승진 결정권자, 그리고 승진에 영향을 미칠 수 있는 사람들의 전반적인 목표를 달성하도록 도와주어라. 효율적으로 우선순위를 정하지 않으면 분류 1과 2 같은 중요한 업무는 놓아 둔 채 중요하지 않은 일에 시간과 정신을 빼앗기게 될 것이다.

각 업무와 시간 조정

계획하기의 두 번째 단계는 각 업무를 수행할 구체적인 시간을 정하는 것이다. 무엇을 할 것인지 정하면서, 언제 할 것인지도 분명히 해야 한다. 시간을 정하려면 어떤 순서로 업무가 진행되며, 자원(인적 자원 포함)을 그 시간에 사용할 수 있는지를 예측하고, 개인적 기호와 능력도 고려해야 한다.

에너지 주기도 분석하라. 가장 생산력이 높고 창의적이며 집중할 수 있는 시간에 승진에 가장 영향을 미칠 수 있는 중요한 업무를 해야 한다. 누구나 에너지 주기가 있다. 아침에 활동적인 사람이 있고, 오후 늦게 또는 저녁때 활동적인 사람도 있다. 아직 자신의 에너지 주기를 찾지 못한 사람도 있을 것이다.

다음 그래프는 아침에 활동적인 사람들의 전형적인 주기를 나타내고 있다. 오전 8시와 정오 사이에 에너지, 창의력, 생산성이 가장 높다. 그러나 점심 시간이 지나면 바로 급격하게 떨어진다. 분명히 이들은 가장 힘들고 창의적이며 승진 가능성을 높이는 일을 오전에 하도록 계획해야 한다.

그러나 이들은 에너지 주기를 고려해 능률적으로 계획을 짜지 않는다. 일찍 출근해서 일거리로 뛰어들어 별로 어렵지 않은 일이나 소모적인 일을 오전 동안에 처리한다. 사소한 일들을 많이 하면 성취감을 느낄 수도 있다. 질이 아니라 양적인 면에서 말이다. 그러나 가장 생산적인 시간에 가장 힘이 적게 드는 일을 하고 있다. 오후에 시간이 나더라도 활동력이 떨어져 창의적인 일은 할 수가 없다. 오전에 보다 힘든 분류 1과 2 업무를 수행하는 것이 더 나을 것이다.

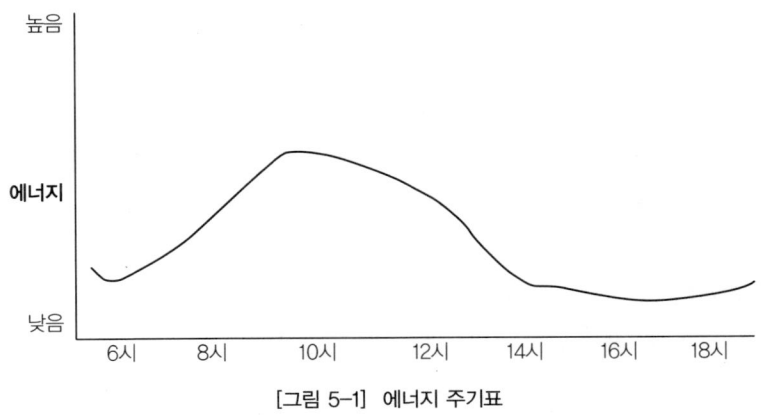

[그림 5-1] 에너지 주기표

승진 기회를 높이기 위한 훈련

아래에 있는 빈 그래프의 맨 왼쪽부터 하루 중 일반적인 에너지 변화를 나타내 보자. 예상대로 높을 때와 낮을 때가 있을 것이다. 에너지 주기에는 좋거나 나쁘고, 옳거나 그르고, 더 좋거나 최상이라는 개념은 없다. 자신의 주기면 그만이다.

활동성, 창의성, 생산성이 가장 낮을 때 실수하거나 판단을 잘못 내릴 가능성이 가장 크다. 가능하면 활동성이 가장 높을 때 중요한 의사 결정을 하라.

분류 1에 속하는 많은 업무들은 매우 중요하지만, 반복적으로 일어난다는 사실도 염두에 둬라. 익숙한 일이라 신속하게 잘 해낼 수 있기 때문에 반복적인 일들은 에너지 최고조 시간에 할 필요는 없다.

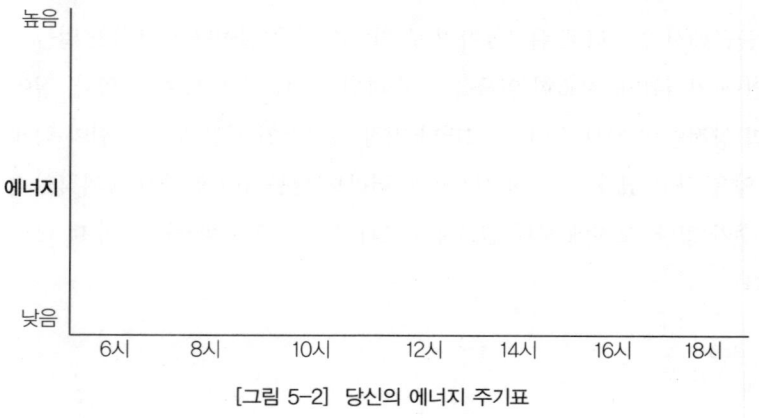

[그림 5-2] 당신의 에너지 주기표

□ 상사의 에너지 주기를 알아 둬라. 자료를 제시하고, 도움을 청하고, 승인을 받을 시간을 결정할 때 도움이 된다.

예기치 않은 일의 대비

이럴 수가? 예상 밖의 사건이 일어나면 그 이후의 시간에 대해 통제 능력을 완전히 상실하게 된다. 계획대로 진행할 수 없는 일이 발생하면 다음 일에도 영향을 미치게 되어 우리는 푸념하고 걱정한다. 그럴 때면 이상하게도 계획할 때 의도한 것들을 무시해 버리고 만다. 매일 매 순간을 통제할 수 있는 계획을 짜려 하지만, 예기치 않은 위기나 중단되는 일이 발생해 계획대로 할 수 없으면 즉시 예전의 일상적 행동으로 되돌아간다.

지속적으로 일어나는 이런 퇴행적 행태를 보이지 않으려면 계획할 때부터 예기치 않은 일에 대비해 여유 시간을 마련하라. 계획대로 하지 못할 어떤 일이 일어날 것이라는 사실은 알지만 단지 어떤 일인지, 누구 때문인지를 모른다. 계획이 중단되는 것은 불가피하다. 그것에 대비해야 한다. 40~70%의 시간이 상사나 동료, 위기, 마감 시간, 회의 등에 빼앗기는 것으로 추정되고 있다. 이런 사실을 감안하여 '플렉스 타임'을 늘려 계획에 넣고, 총 시간의 50%를 예기치 않은 일에 대비하도록 분산해서 지정하는 것부터 시작하라. 플렉스 타임은 거추장스러운 시간일 수 있지만, 일상의 업무에 일어나는 불가피한 일을 처리할 수 있는 자유로운 시간이다. 이 전략은 50%의 시간만 효율적으로 계획할 수 있다는 계산이 나온다. 따라서 우선순위를 정하는 일에 상당한 부담이 따른다. 우선적으로 할 일은 무엇인지, 없애거나 미루고 다른 사람에게 맡겨야 할 일은 무엇인지에 관해 다소 힘든 결정을 해야 한다. 뻔한 위험을 무릅쓰고 모든 일을 잘 할 수 있다고 생각하고 기도하며 바라기만 할 수는 있다. 그러나 자신이 통제하는 실질적인 시간을 잘 처리할 수도 있다. 다음은 일반적인 오전 시간 계획을 보여 주고 있다.

08:00~08:15	월간 보고서 작성 마무리
08:15~08:30	" " " "
08:30~08:45	긴급한 요청서 승인하기
08:45~09:00	" " " "
09:00~09:15	플렉스 타임
09:15~09:30	구조 조정 프로젝트 회의
09:45~10:00	" " " "

10:00~10:15	〃 〃 〃 〃
10:15~10:30	플렉스 타임
10:30~10:45	〃 〃 〃
10:45~11:00	필요한 전화하기
11:00~11:15	대차표 조정하기
11:15~11:30	〃 〃 〃 〃
11:30~11:45	플렉스 타임
11:45~12:00	〃 〃 〃

[그림 5-3] 오전 시간 계획 예

위의 예는 1시간 15분을 플렉스 타임에 할애하여 계획이 중단되는 일에 대비하고 있다. 흔히 당신의 상사가 전화를 걸어 "얘기 좀 합시다."라고 말하면 다음 두 가지 가운데서 선택할 수 있다.

1. "9시에 15분 동안 시간이 있습니다. 그때 괜찮습니까?"라고 말한다. 플렉스 타임에 대화할 시간을 갖는다.
2. 9시에서 9시 15분까지 플렉스 타임에 월간 보고서를 마무리하면 된다는 것을 알고, 즉시 상사의 요청에 응한다. 즉시 대답하면 승진 가능성을 높일 수 있다.

두 가지 경우처럼 대답한다면 상사의 예기치 않은 요구에 오전 시간 계획을 완전히 망치지는 않을 것이다. 일일 계획에서 플렉스 타임을 분산하여 배치하라. 즉, 가장 활동력이 왕성할 때와 가장 저조할 때 플렉스 타임을 둬라. 플렉스 타임을 활동력이 가장 저조할 때 몰아 두면 자칫 졸음 시간이 될 수도 있다.

□ 통제할 수 없는 50%의 시간에 스트레스를 받지 말고, 통제할 수 있는 50%의 시간을 효율적으로 활용하면 승진 가능성을 탁월하게 높일 수 있다.

평가

능률적으로 우선순위를 정하여 목표를 설정하고 계획하는 일은 중요한 자기 관리 기술이며, 승진을 위해서도 최우선으로 해야 할 일이다. 이러한 노력을 성공적으로 수행하고 있는지 정기적으로 평가할 시간을 가져야 한다. 이 일은 분류 2의 업무에 속하는 일이다.

- 현재 목표가 여전히 타당한가?
- 추가적인 목표나 책임이 생겼는가?
- 해야 할 일들의 우선순위가 여전히 잘 맞게 짜여져 있는가?
- 우선적으로 해야 할 일이 새롭게 나타나서 그 부분에 더 많은 노력을 투자했는가?
- 변화를 수용하도록 행동과 관심의 초점을 조정했는가?
- 계획이 목표와 우선 사항을 달성하는 데 도움이 되는가?
- 승진에 영향을 미치는 분류 2의 업무를 달성하기 위해 계획을 세우고 거기에 노력을 집중하는가?
- 당신의 전반적인 태도와 활동 및 시간 활용이 자신의 목표와 우선 사항 및 목표에 도움이 되는가?
- 사소한 일에 매달리고 있는가?
- 목표를 향한 길에서 벗어나지는 않았는가?

평가하지 않으면 의도했던 바와 업무 성과에 큰 차이가 나게 되며, 목표와 우선 사항에 맞지 않는 업무 활동과 행동을 하게 된다. 평가하지 않으면 비생산적인 목표를 향해 나가기 쉽다. 다소 시간이 지나면, 플로리다에 가기로 했는데 알래스카에 도착했다는 것을 깨닫게 된다. 그러나 그 이유를 이해하지 못할 것이다. 평가하지 않으면 같은 실수를 되풀이하고 현상 유지만 될 뿐이며, 틀에 박힌 행동만 하는 원인이 된다.

□ 적절히 평가하면서 중간 점검의 시간을 가질 수 있으며, 가야 할 길에서 벗어나지 않았다는 점을 확인할 수 있다.

평가의 핵심은 "내가 하고 있는 일이 정말로 성과가 있는 일이며, 내가 원하는 결과를 얻게 될 일인가?"라는 질문에 답하는 것이다. 물론 자신이 선언한 목표에 대해 개인적 책임을 져야 하고, 또한 자신의 태도와 활동이 반드시 목표에 알맞게 되는 것도 아니기 때문에 평가가 고통스러울 수 있다.

업무 공간 정리와 자기 관리

어떤 사람들은 선천적으로 정리 정돈을 잘 한다. 대부분은 그런 훈련을 받지 못했지만, 훈련을 받은 사람들도 있다. 잘 정돈된 공간에서 생활하는 사람도 있고, 그렇지 못한 곳에서 생활하는 사람도 있다. 사람들은 대부분 자신이 정리를 잘 한다고 말한다. 심지어 가장 정리가 안 되는 사람조차도 그것이 나름대로 정리한 상태이며, 그런 엉망인 공간에서도 다 방법이 있다고 말한다.

복잡한 공간을 말끔하다고 믿는 사람들도 있다. 이들은 자신이 다른 사람들에게 보여 주는 무질서가 나쁜 영향을 미친다는 사실을 인식하지 못한다. 다른 사람들이 당신을 어찌할 도리가 없는 사람이며 현재 업무량을 감당하지 못하는 사람으로 생각하게 되면, 그것은 승진에 장기간 회복할 수 없는 걸림돌이 될 것이다.

정리하는 습관 길들이기 - '책상 정리'

정리 상태가 엉망인 책상을 어떻게 정리하는가? 효과가 입증된 다음 10개의 단계를 따라 해보라.

1단계 : 시간을 내고 필요한 용품을 준비하라. 최소 3시간 정도 방해받지

않을 시간을 마련하라. 어떤 책상이나 사무실은 시간이 더 걸릴 수도 있다. 구체적인 시간을 정해야 하되, 방해를 받지 않으려면 저녁이나 주말을 이용해야 할 것이다.

필요한 용품은 아래와 같다.

- 파일 여러 개   - 법률 용지
- 파일에 붙일 라벨   - 휴지통
- 좋아하는 색의 형광펜 3개

2단계 : 책상이나 업무 공간 옆 바닥에 두 종류의 서류를 따로 놓을 수 있도록 충분한 공간을 마련하라.

3단계 : 책상, 바닥, 의자, 책꽂이 등 눈에 띄는 곳에 있는 모든 서류를 체계적으로 한 번에 한 개씩 집어든다. 각각에 대해 "이것이 불필요한 것인가, 필요한 것인가?"를 판단하라.

4단계 : 각각의 서류를 바닥에 구분해 둔 2개의 공간, 즉 휴지통과 흡사한 '불필요한 것'을 위한 공간, 또는 '필요한 것'을 위한 공간 중 한 군데에 놓아라. 이런 과정을 오래 거치면서 필요한 것보다 불필요한 것이 더 많다는 사실을 깨닫게 될 것이다. 사직하거나 퇴직한 사람, 2년 전에 사망한 사람에게 받은 메모도 있을 것이다. 이런 것들을 하나씩 따로 버리지는 마라. 쌓여 있는 불필요한 서류가 얼마나 많은지 기억하는 것이 중요하기 때문이다. 이 과정이 끝나면 책상, 의자, 책꽂이가 깨끗해질 것이며, 바닥에 서류 더미 두 개가 남을 것이다.

5단계 : 불필요한 서류 뭉치들을 휴지통에 넣어라. 휴지통이 넘쳐날 정도가 될 수도 있다.

6단계 : 필요한 서류들을 책상 위로 가져오라.

7단계 : 필요한 서류 더미에서 서류를 하나씩 꺼내 다음 질문을 하라.

1. 이 서류에 대해 무슨 일을 해야 하는가?
2. 이것을 어떻게 정리, 보관할 것인가?

8단계 : 이 질문에 대한 당신의 답을 법률 용지에 기록하고 번호를 매겨라. 집어든 순서대로 법률 용지에 기재 사항을 적어라. 우선순위를 정하거나 분류하려 하지 말고, 후속 조치도 취하지 마라. 다음은 이 과정을 보여 주는 예이다.

업무/내용	파 일
1. 샘에게 보내는 메모/ 복리 후생 패키지	샘
2. 경영 정보 협회에 가입 요청	협 회
3. 소프트웨어 구매 요청	구 매
4. 미지급 비용 조사	수 당

[그림 5-4] 8단계 '기재 사항'

각 기재 사항을 기록한 다음, 파일을 꺼내 서류를 넣고 법률 용지에 적어 둔 것과 일치하게 라벨을 붙여라. 파일에 붙일 라벨과 법률 용지에 적어 둔 것이 반드시 같아야 한다. 파일들은 가급적 책상이나 업무 공간에 가깝게 둬라. 이 작업을 끝내면 책상은 정돈되고, 법률 용지는 업무 목록이 되며, 파일들은 정리되어 두꺼워질 것이다. 정말 경축할 일이다!

9단계 : 법률 용지에 적힌 업무 목록에 대해 우선순위를 정하라. 형광펜 같은 것을 이용해 색깔로 표시하고, 식별하기 쉽도록 3가지 색을 정하라.

빨간색 = 시급하고 중요하며 당장 해야 할 일
주황색 = 중요하지만 당장 할 필요는 없는 일
파란색 = 할 여유가 있을 때 할 일

전체 목록에 우선순위를 정했다면 해야 할 일에 대한 잘 정돈된 계획이 선 것이며, 일의 중요성에 따른 순서가 마련된 것이다. 이 과정은 이메일을 처리할 때도 마찬가지로 적용된다. 새로 들어오는 요구나 업무를 목록에 더하고 없애는 과정을 계속 반복하라.

10단계 : 업무 목록에서 하루에 얼마만큼의 사항을 처리할 것인지에 관해 목표를 세워라. 그러나 한꺼번에 모든 업무를 처리하려고 하지는 마라. 이렇게 한다고 장기적으로 행동 습관이 달라지지는 않는다. 한꺼번에 처리한 적은 많을 것이다. 그러나 힘들여 처리하고 나서 똑같은 일 처리 과정이 되풀이되고 일이 복잡해지면 다시 엉망이 되고 만 경험이 있을 것이다. 이 10단계 테크닉은 당신의 비효율적 행동을 바꾸고자 하는 것이다. 업무 목록에 100개의 사항이 있다면 하루에 10개를 목표로 하는 것이 적당하다. 계산하면 10일 동안 목록에 있는 일을 다 처리할 수 있다. 그러나 실제로는 이대로 일이 진행되지는 않는다. 매일 할 일이 추가되므로 목표를 하루에 보통 해내는 일의 양보다 더 많이 처리하는 것으로 잡아야 한다.

□ **시급한 일부터 하라. 항상 빨간색으로 표시한 것부터 먼저 하고, 주황색, 파란색 순서로 하라. 빨간색은 언제나 최우선이다.**

목록에 있는 사항을 끝내고 나면 줄을 그어 지워 버리고, 그 파일을 다음에 다시 이용하라. 정돈이 잘 되고 효율적으로 변한 새로운 자신에 대해 항상 자축하는 시간을 가져라.

지속적인 관리

일단 혼란이 수습되면 매일매일 관리하는 것이 중요하다. 나에게 배당되는 서류들과 벌이는 매일의 싸움에서 이겨야 한다. 나에게 배당되는 서류와 들어오는 이메일은 싸워야 할 상대며 혼란의 주범이다. 이 싸움에서 이기려면 일몰 법칙(sunset rule)을 이용해 보라. "해는 서쪽에서, 다 처리한 서류 더미와 삭제한 이메일 파일 위로 진다."는 것이 일몰 법칙이다.

하루 일과를 마칠 때면 오늘 나에게 배당된 서류를 모두 꺼내고, 이메일을 전부 삭제하고, 이전의 과정을 반복하라.

- 불필요한 것인가 필요한 것인가를 판단하라.
- 목록에 업무를 추가하고, 무엇을 해야 하고 어떻게 분류해야 할지 결정하라.
- 우선 사항을 먼저 처리한다. 새롭게 생긴 빨간색 사항이 항상 남아 있는 주황색이나 파란색보다 우선이다.

매일 일몰 법칙을 실시하면 하루에 배당되는 서류나 이메일을 잘 관리할 수 있을 뿐만 아니라 서류의 흐름도 효과적으로 관리할 수 있다. 또, 우선적으로 해야 할 일의 순서에 따라 일을 처리하고, 효율성과 생산성을 최대로 높이도록 자신을 길들일 수 있다. 중요하지 않은 다수의 업무가 전혀 시행되지 않고 있다면 그대로 두어라. 정말로 중요한 일을 하고 그렇지 않은 일은 그대로 두는 것이 커리어에 더 도움이 된다. 중요하지 않은 일은 사실 대부분 불필요한 일이다. 일몰 법칙으로 현명하게 일을 매듭지을 수 있다.

중요하지만 급하지는 않은 일, 즉 주황색으로 표시한 업무를 처리하는 것이 항상 어려운 문제다. 중요한 업무, 즉 빨간색으로 표시한 업무는 사실 문젯거리가 되지 않는다. 항상 이 업무에 신경 쓰고 있기 때문이다. 문제를 일으키는 것은 중요하지만 급하지는 않은 업무들이다. 당장 하기에 급하지는 않고, 하기는 해야 한다. 따라서 버리지 않고 모아 두고 쌓아 두면 혼란의 원인이 된다. 일몰 법칙은 이런 업무를 관리하도록 하며, 효율적인 관리 능력을 돋보이게 하여 승진에 긍정적 영향을 미친다.

계획을 세우는 데 사용하는 도구

기술이 비약적으로 발전함에 따라 더욱 향상된 도구를 사용하여 계획을 세울 수 있게 되었다. 전자 제품과 소프트웨어도 많고, 기존 방식대로 손으로 직접 작성하는 도구도 많다.

어떤 도구를 이용하든 다음 세 가지 사항을 염두에 두어라.

1. **어떤 것이 자신에게 맞는가 알아 보라** : 중요한 것은 도구의 성능이 아니라 얼마나 효과적인 결과를 만들어 내는가이다. 생산성을 뚜렷하게 향상시킬 수 있도록 시간과 업무 활동을 한층 효과적으로 관리하도록 도와주는가?
2. **간단할수록 좋다** : 도구를 사용하는 데 시간과 노력이 많이 든다면 장기적으로 사용할 수는 없을 것이다.
3. **성공을 위해 자신을 관리하라** : 효율적으로 관리하는 능력은 한 번 익히면 쉽게 잊혀지지 않는다. 즉, 길들여진다. 습관화하기 위해서 관리 기술을 개발하고 실천하는 일에 기꺼이 투자해야 한다. 성공을 향해 자신을 기꺼이 관리한다면 계획하고 관리하는 능력은 제2의 천성이 될 수 있다.

프로젝트 관리 도구

자기 관리 기술을 향상시키고 일상 업무에 유용하게 쓸 수 있는, 프로젝트 관리자들이 주로 이용하는 도구들이 시중에 많이 나와 있다. 현재 시중에 나와 있는 소프트웨어에는 이런 도구의 변형 버전이 들어 있는 것들이 많으며, 이런 도구들은 지면(紙面)에서도 활용할 수 있다.

주어진 기한 내에 성공적인 결과를 내고 한정된 비용으로 우수한 성과를 내기 위해 프로젝트 관리에는 엄격한 규율과 고도의 자기 관리 능력이 필요하다. 자기 관리 능력이 없는 관리자는 살아남지 못한다.

업무 세분화 구조

대규모 프로젝트를 작고 관리하기 쉬운 구성 요소로 세분화하도록 만든 효율적인 방법이다. 매우 복잡하고 규모가 커서 완수하기 어려울 것 같은 프로젝트지만 효율적으로 쪼개면 비교적 간단해 보인다.

기술 담당 이사는 셔리에게 연구소에서 사용할 새로운 가스 색층 분석기의 용도와 자세한 구매 사항을 조사하라고 지시했다. 셔리는 처음으로 이런 대규모 프로젝트를 맡았기 때문에 잘 할 수 있을지 크게 걱정하고 있다. 그래서 다음과 같은 업무 세분화 구조를 만들어 냈다.

WBS(Work Breakdown Structure, 업무 세분화 구조)
가스 색층 분석기 구매 계획

#1. 세부 사항 분석(기계로 하기를 원하는 일과 가능한 예산)
   1.1 잠재적 사용자와 면담하기
   1.2 요구 사항과 용도 결정하기
   1.3 가능한 예산 결정하기

#2. 최고의 제품 결정
   2.1 A 제조 업체와 접촉하여 가격, 입수 가능성 및 세부 사항의 만족도 결정
   2.2 B 제조 업체와 접촉하여 가격, 입수 가능성 및 세부 사항의 만족도 결정
   2.3 C 제조 업체와 접촉하여 가격, 입수 가능성 및 세부 사항의 만족도 결정
   2.4 제품의 가능한 옵션에 등급 정하기
   2.5 설명회 준비
   2.6 현재 사용자를 방문하거나 연락하여 실제로 관찰하고 조언 듣기

#3. 계획안 준비

    3.1 계획안의 초안

    3.2 예산 가능성 확인

    3.3 최종안 작성

#4. 집행 위원회에 계획안 제출

    4.1 많은 사람이 참석할 수 있는 날로 날짜 정하기

    4.2 회의실 확보

    4.3 계획안 복사

    4.4 제품을 동시에 설명할 수 있도록 준비

    4.5 사진, 비디오 등 준비하기

    4.6 연습, 또 연습

이 시나리오에서 셔리는 대규모 프로젝트를 네 가지의 기본적 활동으로 나누고, 이 하위 업무들을 1.1, 2.1 등으로 더욱 명확히 했다. 사실상 매우 세분화된 업무 세분화 구조는 하위-하위 업무를 정하기도 한다. 이 방법으로 셔리는 효율적으로 전략을 짤 수 있게 되었으며, 단계적이고 체계적인 형식으로 시각적 설명을 할 수 있게 되었다. 이런 세분화 전략은 계획 없이 급하게 할 수 있는 일은 아니다. 아침에 커피 한잔 하러 들어간 레스토랑에서 냅킨에 적는 식으로 해서는 안 된다. 훌륭한 전략을 개발하는 데 시간을 투자해야 성공 가능성이 높아진다.

간트 도표

업무 세분화 구조는 간트 도표를 만드는 데 이용할 수 있다. 간트 도표는 업무 각각의 관계와 시간을 보여 주는 수평선 도표이다. 매우 간단하고도 효율적인 방법으로, 1900년대 초반 공학자 헨리 간트가 개발했다. 어떤 업무를 특정한 시간 내에 끝마쳐야 하는지, 일의 순서는 어떠한지, 동시에 어떤 업무

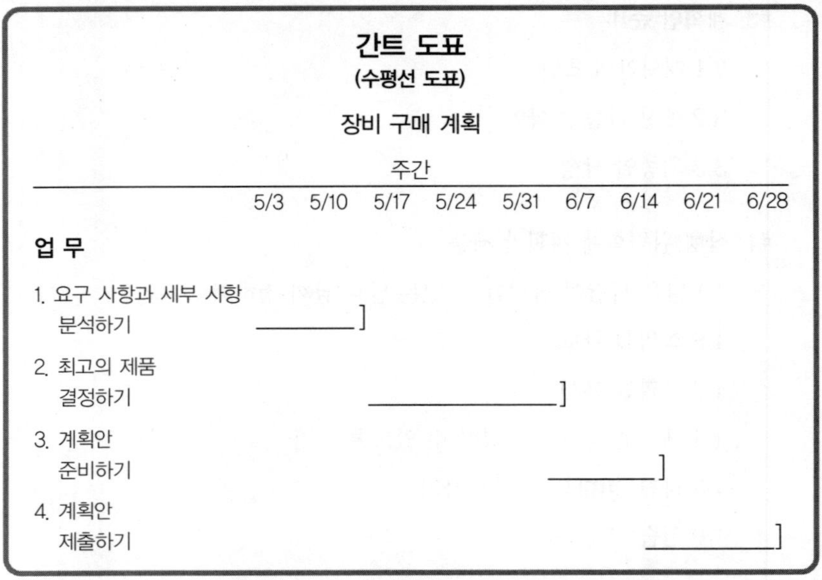

간트 도표
(수평선 도표)

장비 구매 계획

주간

| | 5/3 | 5/10 | 5/17 | 5/24 | 5/31 | 6/7 | 6/14 | 6/21 | 6/28 |

업 무

1. 요구 사항과 세부 사항
   분석하기

2. 최고의 제품
   결정하기

3. 계획안
   준비하기

4. 계획안
   제출하기

[그림 5-5] 칸트 도표

를 할 수 있는지, 이전의 업무가 끝나야 할 수 있는 업무는 무엇인지가 이 도표에 나타나 있다. 간트 도표는 왼편에 업무 세분화 구조의 업무들을 나열하고, 위쪽에 시간 간격을 적는다.

위의 사례는 업무 세분화 구조의 기본적 업무 네 가지만을 보여 주는 단순한 예다. 물론 하위 업무를 집어넣을 수도 있으며, 위임한 업무와 개인별 책임 범위를 식별하기 위해 간트 도표에 색깔로 구분해 표시할 수도 있다. 간트 도표는 능률적인 계획을 세우기 위해 만들어 낸 방법이지만, 계획과 실제 성과를 색깔로 구분하기만 하면 확인하거나 보고할 때도 활용할 수 있는 도구다.

분석 도표

효율적으로 프로젝트를 관리하기 위해 사용하는 또 하나의 도구는 분석 도표다. 분석 도표는 오른쪽 그림에서 보는 것처럼 발생 가능성이 있는 문제와 비상시 계획을 나타내는 4개의 세로 열로 되어 있다.

분석 도표

업 무	어떤 문제가 발생할 수 있는가?	조기 경보 신호	비상시 계획
1. 요구 사항과 세부 사항 분석	세부 사항을 충족시킬 제품이 없음	5월 10일 주간까지 세부 사항과 제조 업체가 보낸 자료를 비교, 차이 분석	1. 현실적 기대 수준을 결정하기 위해 요구 사항과 세부 사항 재평가 2. 구매 연기를 초기에 제안 3. 외주(外注) 처리 제안
	자금 부족	5월 10일까지 장비 가격과 예산을 비교, 차이 발견	1. 기대 수준을 재평가하고 값이 덜 나가는 제품을 고려 2. 더 많은 자금 확보 가능성 조사 3. 장비 대여 고려 4. 구매 지연에 따른 비용과 생산성 손실 계산 5. 구매나 대여를 하지 않도록 제안 6. 외주 제안
2. 최고의 제품 결정	제품을 구할 수 없음	5월 10일까지 제조 업체들이 주는 정보	1. 두 번째 공급원 고려 2. 지연 기간 동안 단기 보상 제안
	설명회 없음	스케줄 결정 불가능	1. 수용 불가. 계획 연기. 설명회 없이는 추천할 수 없음
	현재 사용자들의 문제점 지적	5월 31일까지 반응 조사	1. 고려 대상에서 제외. 다른 제조 업체 고려 2. 수용 불가. 계획 연기
3. 계획안 준비	가능한 예산 확보 불가능	6월 7일 주간까지 구매 부서와 회의	1. 자금 동원 대안 조사 2. 계획 연기
4. 계획안 제출	집행 위원회 소집 불가능	6월 7일 주간에(자금 확보 후) 개별적 전화로 날짜와 참석 여부 조사	1. 회의 날짜로 3개 대안을 결정 2. 꼭 참석해야 할 사람을 정하고, 그들이 가능한 날로 결정
	회의 장소 못 구함	6월 7일 주간에 예약	1. 회사 밖 장소 물색
	제품 설명회 불가능	6월 7일 주간에 제조 업체와 논의	1. 수용 불가. 위험 신호. 일정 다시 짜기
	장비 고장	회의의 실질적 불상사	1. 모든 장비, 프로젝터 등의 대용품 구비

[그림 5-6] 분석 도표

분석 도표는 사전 방지를 위한 방책이며, 그 목적은 현실적으로 모든 일이 계획대로 진행되지 않을 수도 있다는 가정 아래 비상시 계획을 미리 준비하는 것이다. 조기 경보 신호를 알아내는 것이 핵심이다.

□ 일찍 발견한 문제는 수습하기 쉽다. 늦게 발견하면 형편없는 성과를 거두거나 실패하기 쉽고, 누군가 책임지고 비난받아야 한다.

자기 관리 능력 평가

1점(드문 편)에서 5점(자주)까지 당신의 관리 능력을 평가해 보라.

1. 누군가 당신의 책상이나 업무 공간으로 다가올 때마다 "복잡하게 보이는 줄은 알지만, 어디에 무엇이 있는지 다 알아요."라고 말한다.   _____

2. 서류나 파일을 찾는 시간, 다른 사람에게 복사 좀 해달라고 부탁하느라 보내는 시간이 많다.   _____

3. '해야 할 일' 더미가 책상 위에 가득하고, 의자, 바닥, 다른 곳에도 펼쳐져 있다.   _____

4. 원하는 것을 찾지 못할 때, 책상이나 자리의 물건을 치웠다고 다른 사람을 의심하거나 비난한다.   _____

5. 일일 계획이 없거나, 식당에 있는 냅킨에 마구 적는다.   _____

6. 어떤 것을 보관하고 버려야 할지 결정하기가 힘들다.   _____

7. 언제나 시간에 쫓기고, 마감 시간을 맞추기가 힘들다.   _____

8. 다른 사람들이 마감 시간을 자주 일러 주며, 당신의 일이 끝나지 않아 그들이 자신들의 일에 지장을 받는다.   _____

9. 회의에 자주 늦거나 잊어버린다.   _____

10. 종종 보고서를 늦게 제출하고, 그 보고서에서 부정확하고 완성되지 않은 내용이 발견된다.   _____

11. 중요한 단계를 빼먹거나 완성하지 않은 상태로 둔다.   _____

12. 예기치 않은 문제들이 자주 발생한다.   _____

점수 :

'30점 이상'이면 자기 관리 능력을 향상시켜야 한다.

4P

□ **자기 관리 능력을 개발하고 보여 주는 것은 분류 2의 중요한 업무다.**

이 장 초반에 소개한 우선순위 결정하기를 다시 한번 살펴보고, 상사의 업무 활동을 분석하는 데 활용하라. 분류 1과 2의 업무 중 상사를 위해 어떤 일을 부담할 수 있는지 알아 보라. 자신을 과시할 수 있는 멋진 기회다.

다른 사람들이 당신을 긍정적으로 생각하도록 만드는 데 중요한 전략들을 몇 가지 더 소개하겠다.

눈에 띄게 정리

효율적으로 정리하고 있다는 사실이 사람들의 눈에 띄게 만들어라. 책상과 물품들, 업무 공간을 정리하라.

□ **다른 사람들의 시각에서 자신의 업무 공간을 살펴보라.**

사람들은 당신의 정리 능력을 순간적으로 판단할 것이다. 첫인상은 오래 남는다. 매일 일일 계획을 짜고, 언제든 손 닿는 곳에 필요한 것들을 둬라. 다른 사람들이 보는 데서 종이 쪽지에 메모를 하고 주머니에 넣어 버리는 일을 하지 마라. 누가 어떤 일을 요청하거나 새 업무를 주면 색깔을 구분해서 업무 목록에 적어. 회의 시간에 서류 낱장들을 들고 가지 말고 파일을 갖고 가라. 관리를 잘 하는 사람이라는 사실을 보여야 할 필요가 있든 없든, 사람들은 그런 사실을 보면 당신을 한층 더 긍정적으로 생각하게 된다.

자신의 관리 능력을 알려라

필요하다면 복사를 해서 업무 세분화 구조, 간트 도표, 분석 도표를 당신의 상사나 당신을 돕고 있는 사람들과 함께 살펴보라. 진행 상황을 자주 검토하고, 문제나 지연 상황이 발생하면 가급적 빨리 알려라. 당신의 상황 관리 능력을 알릴 기회를 극대화하라.

하겠다고 했으면 하라

어떤 일을 하겠다고 말했으면 해야 한다. 하겠다는 약속은 흔히 하지만, 너무 바쁘거나 다른 중요하고 급한 일을 하느라 하지 않는 수가 많다. 효율적으로 다음 할 일을 진행하기 위해 약속한 것을 모두 업무 목록에 적어라. 그 일에 대한 당신의 완수에 다른 사람들의 일이 걸려 있다는 것을 언제나 유념하라. 약속을 지키지 않으면 그 사람들의 업무에 상당히 나쁜 영향을 미칠 것이다. 관리 능력이 모자라고 믿지 못할 사람이라는 평판을 얻지 않도록 하라.

즉시 응답

요구나 메시지에 가급적 빨리 응답하라. 이메일과 음성 메시지를 자세하게 살펴보고 신속하게 반응을 보여 상대방에게 인상을 남겨라. 전화 응답기 같은 것은 신중하게 이용하라. 오랫동안 상대방에게 연락하지 않으면 당신이 현재 업무량에 지쳐 있다는 뜻으로 비칠 수 있다. 또, 어떤 사람들은 당신이 반응을 보여야 자신의 업무를 추진할 수 있으므로 조금만 늦어도 업무가 지연되어 당신을 비난하게 된다. 계속 연락이 안 된다는 지적을 여러 번 받으면 다른 사람들에게 심각하게 부정적인 인상을 심어 주게 되며, 승진 가능성도 줄어든다.

□ "정말 빠른데요.", "빨리도 일을 해냈군요."라는 말을 자주 듣는다면 승진 가능성은 한 단계 높아진다.

경제와 업계의 발전에 뒤처지지 않도록 독서하라

자신의 일과 업계에 영향을 미치는 모든 관련 자료나 책자를 읽는 것은 불가능하다. 그러나 적어도 중요한 자료 몇 개를 알아내서 읽고 분석하여 보내야 할 사람에게 보내라.

전국적으로 유명한 주요 신문 하나와 지역 신문에 실린 비즈니스난을 매일 읽어라. 한 달에 한 번씩 최소한 경제 주간지 하나와 업계나 기술 관련 책자 하나를 분석하라. 전문 기관에 소속되어 있다면 월간 사보나 우편물도 읽어라. 재빨리 내용의 목차를 보고, 관심 있는 내용을 찢어라. 잡지나 신문 전체를 들고 다니지 말고, 읽을거리를 모아 둔 파일 속에 찢어 낸 기사를 넣고 다니며 점심 시간이나 사람을 기다릴 때, 병원, 공항 등에 있을 때 이런 것들을 읽어라.

> □ 자신과 상사, 승진 결정권자 및 승진에 영향을 미치는 사람들이 관심 있어 하는 모든 관련 자료를 복사해서 "좋은 기사를 찾았는데, ○○도 이 견해가 흥미로울 것입니다. 어떻게 생각하는지 알고 싶습니다."라고 써서 팩스를 보내거나 전달하라.

자기 관리 기술을 개발할 수 있는 책을 1년에 적어도 4권 읽고, 토의나 메모, 보고서에 이 자료를 인용할 수 있도록 기회를 만들어라. 또, 교육에 참가하면 배운 내용과 더불어 어떻게 효율적으로 이용할 수 있는지 항상 요약 정리하고, 가능하면 많은 사람들에게 자신의 정보를 제공하라.

마감 시간 선점

4일까지 일을 끝내기로 했다면 반드시 3일에 상대방이 결과를 받아 볼 수 있도록 하라. 특히 보고서를 제출할 때 그렇다. 결코 늦어서는 안 된다. 제일 먼저 내는 사람이 되어야지 어떤 경우에도 마지막이 되어서는 안 된다. 보고서 제출 시간을 어기지 말라는 말을 상사에게 수시로 듣는다면 이것은 당신의 잠재적인 승진 가능성에 지속적으로 악영향을 끼칠 것이다.

마감 시간을 효율적으로 관리하려면 이를 알려 주는 능률적인 서류철을 활용하는 방법이 있다. 그것은 소프트웨어에 내장된 컴퓨터 프롬프트가 될 수도 있고, 표시된 꼬리표를 하나씩 붙인 일반 서류철이 될 수도 있다. 하루에 한 개씩 꼬리표를 붙여라.

□ '잊어버리지 않도록 미리 신경 써라.'가 마감 시간 관리의 핵심이다.

다른 사람들이 중요한 마감 시간을 지키도록 도와라

직속 상사, 주요 승진 결정권자, 승진에 영향을 미치는 사람들, 중요한 동료들의 마감 시간을 알아내라. 이들이 일을 하는 데 시간이 얼마나 걸리는지 알고 있으며, 기꺼이 도와주겠다는 뜻을 전하라. 마감 시간이 임박했다는 사실을 알려 주면 그들도 더욱 신경을 쓸 것이고, 당신의 꼼꼼한 면에 감동받을 것이다. "계획서 내려면 2주 남았네요. 시간을 맞추려면 제가 도울 일은 없을까요?"라고 물으면 효과적이다. 또는 "계획서 내려면 2주 남았네요. 제가 이걸 하든지, 아니면 이 자료를 처리하면 도움이 될까요?"라고 적극적인 제안을 할 수도 있다. 다른 사람들이 해야 할 일과 그들이 느끼는 부담감을 알고 있으며, 업무를 완수하도록 당신이 적극적으로 도울 수 있다는 자세를 보여라. 매우 강한 인상을 남길 것이다.

가능하면 기대치를 넘어서라

요즘은 직장 생활을 하려면 사람들의 기대 수준에 맞게 일을 해야 하는 것은 당연하지만, 그렇게 한다고 쉽게 승진하지는 못한다. 기대 수준을 넘어서야 승진할 수 있다. 시간적인 면에서나 질적인 면에서 모두 우수해야 승진이 가능하다. 누가 자료를 요구하면 정확하게 바로 배포하고 활용할 수 있는 형식으로 제출하라. 작년 수치를 물으면 지난 5년 간 수치를 비교할 수 있는 자료를 주어라. 자신이 효율적으로 관리를 잘 하고 있다는 사실을 명백하게 보여 줄 수 있는 또 한 번의 기회다. 꾸준히 자신을 자극하라. 그 밖에 어떤 일을 해서 보탬이 될 수 있겠는가? 조금 더 공들인 것이 별 도움이 되지는 않더라도 당신이 주어진 일보다 더 많이 움직이는 사람이라는 인상을 남길 수 있다. 기대 수준보다 잘 하면 비공식적으로 IOU를 쌓게 되고 나중에 도움을 받을 수도 있다. 이런 자세를 많이 보여 준다면 당신에게 중요한 자산이 될 것이다.

예산을 염두에 둬라

무엇을 하든지 예산이나 비용이 항상 문제다. 서로 균형을 맞춰야 하는 세 가지 요소, 즉 시간, 품질, 비용 사이에는 항상 미묘한 선이 있다. 직장 생활의 현실에 대해 앞서 언급했듯이 비용을 항상 염두에 둬라. 너무 저렴하거나 너무 과하게 보이도록 하지 말고 "보다 적은 비용으로 더 좋은 성과를 내는 방법은 없을까?" 하고 항상 자문해 보자. 조직 내에서 좀더 비용을 줄일 수 있는 방법을 모색하라. 그러나 고객, 환자, 학생, 언론, 사회 전체 등 조직 외부로 영향을 미치는 비용을 줄이는 것은 피하라.

　□ 비용이 항상 중요한 문제다.

현직자가 제공하는 생생한 승진 조언

올리버 조단은 필라델피아의 펜실베이니아 컨벤션 센터에서 적극 행동 및 훈련 책임자로 일하고 있다. 1993년에 문을 연 컨벤션 센터는 동부 지역에서 급성장하고 있는 시설 중 하나다. 조단은 성공적인 승진 가능성의 전형적인 예를 다음과 같이 제시한다.

우리는 이 일을 장기간 하려는 사람은 아니지만 이벤트 코디네이터나 시설 서비스 부서, 또는 출품자 서비스 부서에서 책임자로 승진하고자 하는 사람을 행정 보조로 상당수 고용합니다. 승진하는 데 필요한 능력과 자질을 증명하기 위해 이들은 특별한 행사 준비를 보조하거나, 심지어 출품자 서비스 부서에서 일하는 사람 혹은 이벤트 코디네이터를 졸졸 따라다니는 일까지 하고 싶다고 자주 요청합니다. 그러면 이들은 이런 부서가 어떻게 조직, 관리되고 세부 작업은 어떤 것인지 직접 경험할 것입니다. 이 부서들은 행사를 기획하고 고객의 요구를 들어주며, 전시회 부스나 공간에 고객들이 필요로 하는 물품들을 제공하는 일을 합니다. 우리 컨벤션 센터에서는 누가 다른 부서로 옮겨 일을 하고 싶다고 할 때 더 융통성 있게 기꺼이 기회를 준다는 면에서 독특합니다. 사람들이 여러 분야의 기능을 익히도록 우리 전 인원에게 모든 부서를 경험할 수 있게 하는 프로그램을 개발하고 있습니다.

관리 기술은 핵심입니다. 그 중 하나는 후속 조치를 효율적으로 처리하는 것입니다. 흔히 사람들이 말하듯이 "세부적인 일들이 정말 골칫거리입니다."처럼 세부적인 일까지 준비하고 관리해야 합니다. 우리 같은 업종에서는 고객 서비스가 핵심 업무이므로, 신속하게 다음 일을 진행하는 것이 매우 중요합니다. 조직하고 관리하는 역량을 갖추어야 하고, 세부적인 일까지 준비하고 처리해야 하며, 융통성이 있어야 합니다. 이것이 바로 승진 가능성의 핵심 요소입니다. 행사가 변경될 수도 있고 예상보다 참가자가 많거나 상황이 바뀌거나 갑자기 정전될 수도 있습니다. 예상치 못한 어떤 일이 일어나더라도 상황을 잘 관리해야 합니다.

당신이 다음 단계의 승진을 준비하고 있다면 올리버 조단의 조언이 참고가 될 것이다.

승진 목표를 정하고, 승진을 하기 위해 자신의 기술과 능력을 키워야 합니다. 또, 급변하는 환경에서 살아남기 위해서는 자기 관리 기술을 갖춰야 합니다.

제 6 장

위험 부담 감수, 문제 해결과 의사 결정

人 승진하고자 한다면 위험을 감수하겠다는 자세가 필요하다. 문제를 일으키지 않고 복지 부동의 자세로 있으면 근무 연수로 승진할 수 있었던 시대는 지나갔다.

□ 복지 부동은 과거에 전략이었지만, 현재는 승진의 적이다.

엄청난 실수는 승진 가능성에 치명적이다. 특히 이미 고위직에 있는 사람은 더욱 그렇다. 항상 그런 것은 아니지만 사태를 눈에 띌 정도로 심각하게 잘못 운영하면 당신의 커리어는 영원히 가로막힌다. 그러나 한번 뛰어오르고자 하거나 자신의 커리어에서 급속한 성장을 원한다면 다른 사람들이 소심하게 행동을 취할 때 위험을 감수하며 그들을 능가할 기회를 포착하라. 위험 부담을 기꺼이 감수해야 하지만, 성공적으로 해낸다면 내부 경쟁에서 한층 유리해질 것이다.

이번 장에서는 위험을 평가하고 문제를 해결하며 효율적으로 결정하기 위한 방법을 제시한다. 당신의 톱니(SAW) 연마에 도움이 될 것이다.

위험 부담 감수

위험을 효율적으로 평가하고 성공 전략을 세우는 것이 중요하다. 위험 부담 감수, 문제 해결, 의사 결정은 서로 얽혀 있다. 위험 부담을 감수한다는 것은 문제를 회피하지 않고, 기회를 예상하고 의사를 결정하고 적절한 조치나 해결책을 제시하며 최후의 결과에 책임을 지는 것이다. 문제를 곰곰이 생각해본 후에 다른 사람에게 제안하는 사람들이 많다. 이 방법이 물론 안전하고 위험 부담이 없는 전략이다. 그러나 승진을 하기로 결심했다면 생각하고 제안하는 단계에서 기꺼이 책임을 지고 행동하는 단계로 이행해야 한다. 모험을 시도해 실수하는 사람도 일을 주도적으로 처리한다고 존경과 주목을 받을 수 있다. 위험 부담을 감수하고 일을 하는 사람은 존경받는다. 그럴 것이라고 말하는 사람은 많지만 실제로 행동하는 사람은 별로 없다. 위험 부담을 감수하고 일을 추진하는 사람이 비틀거리면 비난하고 조롱하며 가혹하게 비판할 자세로 기다리는 사람도 있다. 불행히도 이런 사람들은 자신의 한계에 가로막혀 조직의 먹이 사슬에서 아랫부분에 남아 있을 사람들이다.

먼저 긍정적으로 위험 부담을 감수하고 문제를 해결하려는 마음 자세를 개발해야 한다.

– **성공을 가정하라** : 자신의 능력을 의심한다면 다른 사람들에게도 명백하게 자신감이 부족해 보일 것이다. 당신이 문제를 해결할 수 있을지 확신하지 못한다면, 아마도 할 수 없을 것이다. 할 수 없다고 판단하면 모험하지 마라. 물론 승진이라는 목표를 다시 생각해 보고 싶을 것이다. 좋은 결과를 내지 못할 것이라고 생각하는 사람이 왜 승진해야 하겠는가?

– **'도전과 모험'이 최고의 위치에 오르는 가장 빠른 수단이라는 사실을 인식하라** : 문제에 정면으로 맞서 성공적 해결책을 만들어 내는 도전적 태도는 당신의 능력과 승진 가능성을 알리는 절호의 찬스다. 위기 상황에서 스트레스와 압박감이 있을 때 단호하게 대처하고 수행 능력을 증명한다면 커리어는 성공적으로 확립될 것이다. 조직 전체 사람들이, 남들이 회피하는 문제를 항상 극복하고 힘든 업무를 처리할 자세가 된 사람으로서 당신을 인식하게 된다면 당신의 승진 가능성은 치솟을 것이다. 문제를 두려워하거나 피하지 마라. 발생하는 문제들은 당신의 능력을 알리고 조직에 기여할 수 있는 소중한 기회다.

– **실패를 객관화하라** : 성공적으로 위험을 처리하고 문제를 해결하면 승진 가능성이 높아진다. 성공하지 못하면 당신의 가치가 저하되고 무능력하다는 말을 듣게 될 것이라는 생각에 빠져들지 말라. 잘 되지 않았다면 어떤 것이 잘못되었는지 그것을 알아내라. 실패에서 교훈을 얻고 다음 도전에서 성공하

라. 실패는 개인의 문제가 아니다.

위험 부담을 감수하고 일을 추진할 때 고려할 두 가지 측면은 당면한 위험의 특징이 무엇인지 평가하고, 가장 효과적인 조치를 결정하는 것이다.

위험의 특징 평가

- 당면한 어려운 점은 무엇인가? 문제나 기회를 분명히 인식하라.
- 앞으로 얻을 수 있는 잠재적 장점은 무엇인가? 긍정적 결과가 승진 가능성을 높일 것인가? 이 질문은 위험 부담을 감수하고 일을 추진할 가치가 있는가를 결정한다.
- 발생 가능한 단점은 무엇인가? 최악의 시나리오가 현재 또는 향후 승진 가능성에 심각한 부정적 영향을 미치는가? 어느 정도의 위험을 감수할 수 있는가? 성공하지 못하면 장차 영구적인 걸림돌이 될 것인가?
- 모험이 잘못되기 시작한다면 어떻게 알 수 있는가? 커리어에 미치는 심각한 장애를 예방하기 위해 사전에 문제를 알아낼 수 있는가?
- 발생 가능한 부정적 결과를 어떻게 처리할 것인가? 위험 부담을 감수하고 추진한 일이 성공적이지 못할 때 비상 계획은 무엇인가?

□ 위험 부담을 회피할수록 승진 가능성은 낮아진다.

신중함은 용기의 핵심이며, 어느 시점에서 위험이 너무 커지는지 아는 것은 소중한 자산이다. 그러나 그 선에 기꺼이 더 다가갈수록 승진에 영향을 미치는 아주 뚜렷한 성과를 이룰 기회가 더 커진다.

일반적 지침에 따르면 긍정적인 결과에 대한 가능성이 더 클수록, 할 수 있다는 자신감이 더 많을수록 사람들은 어떤 위험에라도 더 많은 개인적 책임을 감수하고 싶어한다. 반대로, 위험을 덜 부담하려고 할수록, 긍정적 결과를 낼 자신감이 없을수록 사람들은 책임을 분산하고 의사 결정 과정에 다른 사람들을 끌어들이고 싶어한다. 위험 부담이 너무 크다면 좋지 않은 결과에 대해 책임을 분산시켜라.

가장 효율적인 조치 결정

문제에 당면했을 때 끼여들기를 주저하고, 행동을 취하지 않고, 우유부단한 자세를 보이는 행태는 커리어에 해가 된다. 선택해야 할 상황이라면 아무 것도 하지 않는 것보다는 실수를 하더라도 일을 하는 편이 훨씬 낫다. 실수를 하거나 조치를 잘못 취하더라도 나중에 고칠 수 있는 경우가 많이 있다. 꼭 해야 할 때 조치를 취하지 않아 기회를 잃는 실수를 한다면 그것이야말로 바로 잡을 수 없는 실수가 될 것이다. 지나간 기회는 돌이킬 수 없다.

문제 해결과 효율적인 의사 결정

효율적으로 문제를 해결하고 의사 결정을 하려면 다음 세 가지 핵심 과정을 거쳐야 한다.

1. 문제나 도전 사항 인식하기
2. 근본 원인과 핵심 요소 진단하기
3. 적절한 해결책 만들어 내기

세 가지 과정 중에서 문제를 인식하는 것이 가장 쉽다. 진단하는 과정은 가장 중요하지만 가장 실행이 되지 않는 부분이며, 성공적인 해결책은 대개 분명하다. 적절한 진단이 이루어지면 마지막 결과의 성공 여부는 이 진단이 얼마나 깊이 있고 효율적인가에 달려 있다.

문제가 있다는 것을 알아내는 데는 큰 힘이 들지 않는다. 조직 내에서 가장 부정적이고 승진할 가능성이 없는 부류들은 문제를 식별하는 일에만 매우 능한 사람들이다. 무엇이 잘못되었고 누구 책임인지를 빨리도 지적한다. 그러나 사실 중요한 도전은 문제를 진단하고, 적절하고 효율적이며 현실적인 방안을 찾는 일이다. 효율적으로 진단하는 능력을 보여 준다면 자신의 관리 능력과 승진 가능성을 크게 높일 수 있다. 철저한 진단을 내리지 않으면 인식 단계에서 바로 해결책으로 건너뛰게 되어 근본 원인이 아니라 현상만 치유하게 된다. 그러면 같은 실수를 계속 되풀이하게 된다.

사례 연구 예

한 서비스 업체는 수취 계정에서 대금을 회수하는 주기가 길어져 문제를 겪기 시작했다. 이전에는 서비스를 제공한 후 고객들로부터 평균 33일이 지나면 대금을 받았다. 그러나 곧 38일로 주기가 길어졌고, 계속 손실이 발생할 기미가 보였다. 대번에 이 문제는 심각한 우려 상황, 즉 현금 유동성 장애와 예견했던 내부 문제를 일으켰다. 수취 계정 담당 부서에 압력을 가하는 것으로 최초의 시정 조치를 내렸다. 담당 부서는 회수를 무리하게 추진했고, 이에 대해 고객들의 항의와 불만은 늘어 갔다. 무리한 새 방침에 기분이 상한 고객 일부는 서비스 계약을 해지했다.

이 업체가 결국 실질적인 문제를 진단할 시간을 갖게 되었을 때, 요금 청구서를 보내는 과정에서 내부 문제로 청구 일정이 3일에서 5일까지 늦어졌다는 사실을 알아냈다. 회수 기간이 길어지거나 고객들이 늦게 지불한 것이 아니었다. 그러나 회사는 청구 과정인 첫 단계에서 알 수 없는 지연 사태를 겪고 있었다. 문제는 회수가 아니라 청구 과정에 있었다. 따라서 처음 진단을 잘못하여 엉뚱한 과정을 시정하려 했고, 소중한 고객들을 놓쳐 버렸다. 물론 문제를 근본적으로 진단하여 시정한 사람은 주목받게 되었으며, 승진 가능성도 높아지게 되었다.

3단계 문제 해결/의사 결정 과정은 순서대로 진행된다.

문제 확인

성공적으로 문제를 확인해야 진단을 정확하게 내린다. 주관에 치우치지 말고 객관성에 중점을 두어 사실에 입각해 자세하게 판단하라. 사실처럼 생각되거나 언급되는 의견을 경계하라. 의견과 사실, 실질과 감정을 분리하라. 문제를 객관적으로 바라보는 것이 무엇보다 중요하다. 누구에게 책임이 있느냐가 아니라 무슨 일이 벌어지고 있느냐를 알아내라.

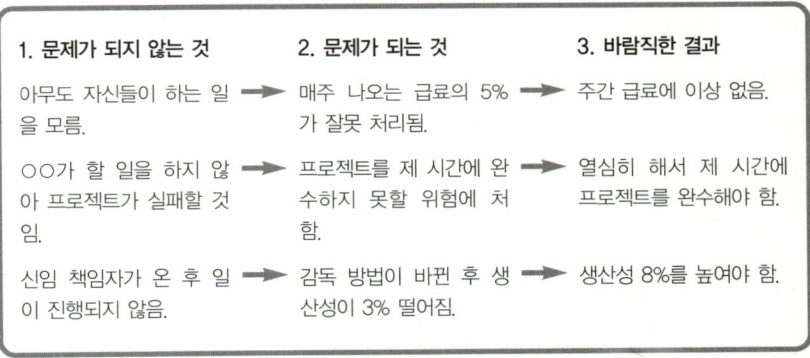

[그림 6-1] 문제 확인 단계의 세 가지 측면

위의 세 가지 요소를 확인했다면, 그 상황의 수정이 당신과 조직에게 미치는 영향을 고려하고 그 가치를 판단하라. 시간, 노력, 자원을 투자할 가치가 있는 문제인지를 결정하려면 당신은 다음을 자문해 보아야 한다.

1. 정말 이것이 문제점인가?
2. 그래서 무슨 문제가 일어난단 말인가?
3. 다른 누군가 이 문제에 관여하는가? 아니면 나 혼자만의 문제인가?
4. 문제를 수습하면 무엇을 얻을 수 있는가?
5. 문제가 업무의 효율성, 승진 가능성, 고객 서비스에 영향을 미치는가?

6. 이 문제를 적극적으로 처리하면 승진 가능성이 높아지는가?

7. 단독으로, 혹은 여러 사람이 함께 협력해서 문제를 처리해야 하는가?

문제라고 생각하는 사람이 당신밖에 없다면 시간을 투자하지 마라. 그러나 사람들이 모두 문제라고 대답한다면 위험을 철저하게 분석하고, 문제 해결 과정으로 진행해 나가라.

진단

원인 진단의 핵심은 왜 문제가 발생하는지 분석하는 일이다. 정확한 근본 원인을 알아야 문제를 효율적으로 해결할 수 있다. 진단 과정에서 가장 중요한 점은 관련 정보를 수집하고 무엇이 필요한지를 아는 것이다. 매우 중요한 일이지만 종종 간과되는 단계이기도 하다. 빨리 결정적인 조치를 취해 성과를 내고 싶은 조급한 마음에 이 단계를 자주 무시한다.

부정확한 진단을 하면 감정에 이끌려 남을 비난하고 희생양으로 삼으려 든다. 누가 했느냐가 정말 문제인가? 물론 문제가 안 되는 것은 아니다. 그러나 문제의 원인은 사람이 아니라 실제 과정, 자원과 준비 부족, 실행하는 데 장애가 되는 것들 등 다른 요소들이 큰 부분을 차지한다. 진단이 효율적으로 이루어지면 해결책은 의외로 단순하며 수월하다. 가장 유능한 의사는 어디가 잘못되었는지 진단할 수 있는 사람이다. 적절한 치료만 권하는 의사가 항상 유능한 의사는 아니다. 정확하게 원인을 진단하지 않으면 문제 해결에 적합한 대책을 세울 수 없다.

진단 과정에 도움이 되는 방법들도 많다. 진단을 시작하는 가장 좋은 방법은 반드시 다음 질문들을 해보는 것이다. 우리는 왜 원하는 결과를 얻지 못하고 있는가? 무엇 때문에 문제가 일어나는가? 왜 미리 문제를 해결하지 못했는가? 이 질문들은 당신이 근본 원인을 살펴보도록 자극하기 위해 설정되었다. 정확하게 할수록 성공적인 결과를 낼 수 있다.

원인을 *5단계로 파고들어라*

문제 확인에서 해결까지 바로 뛰어넘고 싶은 유혹을 떨쳐 버리기 위해 최소한 다섯 차례에 거쳐 왜 그런지 질문을 하는 것이 중요하다. 제조 회사의 생산 라인에서 번번이 퓨즈가 터지는 일이 발생한다고 예를 들어 보자. 흔히 퓨즈에 문제가 있는 것으로 진단해서 퓨즈를 대체하고 생산 라인을 재가동하는 것으로 해결책을 삼는다.

5단계 과정은 다음을 질문한다.

질문	대답
1. 왜 생산 라인이 멈추는가?	"퓨즈가 파열되어서."
2. 왜 퓨즈가 파열되는가?	"발전기가 잘못되어서."
3. 왜 발전기가 잘못되는가?	"윤활유를 적절히 공급받지 못해서."
4. 왜 윤활유를 잘 공급받지 못하는가?	"자동 윤활 기계에 먼지가 쌓여 잘 작동되지 않아서."
5. 왜 윤활 기계에 먼지가 쌓여 고장나는가?	"필터가 제자리에 정확하게 있지 않거나 손상되어 빈틈에 먼지가 쌓여서."

문제가 실제로 퓨즈인가? 분명히 문제는 필터다. 적합한 해결책은 윤활 기계를 닦고, 필터를 수리하거나 똑바로 놓고, 그런 다음 퓨즈를 교체하는 것이다. 그러나 유감스럽게도, 일반적으로 발전기가 완전히 작동을 멈출 때까지 퓨즈만 계속 교체하는 식으로 대응한다. 작업 시간이 중단되고, 비상 발전기로 대체하는 불필요한 비용이 늘게 되어 결국 생산성이 손실되는 위기가 발생한다.

문제를 *시각적으로 해결하라*

문제를 종이 위에 놓고 풀어라. 작업 공정도나 과정 도식을 그려 보면 근본 원인을 쉽게 찾을 수 있을 것이다. 예를 들어 보자. 배달 부서의 ○○가 고객들의 잦은 항의로 걱정하고 있다. 이유는 고객들이 제시간에 물건을 배달받지 못하기 때문이다. 배달 부서는 주문 처리 부서에 책임이 있다고 생각하고 있다. 그러나 주문 처리 부서는 자신들은 최선을 다하고 있으며 어쩌다 발생하는 배달 문제는 고객들이 참을 수밖에 없다고 말하며 어떤 책임도 지지 않으려 한다. 불만스럽게 생각한 ○○는 주문 처리 부서의 ××를 만난다. 둘은 책상 위에 종이를 펼쳐 놓고, 색깔로 구분되는 포스트잇을 이용해 두 부서의 과정을 종합적인 시각에서 보고 구체적인 각각의 단계를 확인한다. 결론이 내려지거나 조치를 취할 부분은 표시를 한다. "아~" 하는 이해의 감탄사도 몇 번 나온다. 두 사람이 알아내게 되는 사실은 배달 부서로 보내기 전에, 한 사람이 모든 주문을 결재하고 있어 병목 현상이 일어났다는 것이다. 이 담당자가 회의나 다른 업무로 자리를 비우면 주문은 밀리게 된다. 그래서 두 사람은 주문을 결재할 다른 방법을 분석하기 시작한다. 종이에 놓고 문제를 분석하지 않았다면 근본 원인을 쉽게 확인할 수 없었을 것이다.

자원과 장애물을 평가하라

문제의 뿌리에 쓸 만한 자원의 부족 문제가 있는가? 실제이건 추측이건, 문제의 원인이 되는 장애물이 있는가? 앞의 예에서, 실제 배달 문제의 원인은 병목 현상을 일으키는 주문 처리 과정에 있었다.

다음은 고려해야 할 몇 개의 항목이다.

자원	장애물
재료	물리적 조정
인력	기술
장비	조직 문화
시간	교육
비용	방법

방침

절차

근본 원인이 자원과 장애물 때문이라면 "어떻게 필요한 자원을 구하고 장애물을 없앨 것인가?"라는 질문에 해답을 구해야 한다.

□ 자원이나 장애물을 시정하지 않으면 문제를 해결할 수 없다.

문제가 넓게 퍼져 있는지 판단하라

문제가 단독적인 사건인가? 이 문제가 다른 곳에서도 일어나고 있는가? 누가 또 이 문제를 겪고 있는가? 예전에 겪었던 일과 비슷한가? 이것이 핵심 질문들이다.

이 질문들에 효율적으로 답하면 진단의 범위를 정하는 데 도움이 된다. 문제가 시스템 전체에 있거나 조직 전체에 퍼져 있다면 원인은 지엽적인 것이 아니며, 쉽게 실행할 해결 방법도 찾기 어렵다. 그러나 이러한 상황도 여러 부서를 넘나들며 다양한 방법으로 문제 해결 과정을 주도할 수 있는 훌륭한 기회다. 과거에 비슷한 문제를 처리한 효율적 해결 방안이 있었다면, 그 진단 내용과 해결 방법을 상세하게 알아내면 매우 편리할 것이다.

적합한 해결책 만들어 내기

문제 해결이라는 도전의 바람직한 결과는 해결책이다. 대개 보수, 인정, 주목 등 어떤 형태로든 '문제를 푸는 사람에게 보상이 돌아간다.'

모든 해결책은 조직, 부서, 혹은 고객의 문화에 맞아야 한다. 언제나 비용과 노력, 시간을 현실적으로 고려해야 한다. 해결책에 점검 부분을 포함하여 계속적인 성공을 보장하고, 차후에 일어나는 어떤 문제라도 신속히 확인할 수 있도록 해야 한다.

해결책을 낼 때, 최소한 세 가지의 대안을 고려하여 시작하라. 가능성 있는 모든 것을 고려하고, 그 중에서 선택안을 너무 빨리 결정하지 않도록 하는 것이 핵심이다. 최소 세 가지의 선택안을 결정하기 위해 15번이나 궁리해야 할지 모른다. 그러나 하나씩 제거하는 과정을 거치는 동안 그럴듯해 보이는 많은 것들을 현실적 대안 몇 가지로 줄일 수 있다. 이 과정에서 이용할 수 있는 몇 가지의 방법이 있다.

자원의 이용 가능성 평가

문제를 해결하는 데 도움이 되는 실제 이용 가능 자원은 어떤 것인가? 두 가지 핵심 고려 사항은 '그 자원은 이용 가능한가?', '그것을 확보할 수 있는가?'이다. 현실적으로 고려해 봐야 할 것은 당신이 다른 사람들과 경쟁하고 있다는 사실과, 조직의 현재와 미래의 우선 사항이다. 현재 당신의 해결 방안을 지원할 충분한 자금이 있다고 하더라도 다른 사람들도 그 자금을 위해 경쟁할 것이고, 더 긴급하다며 우선권을 요구할 것이다. 또한 필요한 자원을 어떻게 확보할 것인지 생각해 보라. 전략은 무엇인가? 자원을 확보하기 위해 누가 도와줄 것인가? 장기적으로 봐서 어떤 대가를 치러야 하는가? 이 자원을 지금 확보하기 위해 차후 무엇을 포기해야 하며, 그럴 가치가 있는가?

해결 방안을 고려할 때 반드시 다음 질문을 해야 한다. 사람을 더 이용할 수 있는가? 업무나 프로젝트에 시간을 더 투자할 수 있는가? 비용을 더 많이 들일 수 있는가?

장애물 평가

장애물 때문에 문제를 해결할 수 없는가? 그렇다면 이 장벽들을 제거할 수 있는가? 어떻게 제거할 것인가?

해결 방안을 고려할 때, 반드시 자신에게 물어 보라. 과정을 변화시킬 수 있는가? 방침이나 절차를 조정할 수 있는가? 물리적 환경을 조정할 수 있는가? 기술을 한 등급 올리거나 조절할 수 있는가? 조직 문화나 인식을 바꿀 수 있는가?

비슷한 문제에 대한 해결책

조직 내에서 과거에도 비슷한 문제가 일어났었는가? 조직 외부에 유사한 문제를 경험한 사람을 알고 있는가? 이들에게 배울 점은 무엇인가? 이들은 무엇을 잘 처리했는가? 잘 되지 않는 일에 대해 이들은 어떻게 노력했는가? 다른 사람의 소중한 경험을 통해서 불필요한 노력을 피할 수 있는가? 같은 문제를 다시 겪게 된다면 그들은 어떻게 처리할 것인지 토론해 보라. 다른 사람의 경험을 불리한 것으로 생각하지 않는 자세가 중요하다. 이들의 경험을 두려워하지 마라.

□ 다른 사람에게서 조언을 구하는 것은 약점이 아니라 성숙함과 능률성의 표시다.

다른 사람의 실수와 행동을 배워라. 당신에게 식견과 아이디어, 경험을 말해 줌으로써 도움을 준 사람에게는 반드시 감사하고 공로를 인정해 주어야 한다.

개인적 · 상호적 브레인스토밍 이용

브레인스토밍은 해결 방안을 이끌어 내는 데 매우 효과적인 방법이다. 브레인스토밍의 목적은 반드시 양질의 아이디어는 아니더라도 양적인 면에서 아이디어를 많이 도출해 내고, 장점이나 자세한 내용을 토론하지 않고도 첫 번째 가능한 선택안을 발견하는 데 있다.

혼자 브레인스토밍을 하려면 방해받지 않는 시간을 택해 조용한 곳에서 그저 가만히 앉아 생각해 낼 수 있는 가능한 한 많은 선택안을 나열하면 된다. 20분 정도가 적당한 시간이다. 선택안을 어떻게 실천할지, 다른 선택안과

의 관계는 어떤지, 긍정적 혹은 부정적 결과는 무엇인지 따위를 생각할 필요
는 없다.

시간을 정하면 그 시간 동안 집중적으로 생각에 몰두할 수 있고, 그런 시
간 제한이 더 나은 성과를 낼 수 있다. 법률 용지나 소형 카세트 녹음기를 항
상 곁에 두어라. 샤워하는 동안에도 최상의 아이디어가 떠오를 수 있다.

다른 사람들과 함께하는 상호 브레인스토밍은 매우 생산적이며 재미도
있다. 다시 20분 정도 시간을 정하고, 이 생산 문제를 어떻게 해결할 것인지에
대해 같은 토론의 주제를 정한다. 그리고 가능한 한 많은 아이디어를 내도록
자극한다. 상호 브레인스토밍에 적용할 수 있는 두 개의 방식으로, 공식 그리
고 비공식 브레인스토밍이 있다.

공식 브레인스토밍은 참가자들이 미리 결정된 순서대로 자신의 아이디어
를 발표하고 주어진 시간 동안 가능한 한 많은 아이디어를 낸다. 한 번에 한
사람이 말하고, 순서가 돌아와도 가끔 순서를 건너뛸 수 있다. 그러나 아무도
두 번 이상 연속해서 건너뛸 수는 없다. 사람들이 낸 아이디어를 거부하거나,
반론 설명 없이 나쁜 아이디어라고 말하지도 않는다. 말이든 말이 아닌 방식
으로든 거부한다는 뜻을 비추면 바로 브레인스토밍을 망쳐 버린다. 주어진 시
간이 끝나고, 각 아이디어의 장점을 토론하면 쓸모없거나 비현실적인 아이디
어가 드러나기 시작할 것이다. 많은 선택안을 만들어 내면 그 가운데 최상의
선택안이 있을 가능성이 높다.

비공식 브레인스토밍은 주제를 제시하고 시간을 정해 누구나 자유롭게
모든 토론을 할 수 있게 하는 방식이다. 이 방식은 비생산적인 경우가 많다.
흔히 조용한 사람들은 토론에 끼여 들지 않으며, 주도적인 자세를 띤 똑같은
사람들의 똑같은 아이디어만 듣는 것으로 끝나고 만다. 때문에 대개 공식 브
레인스토밍이 더 나은 성과를 도출한다.

브레인스토밍을 변형한 방식은 계획과 프레젠테이션, 두 단계를 이용하
는 방식이다.

– **계획** : 생산 문제를 어떻게 해결할 수 있는가라는 주제를 제시하고, 참가자들에게 짧은 시간을 주어 조용히 자신들의 생각과 아이디어를 모을 수 있게 하라. 자신의 생각과 조언을 간략히 요점 정리하게 하라. 보통 3분에서 5분이면 충분하다. 그렇다고 이 계획 활동의 할당 시간이 정해져 있는 것은 아니다. 그러나 시간을 너무 많이 주는 것보다는 시간을 적게 주어 실수를 하는 편이 낫다. 계획 시간을 주면 실제 토론에 앞서 생각을 모으고 발표할 준비를 하는 기회가 된다.

– **프레젠테이션** : 미리 정한 순서대로 참가자들은 다른 사람에게 방해받지 않고 질문이나 토론 없이 자신의 아이디어를 발표할 시간을 갖는다. 이런 프레젠테이션에서는 시간을 철저히 지킨다. 시간 재는 사람을 정하여 아무도 지정 시간인 2~3분을 초과할 수 없게 한다. 모든 사람이 똑같이 참여할 수 있도록 미리 발표 순서를 정하는 것이 매우 중요하다. 공식이든 비공식 방식이든 주도를 할 만한 사람의 순서를 뒷부분에 정해 이들의 아이디어가 다른 사람의 발표에 영향을 미치지 못하도록 하는 것도 현명한 방법이다. 이들이 아이디어를 먼저 발표하면 흔히 다른 사람들은 이를 무조건 지지하거나 혹은 예측 가능한 반대 입장을 취하게 될 것이다. 그러면 이 과정은 잘못되기 시작한다.

프레젠테이션 단계가 끝나면 아이디어의 우선순위를 정하고, 공통된 부분끼리 묶고, 효율성과 현실성을 따져 토론한다. 모든 아이디어를 똑같이 다루고 나서 토론을 시작한다.

이런 계획과 프레젠테이션 기법은 기존의 브레인스토밍과는 다르다. 모든 참가자들이 자신의 생각을 깊이 있게 설명할 수 있기 때문이다.

현실적이고 적합한 해결책 개발
해결책을 선별하는 과정에서 필요한 세 가지 선택안은 현실성, 수용 가능성, 적절성에 기반을 두어야 한다. 문제 해결은 "만약 그랬더라면…." 하고 탄식에 빠져드는 시간이 아니다. 지금 없는 것을 한탄하는 것은 역효과를 초래하며, 사태 수습에 도움이 되지 않는다. 문제를 해결하려면 현실에 기초를 두고 조직 문화를 고려해야 하며, 자금 상태 및 자원과 장애물을 현실적으로 평가해야 한다. 위기나 문제, 도전이 클수록 한탄하는 것은 문제 해결에 더 해롭고 비생산적이다.

문제 해결은 시간, 비용, 성과의 수준을 기본 요소로 하여 체계화할 수 있다. 다음 예가 보여 주는 것처럼 당신의 선택안을 계획해 보라.

시　간	비　용
어떤 현실적 해결안으로 가장 빨리 수습할 수 있는가?	어떤 현실적 해결안에 최소의 비용이 드는가?
어떤 현실적 해결안이 실행하는 데 가장 오래 걸리는가?	어떤 현실적 해결안에 최대의 비용이 드는가?
어떤 현실적 해결안이 중간 정도의 시간이 걸리는가?	어떤 현실적 해결안에 중간 정도의 비용이 드는가?

성과의 수준

어떤 현실적 해결안이 기본 수준의 성과를 충족시키는가?

어떤 현실적 해결안이 최상의 성과를 충족시키거나 넘어서는가?

어떤 현실적 해결안이 중간 정도의 성과를 충족시키는가?

[그림 6-2] 해결안 도표

이 방법은 개별적인 세 가지 요소인 시간, 비용, 성과의 수준을 좋고, 더좋고, 최고로 좋은 선택안이라는 구조에 적용하고 있다. 일단 이것들을 확립하고 나면 어떤 요소가 가장 중요하고 보다 영향력이 큰지 결정하라. 시간(신속히 처리해야 하는가?), 비용(가급적 최소의 비용을 들여야 하는가?), 성과의 수준(최고 수준의 성과만 수락할 수 있는가?) 등 일단 지배적인 요소를 밝혀내면 제거 과정을 시작한다.

❑ 한 요소가 더 중요하지만, 나머지도 어느 정도 영향을 미친다는 점을 유념하라. 중요성이 다를지라도 비용은 항상 문제가 된다.

최적의 해결안 결정

이 단계는 문제 해결이라는 도전 중 가장 모험을 해야 하는 단계지만, 당신을 다른 사람들보다 돋보이게 할 수 있는 좋은 기회다. 이 시점에서 당신에게 권한이 있다면 당신의 결정을 밝히고 필요한 조치를 취하기 시작하라. 아니면 그 문제의 결정권자에게 자신의 결정안을 전달하라.

최적의 해결안을 결정했으면 다음 요소들을 고려하라.

‒ 반응 시험하기 : 권고를 하거나 조치를 취하기 전에 다른 사람이나 부서, 팀들에게 미치는 영향을 고려해야 한다. 파급 효과를 의식하라. 어떤 조치나 권고라도 다른 사람에게 영향을 미친다. 자신의 결정이나 행동을 실행하기 전에 간접적으로라도 영향을 받을 모든 사람에게 다 알려야 한다. 이것은 "만약에….."라고 물을 수 있는 멋진 기회다.

"이 문제를 처리하는 데 제가 고려하고 있는 한 가지는…. 이 방법이 당신에게도 합당한 해결책으로 들립니까? 당신이나 당신 부서에 어떤 영향을 미칠까요?" 실제 행동을 취하거나 권고를 하기 전에 다른 사람에게 많이 알리면 소중한 정보를 얻을 수 있고, 이들의 지원을 받을 기회도 많아진다.

❑ 이미 실행된 '놀라운 사실'을 알게 되면 사람들은 부정적으로 반응한다.

‒ 사전 실험 : 가능하면 해결안에 제한된 사전 실험에 관한 계획을 포함해야 한다. 제한된 한 부분에 그 해결안을 시험하고 그 영향을 점검하라. 사전 실험을 하면 총체적 해결안을 공식적으로 실행하기 전에 평가하고 조정할 기

회를 가질 수 있고, 다른 사람들에게 지원을 받기 쉽다. 사전 실험이 항상 적합한 것은 아니지만 가능하다면 이 전략을 이용하라.

□ 항상 사전 실험을 수행하고 관리하고 이끄는 사람이 되어야 한다.

최적의 해결안 검색

해결안은 다음 핵심 요소를 다루어야 한다.

- 누가 할 것인가?
- 그들은 무엇을 할 것인가?
- 언제 완수할 것인가?
- 완수되었는지 어떻게 알 수 있는가?
- 성공/실패 여부를 어떻게 평가하는가?

문제 해결과 의사 결정 평가

	예	아니오
1. 우리가 겪고 있는 문제를 명확하게 규정했는가?	□	□
2. 바람직한 결과를 알아냈는가?	□	□
3. 문제의 근본 원인을 바르게 진단했는가?	□	□
4. 자원 및 장애물의 근원과 잠재 가능성, 구속력을 평가했는가?	□	□
5. 모든 합당한 해결안을 고려했는가?	□	□
6. 시간, 비용, 성과의 수준을 중요성에 기준을 두고 효율적으로 우선순위를 결정했는가?	□	□
7. 가장 마음에 드는 선택안을 결정했는가?	□	□
8. 명확하게 구분했는가? 누가?	□	□

무엇을?	☐	☐
언제?	☐	☐
어떻게 알 것인가?	☐	☐

9. 가능한 문제들에 대해 효율적인 조기 경보 신호와 적절
   한 비상 계획을 세웠는가?   ☐ ☐

10. 분명하고 간략하게 전달했는가?
문제는?	☐	☐
원인은?	☐	☐
바람직한 결과는?	☐	☐
선택안들은?	☐	☐
권고 사항은?	☐	☐
가능한 실패는?	☐	☐
비상시 계획은?	☐	☐

이 평가를 솔직하게 하는 것이 대단히 중요하다. '아니오'라는 대답은 다시 살펴보고 처리해야 한다. 자기 중심적으로 부적절하게 답한 '예'라는 대답은 치명적이 될 수 있다. 완전하지 못한 문제 해결과 의사 결정의 결과를 낳게 되고, 결국 승진을 가로막는 실수를 저지를 위험이 높아지기 때문이다.

4P

헨리 포드는 "실패는 더 많이 알고 다시 시작하는 기회에 불과하다."라고 말했다. 인생이란 성공을 향해 실패를 하는 기회의 연속이라고 생각한다면 실패는 더 매력적으로 보이기 시작한다. 실패의 핵심은 위험을 관리하고 실패의 결과에서 얻은 교훈을 시험하는 것이다. 실패에서 교훈을 얻지 못하는 사람은 힘껏 노력하지만 매일 쳇바퀴를 도는 다람쥐와 같다.

실패를 두려워하지 마라

어려운 일의 우선순위를 정할 때는 분별력이 있어야 한다. 헛된 목적을 찾아 헤매는 전도사가 되지 마라. 또한 안전이라는 덫에 빠져들지도 마라. 성공할 가능성이 있고 주목을 끄는 도전해 볼 만한 일을 찾아내고, 그것에 자신을 던져 기꺼이 행동하라. 안전하게만 한다면 아무것도 얻지 못한다.

□ 돈키호테는 영감을 주는 인물이었지만, 결코 승진하지는 못했다.

문제 해결에 인내심을 가져라

문제를 다룰 때, 첫 번째 시도가 성공적이지 못했더라도 텐트를 접고 집으로 돌아가지 마라. 그렇게 하기는 쉽지만, 그렇게 하면 재능을 발휘하지는 못한다. 인내심이 성공 가능성의 핵심이다. 앞에서 언급했듯이, 중요한 것은 실패를 분석하고 실수에서 교훈을 얻어 공략할 다른 계획을 만들어 내는 것이다. 바보들만이 같은 실수를 되풀이한다. 승진하는 사람은 새로운 계획과 중간 수습책을 정확하게 분석하고 진단하며, 다시 분류하고 구성하고 실행하는 사람들이다.

□ 인내심이 부족하면 승진에 결정적 타격이 된다.

기존 문제 해결 방식의 경직된 사고방식 극복

경험, 교육, 훈련, 믿음, 그리고 '항상 이런 식으로 일을 해 왔다는 습관' 등의 한계를 극복하라. '나무에서 숲을 볼 줄 아는' 사람에게서 정보를 구하고, 가능한 한 많은 시각에서 문제를 살펴보라. 자신을 배달되는 상자처럼 생각하고 배달 문제를 접근하라. 고객의 시각에서, 그리고 그 과정에 관련이 있는 모든 내부 인사, 팀, 부서나 조직의 시각에서 문제를 분석하라. 예를 들어, 물이 넘치는 것을 막을 최상의 방법을 결정하기 위해 "물로 무엇을 하는가?"

를 물어 보고, 그 시각을 자신의 계획에 반영하라.

문제를 해결하는 것은 또한 일을 다르게 처리한다는 변화를 의미한다. 변화를 위협으로 생각하지 마라. 향상시키는 것이 변화다. 승진 가능성은 자주 변화시키고자 하는 자발적인 태도에 달려 있다. 다른 사람들이 당신을 변화의 원동력으로 인식할 수 있도록 모든 기회를 붙잡아라.

다른 사람의 문제 해결 노력을 적극 지원

다른 사람들이 당신을 문제 해결에 도움이 되는 자원으로 여기게 하라. 기꺼이 경험과 식견, 창의적 방안을 함께 나눠라. 다른 사람의 성공과 실패에서 교훈을 얻기 때문에 다른 사람의 일에 관여하면 자신의 문제 해결 노력이 향상된다. 장기적으로 다른 사람들은 당신을 유능하고 자발적으로 도와주는 자원으로 여길 것이다. 다른 사람의 일을 도와주면 자신이 승진을 원할 때 소중한 지원자가 될 사람과 친분을 쌓을 수 있다. 지원을 하지 않고 있으면 사실 '드러내지 않고 방해하는 것'으로 여겨지며, 승진 가능성에 영구적으로 걸림돌이 된다.

□ 다른 사람에게 도움을 아끼지 마라. 성공하도록 도울 수 있다면 그렇게 하라.

문제와 관련된 해결책 제시

문제만 확인하는 것은 좋지 않은 행동이다. 문제의 가능한 해결책을 제시하는 것이 적극적인 태도다. 문제의 해결책이 없다면 최후의 결과에 대해 책임질 것이라는 의향을 분명히 하라. "이 점이 문제며, 아직 해결책이 없으므로 제가 해결책을 찾을 책임을 지겠습니다. 여러 부서에서 인력을 차출해 문제 해결 팀을 구성하고, 예전에 한 일을 조사하고, 이 문제를 처리할 창조적인 새로운 방법들을 개발하겠습니다…" 상사나 승진 결정권자, 승진에 영향을 미치는 사람들이 당신을 현실적으로 문제를 예상하고 평가하며 적절하고 합당한 해결책을 제시하는 유능한 직원으로 인식하도록 모든 기회를 잡아라.

□ 하늘이 무너진다고 말하며 '겁쟁이'처럼 행동하면 승진하지 못한다. 무너지는 하늘에 대해 무엇을 할 것인가 알아내는 사람이 승진한다.

비난만 하는 사람을 효율적으로 다루라

비난만 하는 사람들은 변화를 위한 새로운 아이디어나 제안이 나오면 맹렬히 달려들어 비난하려고 기다리고 있는 사람들이다. 그들은 아래의 말을 자주 한다.

- "15년 동안 이런 식으로 해 왔는데, 지금 바꿀 이유가 없어요."
- "한번 시도해 봤지만 잘 되지 않았고, 지금도 그럴 겁니다."
- "그 아이디어는 효과가 전혀 없을 겁니다."
- "다른 문제에는 도움이 될지 몰라도, 이 문제에는 도움이 안 될 겁니다."

이들은 정말 대하기 싫은 사람들이다. 하지만 이것이 현실이다. 이들을 효율적으로 다루고 일을 추진하라. 이들을 다루는 공식은 다음과 같다.

- **경청하라** : 넌더리나는 사람들이지만, 사실 이들이 다소 정확하게 관찰하고 있을지 모른다. 아무 행동을 취하지 않는 이유로 자신의 관찰 내용을 들겠지만, 이들의 예견이 현실화되지 않는다는 것을 확실히 하기 위해 비상시 계획의 기초로 이들의 관찰 내용을 이용할 수 있다.
- **이들의 관찰 내용을 인정하라** : "흥미로운 관찰이군요. 어째서 그런 식으로 생각하는지 이해할 수 있어요. 당신의 생각은 경험에 바탕을 둔 것이라고 저는 확신합니다."
- **선택안을 브레인스토밍하라** : 어떻게 하면 그것이 이번에 가능하게 할

수 있을까요? 당신이 걱정하는 문제들이 일어나지 않도록 무엇을 할 수 있을까요? 우리가 성공적으로 해내기 위해 무엇을 할 수 있을까요?"

– **무시하라** : 이들에게 넘어가서는 안 된다. 이들은 이기적인 사람들이어서 당신의 발목을 잡게 될 것이다. 이들을 피해서 일을 추진하라.

문제의 철저한 객관화

조직이나 개인들은 문제가 발생하면 누가 일을 저질렀는지 재빨리 확인하려는 경향이 많다. 비난받을 사람을 찾아 그를 공개적으로 비난하고, '우리'의 책임을 회피하려고 한다. "개인의 문제에서 벗어나 문제 자체를 봅시다. 누가 했는지가 아니라 무엇이 일어났는지 얘기합시다. 누가 비난받아야 하는지가 아니라 문제를 어떻게 수습할지 얘기합시다. 누군가에게 부정적 책임을 지우는 일이 필요하다면 나중에 그럴 시간은 충분합니다."라고 말하는 사람이 되어라. 누군가 비난하는 일에 빠른 사람은 자신의 지지 기반을 잠식하게 된다. 이런 사람들과 함께 일하고자 하는 사람은 거의 없을 것이다. 믿음이 순식간에 달아난다.

미리 예상하라

계획한 대로 똑같이 진행하는 계획, 프로젝트, 시도는 없다. 일은 잘못되기 마련이다. 이것이 현실이다. 예상하라. 잠재적인 걸림돌이 어디서 나타날지 예상하기 위해 노력하라. 합당하고 적절한 대응 방안을 계획하고 부지런히 점검하라. 가능한 한 긍정적 결과를 기대해야겠지만, 있을 수 있는 부정적 측면도 인정하라. 그러나 부정적 측면 때문에 노력을 게을리해서는 안 된다. 다시 한번 강조하지만 비상시 계획을 세우는 일이 중요하다. 조직의 겁쟁이들은 하늘이 무너지고 있다고 떠들며 돌아다닌다. 그러나 당신의 역할은 어디서 우산을 구할 것인가를 알아내는 것이다. 예상한다는 것은 방심하지 않고 있다는 뜻이다.

노련한 도박사는 한때 "모두를 믿고 패를 나누어라."라고 말했다. 중동 지방에서는 "알라를 믿고 낙타를 묶어라."라는 비슷한 뜻의 격언이 있다. 신중하게 고안한 비상시 계획은 여러 모로 도움이 된다. 친구 중 가장 좋은 친구는 '사용할 필요가 없는 비상시 계획'이다.

영역 싸움을 하지 말라

오늘날 서로 협력하는 조직 환경에서 자신의 영역을 표시하고 남들의 개입을 막으려 하는 것은 비생산적이며 커리어에 해가 된다. 자신의 영역 지키기가 아닌 조직 전체의 생산성 향상 기여에 중점을 두어야 한다. 자신의 영역은 조직 전체이며, 자신의 기술, 능력, 자발적 태도를 어디에든 기여할 수 있다. 자신이 맡고 있는 분야에 다른 사람의 정보와 영향을 받아들이면 창의성이 높아지고, 추진 과정에서 배운 점을 적용하게 되어 생산성도 높아진다. 주위에 무성한 초목이 있는데 자신의 메마른 영역을 지키려고 으르렁대는 야수보다 더 보기 흉한 것은 없다. 철조망을 치지 마라!

곤경에 처해도 평정과 초점을 유지하라

흔히 문제를 해결하는 과정은 극심한 스트레스와 압박감을 일으킨다. 그러나 다른 사람들이라면 스트레스로 폭발할 수도 있는 상황에서 당신은 스트레스를 통제하고 성공적으로 일을 추진할 수 있는 사람으로 보일 수 있는 절호의 기회다. 위기는 자신의 뛰어난 능력을 과시할 매우 확실한 기회다. 갈등을 증폭시키고, 부정적 견해를 퍼뜨리고, 말이나 행동을 심하게 하는 것은 압박감을 통제하지 못하고 있다는 증거다.

책임을 받아들여라

자신의 문제라면 받아들여라. 숨기려고 애쓰거나 책임을 회피하는 것은 단기적으로 도움이 될진 모르지만, 장기적으로는 승진 자격에 장애가 될 수 있다. 요즘 조직에서는 책임을 지려는 사람들이 별로 없으므로, 나서서 책임을 지는 이들은 사막의 오아시스 같은 존재다. "이런 일이 발생했습니다…. 다 제게 책임이 있습니다. 그러나 여기서 배운 점은…앞으로 이 문제가 일어나지 않도록…문제를 수습하기 위해 이런 일을 지금 할 수 있습니다."라고 말해야 한다.

그렇다고 너무 사죄를 늘어놓는다든지, 저자세를 보인다든지, 극적인 행동을 취해서는 안 된다. 성숙하게 책임을 받아들이고, 더 이상 과거에 연연하지 말고 차후 행동을 추진하라. 문제가 생기면 커리어 성장에 해가 되겠지만, 책임을 정당하게 기꺼이 받아들인다면 커리어에 도움이 된다.

현직자가 제공하는 생생한 승진 조언

데이비드 테이트는 오하이오 주 랜돌프에 있는 이스트 매너팩춰링의 부사장이다. 이 회사는 미국 내에서 상위 20위에 드는 트랙터 트레일러를 제조하는 회사다. 475명의 직원이 있고, 특수 알루미늄 덤프 트레일러와 평상형 트레일러, 쓰레기 운반 트레일러와 관련 부속품을 제조하고 있다. 테이트는 1967년에 미 해군 사관학교를 졸업했고, 미 해군에서 장교로 6년 간 복무한 후 일반 사회에 발을 들였다.

테이트는 그가 승진할 직원들에게서 원하는 것은 기본적 성품이라고 말했다. 그는 성실성을 가장 높이 평가한다.

저는 성실한 사람을 찾습니다. 하겠다고 했으면 하는지, 내가 좋아할지 아닐지에 상관없이 그들이 사실대로 말하고 있다고 믿을 수 있는지…. 성실성은 남이 듣고 싶은 말을 하는 것이 아닙니다. 또한 저는 확고한 목표 체계를 갖고 있는 사람을 원합니다. 자기를 관리하고 계획하고 미래를 보는 능력은 목표 체계에서부터 시작한다고 저는 생각합니다. 이것은 인생의 목표와 직업의 목표 등 다양한 목표를 어떻게 균형 있게 관리해 나가는지를 포함합니다. 목표 체계를 잘 세워 놓았다면 최소한의 지시를 받고도 일상에서 매우 선도적으로 일을 할 수 있습니다. 곤경이나 비난을 어떻게 다루는지도 알고 싶습니다. 비난받아도 계속 의기소침해 있지 않고 남들의 지도를 잘 따르는지. 자신을 객관적으로 보고, "개선하기 위해 비판적인 반응을 기꺼이 수용하고 있는가?"라고 자신에게 묻는 능력이 있는지. 승진이 가능한 직원은 조직에 기여하고 회사가 발전하기를 진정으로 바라는 '주는 사람'입니다. 자신의 행동에 대해 책임을 받아들이는 데 얼마나 객관적인지도 알고 싶습니다. 문제가 발생하면 변명을 하는가, 아니면 좋지 않은 결과에 기꺼이 책임을 지는가?

승진을 원하는 사람에게 어떤 조언을 해줄 것인지 문자 테이트는 다음과 같이 말한다.

자신이 원하는 지위의 업무에 어떤 기술이 필요한지 평가하는 일을 우선적으로 해야 합니다. 자신을 돌아보고 "그 일이 내 장점을 요구하는 일인가, 취약점을 끌어들이는 일인가? 그 일에 필요한 기술이 내게 있는가?"를 물어야 합니다. 두 번째로, 성공적으로 업무를 수행하기 위해 필요한 기술, 지식, 교육을 배우기 위해 노력하고 있다는 것을 보여 주는 것이 중요합니다. 현재 맡고 있는 업무를 훌륭히 해내고 회사를 위해 두드러지게 뭔가 할 수 있다는 희망을 나타내면 승진에 영향을 미칠 확실한 요소가 됩니다.

테이트는 리더십을 보여 주는 것이 중요하다고 설명한다.

조직에서 어떤 지위에 있든 리더십 기술이 있으면 다른 사람들로부터 자신을 돋보이게 할 수 있습니다. 리더십을 보이기 위해 당신에게 보고서를 제출하는 다수의 사람이 필요하지는 않습니다. 성공적인 리더의 특징과 기술, 즉 사람들을 격려하고, 사람들이 하는 일에 기분 좋게 하고, 팀워크와 협력을 증진하며, 자신의 일에 최선을 다하고 좋은 본보기가 되는 것, 이 모든 것들이 잠재적 리더십을 나타내는 것들입니다. 지위에 상관없이 이런 자질과 태도를 보여 주는 사람은 조직에 엄청난 긍정적 영향을 미칩니다. 창의적으로 문제를 해결하고, 확신에 차서 의사 결정을 하고, 개인의 필요가 아니라 조직의 최선을 위해 일하는 것 등도 이 자질에 해당됩니다. 저희 회사에서 시도하고 있는 중요한 일은 중간 간부들의 리더십을 향상시키는 것이라고 생각합니다. 일상적으로 수행하는 업무 기능의 틀과 자신의 특수한 분야를 벗어나 회사 전체의 시각에서 더 많이 생각하는 주인 정신을 갖도록 해야 합니다. 예전과 다르게, 자신을 일하고자 노력하는 사람으로 생각하고 행동한다면 회사의 여러 분야에서 다른 사람들에게 엄청난 영향을 미칠 수 있다는 사실을 인식해야 합니다.

리더십을 보여 주고, 다양한 방면에 입각하여 효율적인 의사 결정을 내리는 것은 승진하는 데 필수라고 테이트는 확신하고 있다. 조직의 발전을 위해 기꺼이 다른 사람을 지원한다는 사실을 보여 주는 것도 중요하다고 강조한다. 선도적으로 하는 것이 중요하다.

제 7 장

직장 내 바람직한
인간 관계 구축하기

ㅈ 직장에서 사람들과 바람직한 인간 관계를 쌓고 생산적으로 상호 협
조할 수 있는 능력은 승진 가능성을 높이는 데 매우 결정적인 요소
다. 천성적으로 사람들과 잘 지내는 사람들도 있지만, 이런 능력을 특별히 익
히도록 노력해야 하는 사람들도 있다. 우리 모두 다른 사람들과 잘 지내는 능
력을 향상시키기 위해 노력해야 한다.

중요한 대인 관계를 망치는 요소가 많이 있다. 본 장에서는 대인 관계 구
축의 SAW를 연마하고, 커리어를 손상시키는 잠재 요소를 피하는 데 도움이
되는 내용을 다루도록 하겠다.

직장에서 대인 관계를 망치는 요소는 다음과 같은 것들이다.

- 충족시키지 못한 기대
- 분개
- 다른 사람을 무시하거나 무관심하게 대하는 태도
- 정직하지 못한 행동
- 자기 도취
- 충동적이고 즉흥적인 부정적 대답
- 다른 사람의 공헌과 독창성을 무시하는 태도

성공적인 인간 관계

4장에서 살펴본 의사 전달 기술은 상호 관계를 맺는 기술과 밀접한 관련
이 있다. 효과적인 의사 전달 능력은 모든 사람을 고객으로 대접하는 사고방
식과 더불어 직장에서 바람직한 인간 관계를 구축하는 데 꼭 필요하다. 회사
안팎에서의 고객 서비스의 중요성을 강조한 책들이 많이 있다. 함께 일하는
모든 사람을 고객으로 생각하여, 당신의 제품이나 서비스에 돈을 지불하는 회
사 밖의 고객에게 대접하는 것과 똑같은 서비스 정신과 존경심을 가지고 행동

하는 것이 중요하다. 사람들은 대개 같은 직장에서 일하는 사람들의 행동을 당연한 것으로 보고 그들에게 '우리편이 아닌 그 사람들'이라고 적대적인 역할을 부여하곤 한다. 그렇지만 외부의 고객들과 좋은 관계를 유지하기 위해 사용하는 기술들을 직장 내에서도 사용한다면 당신에게 도움이 될 것이다.

당신은 외부의 고객들과 공생 관계를 맺고 있다. 당신은 그들이 원하는 어떤 것(제품이나 서비스)을 제공하고, 그들은 당신이 원하는 어떤 것(수입이나 이윤)을 준다. 이와 같은 관계가 직장 내부 사람들과의 사이에서도 성립된다. 당신은 그들을 필요로 하고, 그들은 당신을 필요로 한다. 당신의 회사 상사들과 효과적인 관계를 맺고 키우는 것이 중요하다는 것은 명백하다. 그러나 당신과 같은 직급이나 더 낮은 직급에 있는 사람들과도 같은 관계를 성립시켜야 한다는 사실은 종종 간과된다.

□ 직장 내부와 외부에서 성공적인 고객 관계를 성립시키는 첫 번째 단계는 고객이 기대하는 것이 무엇인지를 알아차리고 당신의 어떤 능력이 그것을 충족시킬 수 있을지 결정하는 것이다.

내부와 외부 고객의 기대가 무엇인지를 결정하는 데 도움이 되는 효과적인 훈련 방법은 고객들에게 다음과 같이 질문하여 이야기를 나누는 것이다.

1. 내가 하는 어떤 행동이 당신을 돕습니까?
2. 내가 하는 어떤 행동이 당신에게 방해가 됩니까?
3. 내가 어떤 행동을 고치도록 생각해 봐야 할까요?

이러한 훈련 방법은 그들이 필요로 하는 것은 무엇이며, 당신의 효율성에 대해 그들이 어떻게 생각하고 있는지를 알아차리도록 도와준다. 또한 그들이 필요로 하는 만큼의 업무 수행과 상호 작용을 제공하려는 당신의 의지를 보여줄 수 있게도 한다. 이것은 당신이 그들의 시각에서 당신의 업적을 볼 수 있도록 도와주며, 당신에게 매우 도움이 되는 관점이 될 수 있다.

좋은 관계를 형성하는 데 시간을 투자하라

직장에서 효율적인 관계를 맺고 강화하려면 당신의 시간을 적극적이고 창의력 있게 투자하고 이용해야만 한다. 예를 들면 다음과 같다.

- 다른 사람들을 찾아내고 함께 시간을 보내기 위해 점심 시간을 전략 적으로 잘 이용하라.
- 특별한 프로젝트나 활동을 도와주겠다고 제의하라.
- 회사의 사외 활동을 지원하거나 자발적으로 봉사하라. (야유회, 외부 의 모금 행사 등등)

시간 계획을 짜는 것, 대인 관계를 발전시키고 당신의 뛰어난 상호 관계 기술을 드러내 보이도록 전략을 활발하게 개발시키는 것도 기술적인 업무 수 행 능력을 갖추는 것만큼이나 중요하다.

영향력의 범위를 넓혀라

당신의 회사 조직 내에서 최대한 많은 사람들에게 자신을 알려라. 작은 회사라면 이 일은 상대적으로 쉽겠지만, 커다란 회사에서는 꽤 어려운 과제일 것이다. 직장 내 인간 관계를 당신과 직접적으로 관련이 있는 가까운 동료들 로 제한시키지 마라. 최대한 회사 조직 내로 침투하라. 회사 전체가 참가하는 활동이 있다면 당신도 참가하라. 야유회가 있다면 감자 샐러드나 얼음을 가져 가겠다고 이야기하라. 회사가 후원하는 모임이라면 야구장이든 콘서트든 어 디든지 참여하라.

□ 처신을 잘 해야 한다! 전문가답지 못한 과외의 행동은 당신의 커리어에 정말 치 명적인 영향을 미칠 것이다.

회사가 후원하는 소프트볼이나 농구 또는 다른 어떤 스포츠 경기가 있다면 관전하라. 동료의 아이가 걸스카우트 쿠키를 판다든지 학교 기금 마련에 관련되어 있다면 참여하라. 시간이나 돈을 할애하도록 요청받는다면 최대한 많은 기회를 잡아서 승낙하라. 그런 모임에 참석하는 것이 강제적인 것은 아니지만, 참석하지 않는다면 남의 눈에 띄게 될 것이다. 회사의 활동에 참여하지 않는 것은 커리어를 '죽이는' 행동이다.

모든 사람을 항상 위엄과 존경심을 가지고 대하라

당신과 함께 일하는 사람들 모두를 항상 좋아할 수는 없다(그리고 솔직히 그 사람들이 모두 다 당신을 좋아하는 것도 아니다). 그렇지만 당신의 개인적인 감정이 당신의 행동이나 다른 사람들을 대하는 방식에서 드러나서는 안 된다. 당신의 동료들은 당신이 그들을 진정으로 좋아하는지 아닌지를 알아차릴 수 없어야 한다. 직장에서는 모든 사람에게 동등하게 행동해야 한다.

존경심과 위험을 보여 줄 수 있는 다음과 같은 몇 가지 방법들이 있다.

- 목소리를 높이거나 모욕적인 언사를 삼가라.
- 절대로 욕설을 하지 마라.
- 괴롭힘이나 차별 대우에 가까운 행동이나 발언을 삼가라.
- 본인이 듣지 않는 곳에서 그들의 험담을 하지 마라.
- 다른 사람들의 의견에 동의하지 않는 경우에라도 귀를 기울여라.
- 다른 사람들을 일반적으로 듣기 나쁜 이름으로 부르는 것을 삼가라 ('야간 애들', '공돌이들'이라고 부르지 마라).

다른 사람들을 경시하는 태도를 보이면 그러한 행동의 피해자들만 상처받는 것이 아니다. 그런 행동은 주위 사람들의 이목을 끌게 만들어 다른 사람이 당신을 낮게 평가하도록 만든다. 한 사람을 그렇게 대접하면 아마도 당신이 모든 사람들을 그런 식으로 대할 것이라는 인식이 퍼지게 될 것이다.

진실을 말하라

바람직한 인간 관계는 진실과 뗄 수 없는 관계다. 즉, 바람직한 관계를 위해서는 항상 당신이 아는 사실 그대로 말해야 한다는 것이다. 그렇지만 그것은 선택적으로 어떤 정보는 말하지 않는다든지, 사람들이 듣고 싶어한다고 생각되는 것만을 말해 주는 것을 의미하는 건 아니다. 당신이 말해 주는 것이 어떤 경우에만 해당되는 것이 아니라 거의 일관성 있게 절대적인 진리처럼 믿을 수 있는 것이라고 사람들에게 인식시킬 필요가 있다.

그렇지만 진실을 이야기한다고 해서 대화할 때 적절한 방법을 이용하지 않아도 된다든지, 다른 사람의 감정을 생각하지 않고 이야기해도 된다는 뜻은 아니다. 진실되게 행동한다는 것은 '진짜인 것처럼 이야기하거나', '깊이 생각하지 않고 말하거나', '그들을 위해서'라고 말하며 타인에게 상처 주는 말을 하기를 즐기는 사람들의 반대의 결과를 초래하는 행동까지도 포함하지는 않는다. 진실을 말하고 있다고 포장하며 남에게 해가 되는 행동을 정당화하는 비열한 사람들도 많이 있다. 진실을 이야기한다고 해서 다른 사람을 상처 입힐 권리를 가질 수 있는 것은 아니다.

□ 진실이라는 것은 다른 사람들의 선택이나 판단, 인식이 아니라 사실과 세부적인 사항들에 근거한 것이다.

당신이 자주 "나는 너를 위해 이 이야기를 해주는 거야."라든지 "나는 거짓말이라고는 모르는 사람이야. 난 원래 그런 사람이지."라는 말로 대화를 시작한다면, 당신은 아마 다른 사람들의 감정을 상하게 하는 습관을 가진 사람일 것이다. 이러한 행동은 물론 승진에 유리한 행동이 아니다!

진실을 전달한다는 것은 또한 당신이 잘 알지 못하는 일에 대해서는 그것을 시인하고, 알려져서는 안 되는 정보를 구분할 수 있어야 한다는 것 역시 의미한다. "나는 그 문제에 대해서는 이야기할 권한이 없는데. 다음에 상황이 되면 꼭 이야기해 줄게.", "그건 내가 이야기할 수 있는 문제가 아니야."라고 말하면 듣는 사람은 순간적으로 실망할 수도 있을 것이다. 하지만 긴 안목에서 보면 그런 식으로 말하는 것이 당신의 진실성, 정직성, 성실성에 대한 신뢰를 더욱 굳건하게 해줄 것이다.

계획 실행

이미 언급했듯이, 당신이 한 번 한 말은 지키고, 하겠다고 말한 것은 항상 실천하는 사람이라고 인식시키는 것은 바람직한 인간 관계를 형성하는 데 필수적으로 중요하다. 만약 당신이 어떤 일을 하겠다고 말했다면 꼭 실천하라!

개인적인 관심

어느 누구도 아무 의미 없이 대체 가능한 존재로 보여지기를 원하지는 않는다. 우리 모두 한 개인으로 대접받기를 바라며, 특별한 존재로 인식되기를 원한다. 이 말은 당신과 지속적으로 접촉하는 사람들에게 개인적인 관심을 가지라는 것이다. 칭찬을 더 많이 하고(물론 직무와 관련된 칭찬 말이다), 할 수 있을 때마다 그들의 장점을 인정하는 발언을 하라. 그들의 가족이나 사생활에 관심을 가져라. 당신과 그들과의 차이점에서 무엇인가를 배우고, 그들을 칭찬하며 공통점을 찾아라. 그렇게 하려면 학습 능력도 뛰어나야 하며, 당신과는 다른 시각으로 상황을 파악하는 사람들을 인정할 줄도 알아야 한다. 사람들에게 그들이 하는 일 때문에 친하게 지내는 것이 아니라, 바로 그들이기 때문에 그렇게 한다는 사실을 알려라. 그들을 개별적인 존재로 존중하라.

직장에서의 인간 관계와 우정

직장 내부에서 성공적으로 인간 관계를 발전시키고 강화시키는 것이 당신의 승진 가능성을 높이는 데 필수적이긴 하지만, 직장에서의 우정에도 신경을 써야만 한다. 이 두 가지를 동시에 신경 쓰는 것은 까다롭고 문제를 일으킬 수 있는 여지가 있는 것처럼 보일 것이다. 따라서 직장에서의 우정에 대해 현실적이고 분석적으로 생각하는 것이 도움이 될 것이다.

승진이라는 목표가 달성되면 당신의 커리어도 발전하게 되고, 그렇게 되면 당신은 지금의 동료들을 관리하거나 이끌 수 있는 자리에 오를 수도 있다는 사실을 항상 명심하라. 당신의 커리어 초기에 쌓았던 우정이 앞으로 예상치도 않았던 문제들을 야기시킬 수도 있다(당신이 잘 처리하지 못한다는 것이 아니라 친구들이 문제를 일으킬 수도 있다는 뜻이다). 당신은 친구들과 관련된 문제를 처리할 때 객관적으로 보고 공과 사를 구별할 수 있을지 몰라도, 그들은 그렇지 않을 수 있다. 당신이 그들의 친구라고 생각하기 때문에 그들은 특별한 대접을 받기를 바랄지도 모른다. 규칙이나 방침을 느슨하게 적용한다든지, 업무를 받을 때 우선권을 가진다든지, 터무니없이 높은 봉급을 기대한다든지 할 수 있다는 것이다.

이러한 기대들이나 다른 적절치 못한 요구들을 충족시켜 주지 않으면 우정은 분노로 변하게 되고, 소극적이긴 하지만 공격적인 저항이 있게 된다. 친구들은 모두 당신을 적대적으로 대하게 될 것이다. 아마 그들은 당신이 누가 친구인지도 알아보지 못하게 되었다고 책망하거나, 당신이 성공했기 때문에 친구들을 무시한다고 비난할 것이다.

솔직히 말해, 승진하게 되면 대개 우정은 잃게 된다. 직장에서의 우정이라는 것은 얕은 뿌리를 가진 나무에 비유할 수 있는데, 보통 가까이 있기 때문에 친해진다든지 편의상 친하게 지낸다든지 하기 때문이다. 그래서 헤어지게 된다든지 재배치되면 우정이 지속되지 않는 것이다. 당신이 과거에 사귀었던 직장 동료들을 생각해 보면 다른 부서로 발령이 나거나 직장을 옮기게 되었을 때도 계속 가깝게 지낸 사람은 거의 없음을 알 수 있을 것이다. 옛날에 사귀었던 오래된 친구들 중에 여전히 좋은 친구로 남아 있는 사람들이 몇 명이나 되는가?

□ 오늘 절친한 직장 동료가 내일의 적이 될 수 있다.

당신은 보통 일하면서 느낀 좌절이나 실망감, 부정적인 느낌 따위를 직장 친구들과 함께 이야기한다. 그러나 이러한 것들은 나중에 당신에게 돌아와 당신을 괴롭힐 수 있다. 회사 사보에 실리면 곤란할 어떠한 생각이나 느낌도 직장 동료에게 토로하지 마라. 믿고 말한 이야기들이 소문이라는 비공식적인 빠른 루트를 타고 퍼지게 될 것이다! 당신과 의견을 공유한 오늘의 친구가 내일 새로운 직업을 찾을 때 경쟁자가 될 수도 있다. 당신과 그들이 앞으로 경쟁적이거나 대립하는 관계에 있게 되면 과거의 사건과 기억들이 들추어지게 되고, 그것들은 당신에게 불리하게 이용될 것이다.

물론 우리 모두는 억압된 감정을 표출하고 방출할 곳을 찾을 필요가 있다. 그렇지만 직장 동료들과 함께 불만을 토로하는 것은 위험할 수 있다. 직장 외부에서 도덕적 판단을 내리지 않고 조언을 줄 수 있을 만한, 그리고 이야기가 끝나면 그 이야기를 묻어 버릴 수 있는 믿음직한 사람을 가려 내라. 동료들과 불만을 토로하는 자리에 있게 되더라도 당신은 그 불만을 해결할 수 있는 제안을 하도록 노력하라. 당신이 어떤 문제에 대하여 이야기하고 그 문제의 해결책을 제시한다면 당신은 바람직한 대화를 나누고 있는 것이지만, 만약 단순히 문제들만을 나열하고 감정을 표출한다면 문제가 발생할 수 있다. 오늘 동료들과 몇 마디 불만을 토로한 것이 내일 당신을 당황하게 만들 수 있고, 그러면 당신은 누군가에게 사과를 해야 하든지 설명을 해야 하는 난처한 상황에 빠질 것이다.

□ 직장 밖에서 불만을 토로하라.

갈등 해결 방법 학습

오늘날 미국에서 갈등 해소는 모든 사람에게 중요한 문제다. 사실 우리는 원래 분쟁을 잘 해결하지 못한다. 우리는 문제를 피하는 방식을 취해 왔다. 문제에서 도망가고, 문제를 긍정적으로 직면하기보다는 끓어오르는 분노를 품고 복수할 방법을 찾으려고 해 왔었다. 우리는 다른 사람들이 이러한 행동을 할 때 그들을 신랄하게 비판하지만, 자신들의 행동은 항상 정당화한다. 결국 우리는 항상 옳고 그들이 잘못한 것이기 때문에 그런 대접을 받아도 마땅하다고 생각하는 것이다!

　　이런 식으로 해결되지 않은 갈등이 오랫동안 곪아서 심각한 문제들을 야기하는 경우가 많은데, 보통 우리는 갈등의 상대와 문제를 논의하기보다는 관련되지 않았거나 그 문제를 해결할 능력도 없는 사람들에게 이러한 문제에 대해 늘어놓는 경향이 있다. 우리는 이런 식으로 뒷공론을 하여 우리의 입장을 공고하게 하고, 다른 사람들을 우리편으로 끌어들여 지지 기반을 확보하려고 노력한다. 상사 또는 인사 관리 부서와 문제를 논의할 때 종종 "내가 말했다고 그녀에게 말하지 마십시오. 그렇지만 당신은 이 문제를 해결해야 할 것 같습니다."라는 식의 이기적인 발언을 하는 사람들도 있다. 문제를 피하는 방법으로 이런 방법을 쓴다면 결과가 어떨까? 우리는 이러한 기술을 학교에서도, 가정에서도, 직장에서도 배우지 않는다. 갈등을 해소하는 방법에 대해 가르치지 않는다는 것이 오늘날 직장에서 실시하는 기술 개발 프로그램에서 가장 중요한 문제점이라고 할 수 있을 것이다.

　　「부정적인 태도에서 생존하는 법: 경영자들을 위한 필수 지침(The Bad Attitude Survival Guide: Essential Tools for Manager)」(Perseus, 1998)이라는 내 책에서 나는 갈등을 해소하는 방법에 대해 두 장이나 할애하여 서술하였다. 갈등 해소와 승진 가능성에 대해서 나는 다음과 같이 이야기하고 싶다. 갈등이 전적으로 다른 사람의 잘못이라고 생각한다면, 당신은 그들의 행동이나 빈약한 갈등 해결 방법이 당신의 승진에 부정적인 영향을 미치기를 바라는가? 다른 사람들에게 당신의 커리어에 그런 종류의 부정적인 영향을 미칠 여지를 절대 주지 마라.

□ **갈등을 초기에 효과적으로 해결하는 방법을 배워라. 양보하고 협상하여 긍정적인 결과를 만들어 내려 하지 않는 데는 따로 재능이 필요없다.**

해결되지 않은 갈등이 당신의 커리어와 회사 전체에 미칠 수 있는 파장은 엄청나게 클 수 있다. 풀리지 않은 갈등에 직면하면 다음과 같은 결과가 나타난다.

- 생산성이 저하된다.
- 수동적이지만 공격적인 반항의 행동이 늘어난다(알아채기 어려운 태업, 파벌적인 연합, 인신 공격 등등).
- 비용이 많이 드는 고소에 대응해야 한다.
- 직장에서 폭력 사태가 증가한다.

직장에서의 갈등에 대처하는 잘못된 방법들

보통 무례한 말을 듣거나 부당한 대우를 받는 경우, 손해를 보게 되거나 위협을 받는 경우, 그리고 누군가가 우리에게 안 된다고 말하거나 우리가 원하는 것을 얻을 수 없다고 말하는 경우에 우리는 누군가와 갈등을 일으키게 된다. 오늘날 직장에서 일어나는 갈등 상황에 대처하는 전형적인 잘못된 방법은 다음과 같은 것들이다.

- **피하기** : 다른 사람에게 전적으로 책임이 있다고 간주하고, 갈등 상황이 계속 악화되도록 그냥 내버려 둔 채 아무런 행동도 하지 않기로 결정하는 것. 문제 상황은 계속되고, 감정은 악화되고, 결국 비뚤어진 과잉 반응이 폭발하게 된다.
- **어떻게 해서든지 이기고야 만다** : 내가 모든 갈등 상황에서 반드시 이겨야만 한다는 믿음을 가지는 것. 단순히 그냥 이기기만 해서 되는 것이 아니

라 상대편을 확실하게 패배시켜야만 한다고 믿는다. 문제의 중요성에 관계없이 상대편은 반드시 그들이 졌다는 것을 알고 인정해야만 한다는 것이다. 모든 상황에서 어떠한 희생을 치르건 간에 반드시 이기려고 한다!

- 조건부 항복(양보)하기 : 항상 최대한 빨리 굴복해 버리거나 포기해 버리는 것으로써 조정하고, 비난을 받아들이고, 실수를 바로잡는 당사자가 되는 것이다. 어떤 상황에서든지 늘 포기하면서 이 방법이 평화를 유지하는 최선의 방법이라고 믿는다. 이 방법이 갈등을 초기에 해소시키고 갈등의 악화를 막는 성공적인 방법처럼 보이기는 하지만, 사실은 심각하게 문제가 있는 방법이라고 할 수 있다. 쉽게 항복하는 사람들은 종종 분노를 마음속에 간직해서, 결국 그 분노가 쌓여 나중에 적절하지 못한 상황에서 폭발하게 된다.

이상의 세 가지 대응 방법들은 명백히 모두 비생산적이다. 만약 당신이 이런 방법들을 계속 사용한다면 당신의 승진 가능성은 눈에 띌 정도로 줄어들 것이다.

직장에서의 갈등에 효과적인 대처 방법

대처 방법은 혼자서도 할 수 있는 것들이다. 당신은 혼자서 그런 방법들을 써 보기로 결정할 수 있다. 상대방이 협조해 주지 않아도 상관없다. 이러한 기술들은 다음과 같은 사소한 분쟁들을 해결하는 데 효율적이다.

- 오해가 일어났을 때
- 불합리한 행동으로 인한 분쟁
- 고의적이지 않은 무례한 행동
- 의견이 다른 경우

- 짜증으로 인한 분쟁
- 사소하게 의사 소통이 잘못되어 일어난 분쟁
- 귀찮은 일로 발생한 분쟁
- 어떤 사실이나 자료를 해석할 때 발생한 의견 차이

중요한 세 가지 대처 방법은 다음과 같은 것들이다.

- **인내하기** : 다른 사람의 갈등을 야기하는 행동을 받아들이겠다고 의식적으로 결정을 내려라. 이것은 사소한 갈등 상황을 해소하는 데는 효과적인 전략이지만, 다음과 같은 두 가지 단계를 거쳐야 한다.

1. 문제가 상대적으로 대수롭지 않은 것으로, 장기적으로 해로울 수 있는 잠재성이 없으며 그 심각성을 1에서 10 사이의 숫자로 가늠해 볼 때 아주 낮은 숫자로 나타낼 수 있을 것이라는 사실을 인식하라.

2. 그 문제를 포기하라. 당신이 참아 내겠다고 결심한 행동에 대해 계속해서 다른 사람에게 책임을 전가하지 마라. 간단히 말해서, 계속 악감정을 품고 있지 마라. 인내는 조용히 분노를 품고 참을 수 없을 정도로 상황이 심각해질 때까지 기다렸다가 더 심각한 갈등을 야기하고 혼란을 일으키는 것을 의미하는 것이 아니다. 당신은 아마 직장에서 이러한 일을 종종 목격했을 것이다. 누군가가 결국 폭발하듯 화를 내고, 그런 식으로 상대방에게 화를 내면 상대방은 어떤 말보다 먼저 "왜 진작 이 문제를 제게 말하지 않았습니까? 내가 진작 알았더라면 쉽게 해결할 수 있었을 문제를 왜 이렇게 큰 문제로 발전하게 방치해 두었습니까?"라는 말로 반응하는 것을 볼 수 있었을 것이다.

□ **인내라는 것은 지연된 반응을 뜻하는 것이 아니다. 인내는 포기하고 극복하며 분노를 품지 않고 나아가는 것이다.**

- **양보하기** : 양보라는 것은 인내를 말로 표현하는 것이다. 당신이 양보하기로 결정을 내렸다면 다른 사람이 이 사실을 알도록 해라. 당신은 다른 사람에게 이렇게 말할 수 있다. "제가 요구한 일이 모두 3시 전에 끝날 수 있으면 가장 좋겠지만, 4시가 당신에게 더 좋다면 당신의 스케줄에 맞춰 저의 일

과를 조절해 드릴 수도 있습니다." (주의하라. 매일 3시와 4시 사이에 당신이 요구한 일이 끝나기를 기다리며 성이 나서 속태우며 앉아 있지 마라!)

당신이 양보해서 얻는 이점은 다른 사람들에게 당신이 얼마나 좋은 사람인지를 인식시키고, 무의식적으로 상대편이 당신에게 호의를 입었다는 생각을 갖게 함으로써 앞으로 있을지 모르는 협상에서 유리하게 될 수 있다는 것이다. 핵심적인 사항은 당신이 양보하고 있음을 다른 사람들이 알도록 하는 것이다!

- 연기하기 : 시기가 문제가 되거나 잠시나마 기다리는 것이 문제의 심각성을 감소시키는 데 도움이 되는 상황에서는 연기를 하는 것이 또 다른 효과적인 갈등 대처 방법이 될 수 있다. 당신이 급박한 상황 속에 있다든지, 아주 바쁜 시기라든지, 일손이 부족한 상황이라면 사소한 갈등을 해결하기에는 적절한 시기가 아닐 것이다. 시간이 지남에 따라 갈등도 자연히 해결될 수 있다면 기다리는 것이 최선일 것이다. 시기를 연기한다는 방법을 효과적으로 이용하려 할 때 중요한 점은 분명한 시한 선을 확실히 정하는 것이다.

□ **시한 선이 없이 연기하는 것은 계획적으로 문제 해결을 도피하는 것과 다름없다.**

당신이 "스테이시가 휴가에서 돌아올 때까지 기다렸다가 그녀와 이야기해 봐야겠다."라고 결정한다면 그것은 적절하게 연기한 것이다(그녀가 휴가에서 돌아온 후에 정말로 대화를 나누었다면 말이다). 하지만 문제를 제대로 처리하지 못한다면 건전하지 못한 불만만 쌓이게 되고 갈등은 점점 심화될 수 있다.

직장에서의 갈등에 효과적으로 대응하는 또 다른 방법은 대화를 통한 긍정적인 해결 방법으로, 그것은 대화와 문제 해결 기술이라는 요소들을 포함한다. 이 방법은 문제를 일으키는 상대방과의 활발한 대화를 필요로 하며, 문제를 명확히 파악하고 긍정적인 공동의 해결책을 협상해 내야만 사용할 수 있다. 대화를 통한 긍정적 해결 방법을 효과적으로 이용하는 데 중요한 사항은 누가 문제를 야기하고 있는지가 아니라, 무슨 일이 일어나고 있는지에 중점을 둠으로써 갈등의 개인화를 피해야 한다는 것이다. 여기 갈등의 개인화를 피할 수 있도록 도와주는 세 가지 방법이 있다.

1. 긍정 평서문에 이용하는 대명사인 '나' 또는 '우리'를 사용하고 공격적인 느낌을 주는 '당신'이라는 대명사를 사용하는 것을 삼가라. "당신이 이런 일을 하고 있잖아…."라고 말하지 말고 "내 생각에는 지금 이런 일이 일어나고 있는 것 같아."라고 말하라.
2. 상대방에 대한 어떠한 부정적인 예측도 하지 마라. 당신은 종종 당신의 행동과 동기가 아주 긍정적이고 건전한 의도에서 나온 것이라는 인식을 가지고 누군가와 갈등을 일으키게 된다. 반면, 상대방의 생각은 이기적이고 탐욕스러우며 또 다른 종류의 사악한 의도에서 비롯된 것이라고 간주한다. 다른 사람들도 그들의 논점을 피력할 수 있도록 하라. 당신의 생각이 당신에게는 타당한 것만큼 그들의 생각도 그들에게는 타당한 것이다(물론 그들의 생각이 틀리긴 했지만, 그들도 그들 자신의 '문제가 있는' 생각을 피력할 권리를 가지고 있다).
3. 지나간 일에 대해 언급하는 것을 삼가라. 갈등 상황에서 '지나간 일에 대해 언급하는 것'은 단지 상황을 악화시키고 과거의 망령과 과거에 풀리지 않은 문제점들을 다시 끌어 낼 뿐이다. 현재 일어나고 있는 일에 초점을 맞추어라. 지난해에 일어난 일은 지금 현재 일어나고 있는 문제와 정말이지 그다지 관련이 없다. 성공적인 갈등 해결은 현재 일어나고 있는 일에 대한 것이지 과거의 사건에 대한 것이 아니다.

□ **갈등을 해소하는 데 도움이 되는 지침은, 해결해야 할 문제에 치중하고 어떻게**

해결할 것인가에 대해서는 유연하게 대처하라는 것이다.

직장에서의 갈등 해결 방법

성공적으로 갈등을 해결하는 동시에 관련된 모든 사람들의 필요를 충족시키는 효과적인 8단계의 과정은 다음과 같다.

1. 상대방과 대화를 나눌 때 긍정적인 문장으로 대화를 시작하라 – "나는 우리 사이에 어떤 문제가 있다고 생각하는데, 우리는 확실히 그 문제를 해결할 수 있을 겁니다."
2. 단호하고 감정적이지 않게, 그리고 정중하게 문제에 대해 사실들을 언급하며 이야기하라 – "나는 이런 일이 일어나고 있다고 생각하는데요."
3. 상대방에게 요약하고 설명해 달라고 요청하라 – "내가 정확하게 내 의견을 전달하고 있다는 것을 확실히 하고 싶습니다. 내가 그것을 확인할 수 있도록 도와주십시오. 내가 말했던 것을 요약해서 말씀해 주시겠습니까?"
4. 그들의 생각에 대해 설명해 달라고 요청하라 – "당신이 이 문제에 대해 어떻게 생각하는지를 이해할 수 있도록 도와주십시오. 당신 생각에는 뭐가 문제인 것 같습니까?"
5. 당신의 생각을 요약하고 설명하겠다고 말하라 – "내가 당신 입장을 바르게 이해했는지를 확실히 알고 싶습니다. 당신의 의견은 이렇다고 들었는데요, 제 생각이 맞습니까?"
6. 의견과 합의점을 서로 제시하도록 제안하라 – "우리 모두의 목적을 달성할 수 있도록 이 문제를 어떻게 해결할 수 있을까요?"
7. 해결책에 전념하라.
   – 책임 소재를 명백하게 하라(누가 어떤 일을 할 것인가에 대해).
   – "어떻게 알게 될 것인가?"를 확실하게 하라(협력과 성공이 어떤 식

으로 평가될 것인가?).

- 진척 상황과 결과에 대해 논의하기 위한 앞으로의 모임을 약속하라.

8. 후회하고 재고하라(해결안이 충실하게 지켜지고 있다는 것을 확인하라).

- 반성할 시간을 가져라(일반적으로 한 시간이 적절하고, 24시간을 넘겨서는 안 된다).

- 합의 내용을 재확인하고, 뒤따른 협상을 논의하기 위해 다시 모여라.

- 정확한 이해를 위해 앞에서 언급한 7단계를 다시 한번 반복하라.

대인 관계 기술에 대한 평가

	예	아니오
1. 회사 내부에서의 교제 범위는 당신과 함께 일하는 가까운 동료로만 제한되는가?	☐	☐
2. 당신은 직장 동료들과 좋은 관계를 맺기 위해 엄밀히 말해 시간을 투자하고 있는가?	☐	☐
3. 당신은 어떤 방식으로든 다른 사람들을 품위 없게, 또는 존경심 없이 대하고 있는가?	☐	☐
4. 당신은 직장 내부의 고객, 즉 동료들이 특별히 필요로 하는 것이 무엇인가를 파악하고 있는가?	☐	☐
5. 다른 사람들이 당신을 믿을 수 없는 사람이라든지 사실을 조작하는 사람으로 인식하고 있는가?	☐	☐
6. 당신과 함께 일하는 사람들에게 적절한 개인적 관심을 보이고 있는가?	☐	☐
7. 당신은 동료들과 함께 불만을 토로한다든지 회사에 대한 비난을 함께 하는 경향이 있는가?	☐	☐
8. 당신은 우정을 배신했다든지 예전의 절친한 친구들에게 등을 돌렸다는 생각을 가지지 않도록 효과적으로 동료들을 관리하거나 이끌 수 있을까?	☐	☐
9. 당신은 직장에서의 갈등 해결을 피하려는 경향이 있는가?	☐	☐

10. 당신은 갈등 상황에서 다른 사람들의 의견에 귀를 기울이고 그들의 의견을 고려할 의향을 가지고 있는가? ☐ ☐

11. 당신의 동료나 상사에 대한 나쁜 감정이나 분노를 마음 속에 간직하는 경향이 있는가? ☐ ☐

12. 당신은 해결책을 조성해 낼 수 있는 긍정적이고 감정적이지 않은 방법으로 갈등을 일으키는 문제들을 논의할 수 있으며, 또 그럴 의향을 가지고 있는가? ☐ ☐

점수 :

홀수 문항에 '예'라고 대답했고 짝수 문항에 '아니오'라고 대답했다면 승진 가능성을 높이는 데 주의를 기울이고, 당신의 자질을 향상시키고 개발시킬 계획을 짜는 것이 좋을 것이다. 당신이 모든 홀수 문항에 '아니오'라고 대답했고 모든 짝수 문항에 '예'라고 대답했다면 다시 한번 질문을 검토해 보라. 승진에서 탈락하게 된다면 그런 상황을 극복하는 데에는 약간의 현실 감각이 필요할 것이다.

상사와 성공적인 인간 관계를 맺는 방법

당신의 상사와 직업상의 관계를 강하게 양성하는 것은 승진 전략에서 중요한 부분이다. 상사는 당신의 가장 중요한 홍보 대변인이 될 수도 있고, 당신의 발목을 영원히 잡아당기는 사람이 될 수도 있다. 당신의 장점이나 기술, 능력과 의지를 모든 사람들에게 퍼뜨리든지, 당신의 약점과 잘못한 일들을 강조하든지 간에 당신의 상사는 당신의 승진 가능성에 중요한 역할을 할 것이다. 당신의 상사는 계속 친하게 지내야 할 도움이 되는 존재인가, 아니면 거리를 두어야 할 적대적인 존재인가?

상사와의 관계에 대한 평가

	예	아니오

1. 당신의 상사는 당신의 장점을 합리적이고 현실적으로, 그리고 적절하게 평가하고 인정해 주는가? ☐ ☐

2. 당신의 상사는 당신의 약점을 강조하고 비판하는가? ☐ ☐

3. 당신의 상사는 당신의 업무를 평가할 때 공정하게 판단하고 평가하는가? ☐ ☐

4. 당신의 상사는 능률 향상을 위한 전략에 대해 교육을 받으라고 사전에 제안하는가? ☐ ☐

5. 당신의 상사는 직업상 발전을 추구하려는 당신의 노력을 지지해 주는가? ☐ ☐

6. 당신의 상사가 당신이 이루어 낸 업적이나 성과에 위협을 느끼는 것처럼 보이는가? ☐ ☐

7. 당신의 상사는 직무상 다른 부서나 팀, 분야와 연계해서 활동할 기회를 만드는 것에 협조적인가? ☐ ☐

8. 당신의 상사는 정기적으로 결정적이고 중요하며 긴급한 업무를 맡는가? ☐ ☐

9. 당신의 상사가 지루하고 반복적이고 중요하지 않은 업무를 부당하게 당신에게 맡기는 것 같은가? ☐ ☐

10. 당신의 상사가 당신의 부서나 팀이나 직장에서 당신보다 다른 사람을 더 편애하는 것 같은가? ☐ ☐

11. 당신의 상사가 회사에서 당신에 대한 긍정적인 이야기를 다른 사람들과 나눈다는 증거가 있는가? ☐ ☐

12. 당신의 상사가 회사에서 당신에 대한 부정적인 이야기를 다른 사람들과 나눈다는 증거가 있는가? ☐ ☐

질문 2번, 6번, 9번, 10번과 12번에 '예'라고 답하고 다른 질문들에 '아니오'라고 대답했다면 그것은 부정적인 징조로서, 당신과 당신의 상사 사이에 문제가 있다는 것을 의미한다.

상사와의 관계를 현실적으로 평가하는 것은 정말 중요하다. 실질적으로 당신을 지지하는 행동이 수반되지 않은, 말뿐인 약속에 만족해서 안심하지 마라. 반대로, 모든 시도에서 상사의 전적인 지지를 받지 못한다고 해서, 그리고 당신이 원하는 것을 모두 다 얻지는 못한다고 해서 그 반발로 당신의 상사를 나쁘게 평가하지도 마라. 직장에서의 인간 관계를 오랫동안 객관적으로 자세하게 관찰하고, 그것을 어떻게 해서 승진에 유리하게 발전시킬 것인가를 결정하라.

상사가 공식적, 비공식적으로 원하는 것을 파악하라

당신의 상사가 이루어 내기를 바라는 것은 무엇인가? 그가 어떤 공식적인 목적 성취를 계획하고 있는가? 그가 주로 어떤 일을 책임지고 있는가? 당신은 그의 목적 성취를 어떻게 도울 수 있는가? 이것은 단지 당신의 상사가 그럴듯하게 보이도록 만드는 것을 의미하는 것이 아니라, 전체적으로 그가 유능하다고 인식되도록 만드는 데 당신이 중요한 한 요소가 되는 것을 의미한다. 상사가 비공식적으로 원하는 것이 무엇인지 알아낼 수 있는가? 가까운 미래에, 또는 먼 미래에 당신의 상사는 어떤 일을 하기를 원하는가? 그는 어떤 커리어를 추구하고 싶어하는가? 그는 영원히 현재의 지위에 머무르기를 바라는가(당신이 그의 지위에 오르고 싶어한다면 이런 상황은 문제가 될 수 있을 것이다!), 아니면 현재 직장에서 계속 승진하기를 바라는가, 또는 다른 영역에서 새로운 기회를 찾기를 바라는가? 당신의 상사가 무엇을 성취하기를 바라는지에 대해 더 많이 알수록 당신은 그에게 도움이 되는 위치에 설 수 있다.

상사가 정해 놓은 시한 선을 지키도록 신경 써라

당신이 원인이 되어 상사가 마감을 지키지 못했다고 비난받거나 나쁜 평판을 받는 일이 결코 없도록 하라. 당신이 책임을 맡은 모든 일을, 특히 상사의 업적에 영향을 미칠 수 있는 일을 정시에 마치도록 하라. 그리고 마감 시간이 가까워질 때 어떠한 방법으로든 상사를 도울 수 있도록 항상 준비하라. 상사가 당신을 자기편이라고 여기도록 만들어라.

□ **당신으로 인해 상사가 비난을 받게 된다면 그것은 좋은 일이 아니다.**

당신의 상사가 상황을 파악할 수 있도록 항상 보고하라

놀라게 하지 않는다는 개인적인 원칙을 세워라. 당신의 상사가 중요한 전개 과정, 업무의 시작, 마무리, 문제점들에 대해 알 수 있도록 보고하고, 비밀스럽게 떠돌고 있는 어떠한 관련 소문이라도(특히 상사와 관련이 있거나 그가 책임을 지고 있는 일과 연관된 소문이라면) 그에게 알려라. 상사가 관련된 일에 대해 보고할 때 당신이 정보를 어디서 얻었는지가 드러나지 않도록 조심하라. 어떤 문제든지 발생 초기에 당시의 상사에게 보고해야 한다는 것이 매우 중요하다. 우리가 이미 논의했듯이, 당신의 상사가 당신의 편이 될지 당신의 적이 될지를 결정하는 것은 당신이 전해 주는 정보의 타이밍일 수도 있다. 타이밍이 모든 것을 결정한다.

상사를 칭찬하는 연습

우리는 잘못되고 있는 일들에 관해서는 항상 대화를 나누는 반면, 잘 되어 가고 있는 일에 관해서는 상사와 거의 이야기를 나누지 않는다. 당신이 긍정적인 칭찬을 받기를 바라는 것처럼 당신의 상사도 그러하다. 당신의 상사에게 적절하게 "감사합니다," 또는 "일이 잘 되어 가는군요."라고 말하고 상사가 들어서 타당한 듣기 좋은 칭찬을 하도록 하라. 칭찬이라는 것은 오고 가는 것이다.

비난과 비판적인 발언을 받아들이도록 배워라

말이 행동보다 쉽다. 우리 모두는 업무 수행에 있어 비판적이고 비난하는 듯한 말을 듣는 것을 싫어한다. 그렇게 보이지 않을지도 모르지만 당신은 완벽한 존재가 아니기 때문에 당신의 업무나 행동에 대해 때때로 다른 사람의 결정적인 언급이 필요하다. 당신의 상사는 이미 자리잡았거나 만들어지고 있는 당신의 습관을 고치도록 충고해 줄 수도 있을 것이며, 이러한 의견들은 당신의 성장을 도울 것이다. 만약 당신이 그 충고를 제대로 받아들이기만 한다면 말이다. 또한 그것은 다른 사람들이 당신을 어떻게 인식하고 있는지를 알게 해주고, 승진 가능성을 높이기 위해 어떤 행동을 취해 문제점을 보완해야 하는지를 알아차리도록 하는 기회가 될 수도 있다.

□ 비난이나 비판적인 발언, 또는 부정적인 의견은 선물과도 같은 것이다. 그러한 말들은 당신이 성장하도록 돕는다.

비난을 개인적으로 받아들이지 마라. 상사의 의견을 개인에 대한 공격이 아닌 확인된 문제점으로 해석하라. 그것은 당신에 대한 비난이 아니라 당신이 지금 하고 있거나 하지 않고 있는 일에 대한 비난이다. 그가 필요하다고 생각하는 변화에 대한 의견이다. 그것은 문제가 있다고 판단된 행동에 대한 것이며, 당신이 발전할 수 있도록 의견을 제시해 줌으로써 선물을 주고 있는 것이다.

비난이나 비판적인 발언을 효과적으로 받아들이는 데 유효한 다섯 단계는 다음과 같다.

1. **듣고 객관화하라** : 스스로에게 다음과 같이 반복하여 말하라. "이것은 나에 대한 비난이 아니다. 이것은 문제에 대한 이야기이며, 개인적인 것이 아니다."

2. **이해를 위해 단정적으로 그 발언을 다시 말해 보라** : "내가 들은 것은 이것(행동이나 일)이 용인되지 않는다는 것이다."

3. **도움을 청하라** : "내가 그것을 어떻게 달리 할 수 있을까요? 어떻게 바

꾸는 것이 적절하겠습니까?"

4. **의견을 받아들이고 진행시켜라** : 그 의견이 타당한지 어떤지를 결정하고, 당신에게 논쟁하지 않고 바꿀 의도가 어느 정도나 있는지를 평가하라.

5. **재고하고 보강하라** : 당신이 바꿀 의사가 있다는 것을 표현할 모든 기회를 포착하라. 그리고 적절한 시간이 흐른 다음, 뒤이어 당신의 진보에 대한 당신 상사의 생각을 알아 보기 위한 대화를 나눌 기회를 가져라. "저는 이렇게 바꾸려고 열심히 노력하고 있습니다. 당신이 제가 성공적으로 잘 하고 있다고 생각하는지 어떤지, 아니면 제가 다른 노력을 더 해야 한다고 생각하는지 알고 싶습니다."

□ 비판적인 의견을 받아들이고 그것을 계기로 성장하는 것을 배우는 것은 당신의 성숙함을 드러내 보이고 당신이 승진할 준비가 되어 있다는 것을 보여 줄 수 있는 좋은 기회이다.

우리는 비판적인 의견을 제시하거나 비난을 하는 사람들에게 위협적인 반격을 하게 되기 쉽다. 모든 사람들이 우리의 비판적인 의견을 받아들일 수 있어야 한다고 기대하는 반면, 우리 스스로에게는 종종 같은 기준을 적용하지 않는다.

까다로운 상사를 다루는 방법

대부분의 상사들이 사람들이 생각하는 것만큼 모두 그렇게 나쁘지만은 않지만, 분명히 나쁜 상사들도 있기는 하다. 당신의 상사가 그 나쁜 상사들 중 한 사람이라면, 그 사람은 회사에서 성공했다는 점에서 연구해 볼 만한 가치가 있는 사람이다. 그 사람은 무언가 적절한 행동을 하고 있을 것이다. 바보 같은 짓만 한다면 상사의 위치에 오르지 못한다! 아무리 나쁜 상사라 할지라도 무엇인가 배울 점이 있다. 당신 상사의 행동을 잘 관찰하여 당신이 승진 가능성을 높이기 위해 무엇을 흉내낼 수 있을지를 결정하라. 개인적인 감정은 밀어 놓고 객관적으로 상황을 판단하도록 노력하라. 당신의 상사는 회사의 전체 분위기에 젖어 그런 행동을 하게 되었을 수도 있다. 당신이 그런 분위기 속에서 성공하기를 원한다면, 당신의 상사를 본보기로 계획을 세울 수 있을 것이다.

모욕적이고, 차별하고, 괴롭히는 행동들

당신의 상사가 모욕적이고 차별하고 괴롭히는 행동을 한다면 그 사람의 행동에 연관되거나 책잡힐 만할 조금의 가능성도 없도록 처신하라. 어떠한 일이든 부적절하고 비도덕적이거나 혹은 불법적인 행동을 도왔다든지 지지했다고 보여지는 일이 절대 없도록 하라. 만약 당신이 이런 행동의 피해자라면 당신은 반드시 다음과 같이 행동해야 한다.

- 모든 사건들을 정확히 기록하라.
- 개인적으로 그리고 조용히 문제를 해결하려는 시도의 일환으로 당신의 생각을 당신이 모은 증거와 함께 상사에게 제시하고, 단호히 그 사람과 대면하라.
- 개인적인 해결 방법이 효과를 거두지 못하면 적절한 공식적 회사 경로를 통해 문제 해결을 시도하라.

이런 문제에 대해 항의를 제기하는 절차와 방침이 회사에 명확하게 규정되어 있을 것이다. 만약 그런 방침이 없다면 회사는 만들어서라도 가지고 있어야 한다. 인사 관리 부서나 고위 간부들은 문제를 파악하고, 정략적이고 전문가적인 태도로 문제를 해결하는 데 개입해야만 할 것이다. 이러한 상황에 직면하는 것이 불쾌할 것이지만, 그리고 만약 말썽을 일으키는 사람으로 낙인

찍힌다면 당신의 커리어는 손상을 입게 될 수도 있겠지만 상사와의 모든 접촉, 대화, 지시 사항들을 상세히 기록하여 간직하라. 모든 것들을 적절하게 전체적인 시야에서 보관하라. 어떠한 직장도, 승진도 비윤리적이고 불법적인 대접이나 활동을 참아 내야 할 만큼 가치가 있지는 않다. 회사가 당신의 곤경에 적절히 대처해 주지 않는다면 당신은 그런 직장에서 계속 일하기를 바라지 않을 것이다. 당신이 왜 그런 환경 속에서 승진하기를 바라겠는가?

당신이 정말로 악랄한 상사와 일하고 있다면

당신이 정말로 '악랄한' 상사와 일하고 있다면 대처할 수 있는 세 가지 방법이 있다.

1. 변화를 낳도록 협상하라

이러한 협상은 두 가지 형태로 진행될 수 있다. 당신의 생각을 피력하기 위해 상사와 활발한 대화를 나누어라. 대화에 끌어들이는 방법과 문제를 해결하는 방법, 갈등을 해소하는 조처들은 이미 이 책에서 대략적으로 설명되었다. 모든 문제들을 객관화하고, 당신이 기록해 둔 것에 입각한 사실적이고 상세한 논의를 하도록 주의를 기울여라. 문제점들만을 언급하거나 비판만 하지 말고, 해결책들을 제시하고 협상안을 도출하도록 노력하라. 상사와의 대화에서 감정적으로 폭발하거나 그 시간을 비난하는 기회로만 이용한다면 당신이 지는 것이다.

변화를 위해 협상을 할 때 관리 체제상 더 높은 지위에 있는 사람이나 인사 관리 부서를 연관시킬 수도 있을 것이다. 이 단계는 반드시 상사와 직접 심각하게 상황을 조정해 보려는 시도를 해본 후에 취해져야만 한다. 상사와의 문제에 다른 사람들을 개입시키는 것은 위험의 요소가 있는 전략으로, 신중하게 고려하지 않고서는 결코 사용하지 말아야 한다는 것을 명심하라.

□ 상사와의 싸움에서 당신이 이긴다면 그것은 당신의 커리어에 도움이 될 수 있다. 만약 진다면 그것은 당신의 승진 가능성을 망쳐 버릴 것이다.

문제를 상사보다 높은 지위에 있는 사람에게 가지고 가면 상사의 방어적인 대응이 있을 것임을 예상할 수 있다. 상사는 당신이 말썽을 일으키는 사람이라고 주장하고 당신을 나쁘게 말해 다른 어떤 간부들도 당신을 받아들이고 싶지 않도록 만들 수도 있을 것이다. 그는 자신을 변호할 것이며, 아마 이런 싸움에서 이길 수 있는 능력과 영향력을 가졌을지도 모른다. 당신은 이번 경우에는 이긴다 하더라도 결국에는 패배할 수도 있다. 대부분의 악랄한 상사들은 기억력이 좋기 때문이다.

다른 사람들을 개입시키는 것이 적절한 행동인가? 물론이다. 그렇지만 일어날 수 있는 위험에 대해서 고려하고, 충분히 생각하기 전에는 이러한 전략을 쓰지 마라.

2. 현실을 받아들여라

이 전략은 현실 상황을 받아들이라는 것이다. 불편하고 썩 좋지는 않지만 참을 만한 상황이고, 그렇게 처리하는 것이 당신에게 가장 유리한 방법임을 인식하라는 것이다. 완벽한 직장이라든지 완벽한 상사란 없다. 당신의 선택권이나 영향력이 제한되어 있다는 사실을 인정하는 것이 최선의 방법일 수 있다. 이 해결 방법은 먼저 직접적인 상사와의 협상 시도를 거치지 않고서는 사용하지 말아야 한다. 먼저 상황을 개선해 보려고 시도해 보지도 않고 그냥 받아들인다면 당신은 문제를 피하겠다고 결정한 것이고, 그렇다면 당신의 정신적 긴장과 분노는 빠른 속도로 거세어질 것이다. 이렇게 되면 장래의 어느 시점에 감정이 폭발하게 될 것이고, 부정적인 감정 표현을 자제할 수 없을 것이다. 그런 상황은 당신이 직업을 잃는 계기가 될 수도 있고, 승진 가능성을 심하게 손상시킬 수도 있다.

동료들이나 친구들에게 당신의 상사가 얼마나 나쁜 사람인지에 대해 불평을 늘어놓지 마라. 동료가 조금이라도 비밀을 누설한다면 그 결과는 치명적인 것이 될 것이며, 친구에게 불평을 토로하는 것도 도움이 되지 않는다. 당신을 지지하려고 그들은 귀를 기울이고 또 당신의 생각에 동조할 것이다. 이러한 행동은 당신의 감정과 확신을 더 강하게 만들어 줌으로써 당신의 독단적인 분노의 감정이 더욱 치솟게 만들어 상황을 악화시킬 뿐이다.

□ 다른 사람들의 조언을 신중하게 받아들여라. 다른 사람들은 쉽게 당신에게 직장을 그만두라고 말할 수 있고, 자기라면 상사에게 이렇게 말할 것이라는 식으로 말할 수 있다.

당신이 현재 상황을 받아들이고 악랄한 상사를 참아 내기로 결심했다면, 외부의 도움을 받거나 상담을 해보는 것이 도움이 될 것이다(고용자 원조 프로그램이나 당신의 종교 단체, 혹은 지역 사회에서 이용할 수 있는 여러 기관들을 통해 도움을 받을 수 있을 것이다). 까다로운 상사에게서 받는 스트레스나 부정적인 영향을 최소화할 수 있도록 전문가의 도움을 받아라.

전문가의 조언은 당신이 받는 손상을 최소화시킬 수 있는 방법을 적용하는 데 도움이 될 수 있다. 당신이 상사에게서 받는 영향력을 실제적으로 해소하기 위해 특정한 조처를 취하지 않는다면 당신의 상사는 당신을 망치고야 말 것이다. 악랄한 상사가 이기도록 하지 마라!

3. 이동하라

전임하든지 부서를 이동하든지 직장을 바꾸는 방법을 찾는 것이다. 만약 당신의 목표가 당신의 현재 직장에서 성공하는 것이라면, 이동 결정을 내리기는 쉽지 않을 것이다. 이 방법을 사용하려 한다면 아주 조심해서 결정을 내려라. 이동은 실제로는 문제에서 도망치는 것일 수도 있고, 어떤 사람들은 계속해서 그런 행동 방식을 선택하게 될 수도 있다. 이런 결정을 내릴 수밖에 없는 상황도 있겠지만, 이것은 개인적인 성장에 거의 도움이 되지 않는다. 당신이 옮겨 가기로 결심한다면 계획을 잘 세워 실천하고, 감정적으로 행동하지 말아야 하며, 당신에게 오는 첫 번째 기회를 그냥 받아들여서는 안 된다. 당신이 충동적으로 커리어를 망치는 행동을 하도록 악랄한 상사에게 조종당하지 마라.

4P

직장에서 바람직한 인간 관계가 어떠한 승진 전략에도 중요한 역할을 한다는 것을 깨달았을 것이다. 다른 사람들이 당신을 어떻게 평가하고, 당신의 승진 가능성에 대해 어떻게 생각하는지에 영향을 미칠 수 있도록 도와주는 몇 가지 방법이 더 있다.

당신의 부정적인 첫 반응을 드러내지 않도록 노력하라

부정적인 소식이나 나쁜 일에 대해 들었을 때, 잠재적으로 부정적일 수 있는 반응을 목소리로 표현하거나 표정으로 드러내지 않도록 노력하라. 다른 사람들이 당신의 부정적인 반응을 보고 불쾌하게 반응할 수도 있다. 이러한 첫 번째 반응들은 충동적이고 감정적이고 주관적이며 생각 없이 나온 행동들이다. 효과적인 전략은 당신이 반응하기 전에 평가할 시간을 갖는 것이다(옛날부터 써 오던 10까지 세는 방법도 나쁘지 않다). 만약 가능하다면 당신이 반응하기 전에 사건에 어떤 반응을 보일지를 분석할 시간적 여유를 보장해 주는 90분 원칙을 연상하라. 당신 스스로에게 말하라. "나는 이 문제에 대해 어떻게 반응할지를 90분 동안 생각하고 난 다음에 상황에 적절하게 반응할 것이다."

이런 방법이 분명 항상 가능한 것은 아니다. 특히 결정적으로 중요한 문제에 대해 들었을 때는 더욱 그렇다. 그렇지만 당신이 사람들이나 어떤 문제들에 대해 부정적이고 반사적인 반응을 보이는 것을 통제하기 위한 훈련을 할

수록 당신은 성숙하고 조심스러우며, 그런 반사적이고 충동적인 행동을 초월한 것처럼 보일 수 있다. (사과해야 할 일도 적어질 것이다!)

□ 당신의 의견은 90분 동안의 생각에서 나온 것이지 순간적인 감정에서 나온 것이 아니기 때문에 사람들은 당신의 발언이나 의견을 더욱 진지하게 받아들일 것이다.

부정적 격분을 토로하는 자리를 피하라

미국에서 인기 있는 오락거리는 이제 야구 경기가 아니라 '푸념하고 불평하는 것'이 되었다(라디오 쇼를 들어 보면 알 수 있을 것이다!). 다른 사람들이 이런 행동을 하고 있을 때, 이끌려 들어가거나 이런 부정적인 생각을 가진 사람들 중 일부로 간주되지 않도록 주의하라. 빨리 그 자리를 피하든지, 그 사람들이 긍정적인 대안이나 선택 사항에 주의를 기울이도록 만들어라. 대답 없이 듣기만 하지는 마라. 그러면 그들은 당신의 침묵을 동의로 받아들일 것이며, 그러면 당신도 그 불평을 늘어놓는 무리에 속하는 것으로 간주될 수 있다. 침묵하는 것만으로는 충분하지 않다. 당신도 그들과 관련되어 있다고 비난받을 수 있다. 단호히 반응하고 자리를 옮겨 끌려들어가지 않도록 하라. "나는 이런 부정적인 이야기들은 하고 싶지 않아. 나는 내 보고서나 마쳐야겠어."

□ 당신의 긍정적인 특성을 개발시키고 부정적으로 트집잡는 행동에 참여하지 않음으로써 당신 자신을 더욱 눈에 띄는 승진 후보자로 만들어라.

편들기와 파벌 만들기를 삼가라

다른 단체보다 한 특정한 단체를, 그들보다는 우리를, 다른 동아리보다는 한 동아리에 있는 사람들을 편애한다면 당신은 비난받기 쉬운 위치에 놓이게 된다. 내(內) 집단에 있게 된다면 유리하겠지만 권력과 영향력은 빨리 이동할 수 있다. 예를 들어, 회사 내에서 지도부가 변하게 되면 내 집단에 속해 있던 사람들은 그들의 자리를 보존하고 싶어하고 외(外) 집단에 있던 사람들은 더 많은 영향력을 확보하고자 노력하기 때문에 좋은 자리를 차지하려는 혼란이 수반된다. 잠재적으로 분열된 쪽을 피하고 가능한 한 모든 것을 계산하여 자리를 잘 잡아라. 모든 사람들과 협력하고 협조하며 어느 누구도 멀리하지 마라.

당신의 조직적인 연줄을 잘 이용하라

다른 사람들을 위하여 호의를 베풀어라. 만약 누군가가 강한 조직적 연줄을 가지고 있는 당신의 분야에서 특별한 도움이나 정보를 필요로 한다면 그들을 위해 당신의 인간 관계를 이용하라. 다른 사람들을 위해 어떤 일을 해주면 미래에 큰 도움이 될 것이다. 연줄이 많다는 것을 과시하고, 그것을 써서 도와줄 생각이 있다고 드러내라. 당신이라는 사람을 정보를 입수할 능력이 있고 문제를 해결할 수 있는 사람으로 인식시켜라.

다른 사람의 성공을 축하하고 그것에서 교훈을 얻어라

좀스러운 질투는 당신의 승진을 방해한다. 다른 사람의 성공은 당신에게는 배울 수 있는 기회이다. 다른 사람의 성공을 축하하고, 그들의 업적에서 최대한 많은 것들을 배우기 위해 노력하라. 결코 다른 사람의 성공에 위협을 느낀다든지 화를 내는 것처럼 보여서는 안 된다.

□ 당신의 회사 내에 모범이 될 만한 많은 커리어 성공 전략들이 있다. 그것들로부터 어떤 교훈을 얻을 수 있는가? 그런 성공을 어떤 식으로 본받을 것인가?

항상 비밀을 유지하라

당신이 개인적으로 비밀스러운 정보를 알고 있거나 당신의 직급상 신중을 요하는 기록들을 접하게 된다면 결코 그 신뢰를 배신하지 마라. 당신은 비밀스럽고 신중을 요하는 정보를 관리할 의지가 있고 능력이 있는 사람으로 보여져야 하고, 동료들에게 그들의 신뢰를 저버리지 않을 만한 인물로 인식되도록 만들어야 한다. 결코 이름이 알려지지 않은 정보 유출의 근원지나 비밀을 퍼뜨리는 사람으로 보여져서는 안 된다. 신뢰성이 손상되면 인간 관계도 무너지게 된다. 당신이 비밀을 지킬 능력이 없는 사람이라고 알려지게 된다면 당신은 더 많은 책임을 요하는 직급에 적합한 인물로서 진지하게 고려되지는 않게 될 것이다.

다른 사람의 품위 없고 무례한 대우를 결코 참지 마라

이것은 당신 자신의 행동뿐만 아니라 다른 사람들의 행동에도 똑같이 적용되는 것이다. 만약 한 개인이나 단체가 농담의 대상이 된다면 당신이 그런 주제에 불편함을 느낀다는 것을 드러내라. 눈에 띄게 당신의 불쾌감을 표현하고, 다른 사람들의 조소나 헐뜯음을 받아들이지 않겠다는 의사 표현을 하라. 효과적인 반응은 "나는 이런 이야기나 농담은 직장에서 할 만한 이야기가 아니라고 생각합니다. 다른 이야기를 하죠." 다른 사람들이 있든지 없든지 간에 항상 존중하는 태도와 품위를 유지하라. 만약 감정이 폭발하고 무례한 행동들이 나오게 된다면 다음과 같이 이야기하여 대처하라. "우리 모두 몇 분 간 마음을 진정시키도록 합시다. 그리고 나서 다시 이야기를 나누죠." 항상 품위 있는 행동을 하는 사람으로 보이도록 하라.

실패에서 성과를 찾도록 다른 사람들을 도와라

다른 사람들이 프로젝트를 망치거나 실패한다면 거기에 있을 수 있는 긍정적인 성과를 찾아내도록 도와라. 배울 수 있는 기회였다고 말하고 앞으로의 성공을 위해, 모두 협력해서 노력했다는 것과 연줄을 만들었다는 점을 강조하라. 실제로 결과가 얼마나 나빴건 간에 잘만 찾으면 얼마든지 좋은 점을 발견해 낼 수 있다. 다른 사람들이 그 좋은 점에 주의를 기울이도록 도와주어라.

좋은 점을 전혀 찾아낼 수 없다면 이번 실패를 일시적이고 바로잡을 수 있는 사건으로 보도록 돕고, 잊어버리고 다시 시작할 수 있도록 도와주어라.

□ 실패를 강조하고 '대실패'에 관여하는 것은 쓸데없는 행동이다.

다른 사람이 당신과 다른 의견을 제시할 수 있도록 하라

모든 사람들이 다 당신처럼 생각하는 것은 아니다. 그들은 그들이 원하는 대로 생각할 권리가 있다. 논쟁하고 토론하도록 부추겨라. 다른 의견은 어떠한 관계에도 도움이 되는 원동력이며, 의견 차이를 용납하지 못하는 사람으로 보이게 되면 당신의 승진 가능성은 떨어진다. 다른 의견을 인정한다는 것은 당신이 입장을 바꾼다는 것을 의미하지는 않는다. 단지 의견 차이를 확인하는 것 뿐이다. 다른 사람들에게 그들의 생각을 드러낼 기회를 주고, 만약 그 생각이 적절하다면 당신의 생각을 '전환'함으로써 융통성을 보여라. 자신과 다른 생각도 기꺼이 받아들이는 사람으로 보이도록 하라.

처리될 일에 집중하고, 그것의 완수 방법에 다른 사람들의 영향력을 허용하라

맡긴 업무가 어떤 방식으로 처리될 것인가에 대해 다른 사람들에게 최대한 많은 정보와 권한을 주어라. 최종적인 결과가 성공적이고 질적인, 시간적인, 금전적인 기준에 미친다면 그 일이 실은 어떤 식으로 완수되었는가에 대해 도대체 누가 신경 쓰겠는가! 당신의 주된 관심사도 최종적인 성과다. 다른 사람들이 일을 완수하는 방식을 결정하도록 허용하는 것은 그들이 더욱 열심히 일하도록 조장하며 앞으로도 당신과 함께 일하는 것을 선호하도록 만든다.

□ 사람들은 그들 자신의 생각에 반론을 제기하지는 않는다.

다른 사람들의 창의력을 고무하라

"만약 내가 이 일을 다른 방식으로 시도해 봤더라면 어땠을까? 효율성을 높일 수 있는 다른 방법이 있을까? 비용을 줄일 수 있을까? 다툼을 줄일 수 있을까?" 하는 질문을 항상 되뇌어라. 항상 회사와 모든 사람을 위해 작업 환경을 개선시킬 더 나은 방법을 찾는 사람, 다른 사람들과 연계해서 일하려 하는 사람으로 비춰지도록 노력하라. 다른 사람들이 시야를 넓히고 한계를 벗어나 생각하도록 도울 방법을 찾아라.

현직자가 제공하는 생생한 승진 조언

바버러 마운틀러는 오하이오 주 털리도우의 선 오일(Sun Oil Co.) 정유 회사 중서부 사업 본부에서 사내 효율성 및 연수 담당 책임자로 일하고 있다. 우리는 직원들이 성공에 대비하기 위해 그녀의 부서에 어떤 종류의 연수 프로그램을 요청하고 있는지에 대해 물었다. 그녀는 다음과 같이 대답했다.

우리 회사는 사람들의 기술적 능력을 몇 년에 걸쳐 개발시키는데, 주로 기술적인 데에 초점을 맞추고 있습니다. 우리 회사의 중역들은 사람들의 지도력과 사업 능력을 훨씬 낮은 직급에 있을 때부터 개발시켜야 한다는 사실을 깨달았습니다. 우리 회사가 고도로 기술적인 회사임에도 불구하고 우리 부서는 이러한 능력들을 향상시키도록 요청받고 있습니다. 우리는 지도자가 되기 위한 기술을 개발시키고 있는데, 그것들은 팀을 구성하고 운영하는 기술, 사람들 사이의 의사 소통 기술, 협상하고 일을 쉽게 풀어 나가는 기술, 권한을 위임하고 문제를 해결하는 기술, 효과적인 갈등 해소 기술과 같은 것을 포함하며, 재무와 관계없는 사람들이 재정적인 문제와 산업 경제와 같은 것들을 이해할 수 있도록 사업 능력도 함께 향상시키고자 노력하고 있습니다. 우리는 우리 회사의 기술진들을 사업 능력이 있는 직원으로, 그리고 지도자로 키우는 데 치중하고 있습니다.

승진하고자 노력하는 사람이 누구를 모범으로 삼아야 할지를 추천해 달라고 요청하자 바버러는 다음과 같이 자신의 생각을 말했다.

　　무엇보다 먼저 제가 하고 싶은 말은 당신이 회사에서 지금 하고 있는 일에 대한 숨김없고 솔직한 의견을 줄 수 있고 남들이 당신의 커리어를 방해하는 것이 무엇이라고 생각하는지를 말해 줄 수 있을 정도로 충분히 높은 직급에 있는, 당신이 신뢰할 수 있는 사람을 찾으라는 것입니다. 기술적인 능력부터 사람과의 문제점, 또는 어떠한 종류의 기술이나 능력 부족까지 모든 것을 지적해 줄 수 있는 사람 말입니다. 인사 관리 부서에서 제가 경험한 바에 따르면 사람들의 단점은 당사자들만이 파악하지 못하고 있으며, 그들은 자신들의 커리어가 발전하지 못하는 이유를 알지 못합니다. 일단 그 이유를 알게 되면 이러한 결함들을 극복하도록 도와줄 수 있는 수단을 강구해야 합니다. 자신들의 취약한 부분에 정통한 다른 사람들을 찾아 조언을 부탁할 수도 있고, 책이나 테이프, 비디오를 이용한다든지, 수업을 수강한다든지, 독학 교재를 이용하는 다른 수단을 이용할 수도 있으며, 단순히 능력 있는 다른 사람들을 관찰하는 것도 도움이 될 수 있습니다. 저는 교대로 할 수 있는 일시적인 업무를 할당받아 보는 것도 커리어 개발에 좋은 시도라고 생각합니다. 대부분 그런 일들은 중요하지 않은 업무들이지만, 당신에게 부족한 부분을 보완해 줄 수 있는 기회가 될 수도 있고, 이러한 새로운 기회는 회사에서 당신을 눈에 띄게 만들며 다른 사람들이 하지 않았던 특별한 영역에 공헌하게 만들 수도 있습니다.

바버러는 또한 프레젠테이션 기술을 매우 강조한다.

　　당신은 기술적인 측면에서는 영리하고 똑똑하며 철저하게 공헌했을 수도 있습니다. 그러나 만약 당신이 하고 있는 일에 대해 의견을 잘 전달하지 못하고, 특히 고위 간부들과 함께 있는 것을 불편하게 여긴다면 당신은 승진하는 데 문제를 가지게 됩니다. 저는 판매 기술뿐만 아니라 프레젠테이션 기술이 상부가 당신을 주목하도록 만들고, 당신이 회사에 가져다 주고 있는 이득에 대해 이해하도록 만드는 데 결정적인 역할을 한다고 생각합니다.

바버러는 또한 칭찬을 함께 나누고 다른 사람들을 개발시키는 일의 중요성에 대한 자신의 생각을 피력했다. 그녀는 다른 사람의 공로를 자신의 것으로 돌려서는 안 된다고 강조하고, 모든 사람들이 칭찬의 말을 듣도록 주의를 기울이라고 했다. 그녀는 다음과 같이 말했다.

만일 그것이 나 개인의 노력이 아닌 '우리'의 노력이었다면 반드시 그 공로를 마땅히 돌아가야 할 곳으로 돌리도록 하십시오. 제가 실제로 본 승진한 간부들은 다른 사람들을 진급시키고 그 사람들을 자신의 후계자로 훈련시키는 데 관심을 가진 사람들이었습니다. 이것은 어떻게 보면 역설적이라고 할 수도 있을 것인데, 당신이 다른 사람들의 능력을 향상시키는 것은 바로 당신이 앞으로 나아갈 기회를 만드는 것과 같습니다. 사람들은 종종 자신의 자리를 대신 맡아 줄 사람이 없기 때문에 승진하지 못하고 그 자리에 머물러 있게 됩니다. 그래서 제가 본 바에 따르면 승진하는 사람들은 정말 다른 사람들을 발전시키는 데 치중하는 사람들이라고 할 수 있습니다.

바버러는 계속해서 다음과 같이 말했다.

저는 커리어를 발전시킬 기회를 만드는 것은 여성들이 도전해 볼 만한 과제라고 생각합니다. 남성들이 다음 단계로 나아가려고 노력하는 반면, 여성들은 그들이 맡은 일을 아주 잘 해내는 데만 치중합니다. 저는 여성들이 정말 지금 하는 일을 잘 해내는 것뿐만 아니라 후임자를 키우는 데에도 관심을 기울이고, 다음 단계로 성장하는 데에도 주목해야 한다고 생각합니다. 여성들은 종종 현재 하고 있는 일을 완벽하게 잘 하는 데 지나치게 치중하고, 자신들이 어디까지 성장할 수 있을까에 대해서는 충분히 생각하지 않는 경향이 있습니다.

마지막으로 바버러는 다음과 같은 의견을 제시했다.

커리어 향상에서 자기 동기 부여는 중요한 요소입니다. 저는 다른 사람들이 당신을 어떻게 보는지, 그리고 당신이 어떤 프로젝트나 팀, 혹은 회사에 중요한 존재로 간주되는지 어떤지를 결정하는 것은 당신의 긍정적이고 적극적인 태도라고 생각합니다. 그리고 그런 적극성은 실재적인 업적으로 뒷받침되어야겠지요. 어떤 개인이 그 두 가지 요소를 모두 갖추고 있다면 그 사람은 높은 잠재력을 가진 직원으로 평가될 것입니다. 저는 항상 불평만 늘어놓고 말썽만 일으키는 사람이 아니라 열정적이고 적극적이며 문제를 해결하려 하는 사람들을 주위에 두고자 노력합니다. 만약 긍정적인 성향의 사람들이 당신 주위에 많이 있다면 그런 성향이 당신에게 전염될 수 있다고 생각합니다. 저는 불만에 가득 차 있는 사람, 우울해하고 낙심하는 사람들을 멀리하려 노력합니다.

바버러는 확실히 개인의 우수한 업무 수행 능력과 성공적으로 대화할 수 있는 능력과 함께 상호 관계를 맺는 뛰어난 기술이 승진 가능성의 토대가 된다고 믿었다. 그녀는 또한 자기 동기 부여의 중요성에 대해서도 언급했다. 제 8장에서 우리는 긍정적인 관점을 유지하고 당신 자신에게 계속해서 동기를 부여하는 중요한 요소들에 대해 이야기할 것이다. 승진할 가능성이 높은 사람들은 다른 사람들이 자기에게 동기를 주기를 기대하지 않는다. 그들은 스스로 자신을 최고의 위치로 끌고 갈 강한 내부적 동기를 부여하고 개발한다.

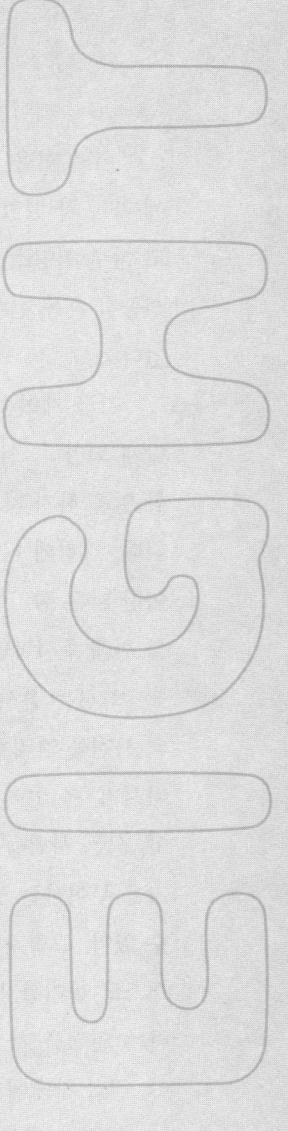

제 8 장
내적 동기 부여

ㅈ 제이슨은 거의 2년 동안 한 판매 회사에서 일했다. 그 곳은 그가 대학을 졸업하고 얻은 첫 직장이었다. 자신의 일을 잘 해내려는 의지에 가득 차 있었고 고무되어 있었던 시기도 있었지만, 동기 부여도 잘 되지 않고 아주 실망스러운 시기도 경험하게 되었고 종종 낙담하기도 했다. 대학에서 성공한 운동 선수였던 제이슨은 코치들에게 계속 자극을 받는 데 익숙해져 있었다.

지금 제이슨은 현재 상사가 그런 역할을 해주지 않으면 화가 나는 것을 알게 되었다. 실망하여 상사와 나눈 대화에서 제이슨은 "당신은 당신이 해야 할 일을 하지 않고 있어요. 당신은 내 상관이고, 나에게 동기를 부여해야만 합니다. 그런데 나는 이 일을 잘 해낼 수 있도록 자극을 받지 못하고 있습니다. 어떤 날은 심지어 직장에 오고 싶은 마음도 들지 않습니다. 당신이 무슨 조처를 취해 주셔야만 합니다."

상사는 잠시 생각하더니 가까운 책장에 눈에 띄게 놓여 있는 그의 어머니의 사진을 가리켰다. "제이슨, 이 사진 속의 여성이 보이나? 저분은 나의 어머니시지. 우리 어머니는 자네에게 자극을 주라고 배 아프게 나를 낳은 게 아니야. 모든 사람들은 스스로에게 동기를 부여할 책임이 있어. 나는 자네에게 동기를 부여하는 것이 무엇이든지 간에 자네가 그것을 추구하려는 것을 도와줄 수 있어. 그렇지만 내가 자네에게 동기를 부여해 주기를 기대하지 말게. 나는 스스로 동기를 부여하도록 모든 노력을 다했네. 자네가 맡은 일을 잘 해내겠다는 열정을 가지고 매일 잠에서 깨어나든지 아니든지 간에 그건 자네 문제야. 결국 자네에게 그런 열정을 불어넣을 사람은 자네 외에는 아무도 없네!"

많은 사람들이 제이슨처럼 자신에게 동기를 부여하는 것은 다른 사람이 해야 할 일이라고 생각한다. 어릴 때는 부모, 선생님, 코치가 동기를 부여해 줄 수 있지만, 오늘날 직장에서 성공하려면 매일매일 스스로 동기를 부여해야 한다.

어떤 사람들은 외적 동기 부여자 역할을 맡아 해주는 사람들이 있다. 이 사람들의 말에 귀를 기울이면 자극을 받기도 하고 자신의 행동을 변화시키거나 업무 수행을 뛰어나게 향상시키고 싶은 의욕이 생기기도 한다. 그러나 그 사람들이 주는 자극은 보통 단기적인 것이다. "누구 누구를 위해서 열심히 해라."라는 식의 격려는 목표가 단기적인 경우에는 효과적이지만, 전체적인 업무 수행 능력을 향상시키겠다든지 승진하겠다든지 하는 장기적인 목표에 적절하지 않다. 장기적인 목표를 달성하는 데는 단기적인 효과를 내는 감정적인 격려는 도움이 되지 않는다.

동기를 부여하는 것은 당신이 책임져야 할 문제이다. 계속 집중하고 업무를 수행해 낼 준비를 갖춘 상태가 되도록 하기 위해 다른 사람에게 의존하고 있다면 당신은 결국 쓰라린 실망을 맛보게 될 것이다. 다른 사람들이 당신에게 동기를 부여하도록 함으로써 당신에게 영향력을 휘두르고 권력을 행사하도록 하지 마라. 만약 그렇게 한다면 당신은 부정적인 의도에 쉽게 노출되어 다른 사람들의 조종을 받게 되기 쉽다.

□ 당신에게 동기를 부여할 책임이 있는 사람은 당신이 거울을 볼 때마다 대하는 바로 그 사람이다.

여기 스스로에게 동기를 부여하는 기술을 개발시키기 위해 고려해야 할 몇 가지 전략이 있다.

장기적인 목표를 세워라

장기적인 목표를 명확히 세우고 궁극적인 성공에 집중하는 것이 가장 충실히 동기를 부여해 줄 것이다. 커리어 향상과 발전은 장기간의 인내력을 요구하는 과제이지 단기적인 단거리 경주가 아니라는 것을 깨닫는다면, 당신은 계속해서 자신에게 동기를 부여하고 목표를 이루어 가는 과정에서 매일 겪게 되는 장애물을 최소화시킬 수 있게 된다. 목표가 단기적인 것이라면 당신의 동기도 잘 바뀌게 되고, 지속적으로 동기를 부여해 줄 필요가 있게 된다. 당신은 어떤 목표를 정하고, 그것을 빨리 달성해 버리고, 그리고 나서는 스스로에게 묻게 된다. "이제 난 뭘 해야 하지?" 목표와 동기를 다시 만들어 내는 것은 항상 힘 빠지는 일이다. 목표가 장기적으로 세워지면 동기도 지속적이고 쉽게 유지될 수 있게 된다. 결심을 굳게 하고 꾸준히 노력할 때 성공할 수 있는 것이다.

오늘날 직장의 속도에 보조를 맞추려고 노력할 때, 직장에서 스트레스를 받을 때, 스스로에게 이런 질문을 해보라. "왜 나는 이 일을 하고 있는가? 왜 나는 이렇게 열심히 일하고 있는가? 왜 나는 다른 사람들보다 훨씬 더 열심히 일하고 있는가?" 만약 당신이 장기적인 목표를 가지고 있지 않다면 이 질문에 만족스럽게 답하지 못할 것이며, 그 결과 자동적으로 당신의 동기는 곧장 추락할 것이다. 당신이 세운 목표에 근거하여 이 질문들에 명확히 대답할 수 있다면 매일 경험하는 좌절감과 실패는 최소화되고, 인생이라는 길에서 만나는 단지 속도를 늦추는 장애물로밖에 기능하지 못할 것이다.

자기 자신과 경쟁하라

그렇다. 회사 내에 당신의 경쟁자들, 특히 당신이 원하는 것과 같은 기회를 노리고 승진하기를 원하는 사람들이 있을 것이다. 만약 다른 사람들이 당신보다 나은 기술이나 능력을 가지고 있다고 생각하거나 그들이 더 강력한 정치적 입지를 가지고 있다고 간주한다면 당신은 쉽게 낙담할 수 있다. 이러한 생각은 동기를 빠르게 저하시킬 것이다. 실제로 당신은 주위 사람들이 가지고 있는 능력이나 기술, 상태를 좌지우지할 수 없다. 단지 자신의 능력만을 통제할 수 있는 것이다! 당신의 과제는 매일 당신의 업무 수행 능력을 향상시키는 것이다. 통제할 수 있는 일에 집중하면 동기도 급격하게 상승할 것이다. 당신이 어쩌지 못하는 일에 대해 고민하는 것은 동기 부여에 해가 될 뿐이다. 선택은 당신의 것이다.

□ 당신의 최대 경쟁자는 거울을 볼 때마다 당신을 마주보는 바로 그 사람이다.

성공을 축하하라

업무 수행 능력을 향상시키고 승진할 수 있는 지위로 끌어올리고자 노력할 때, 이미 성공한 부분에 대해서 축하하는 것이 중요하다는 사실을 결코 잊지 마라. 현재의 업무 능력이 높다는 것을 인지하고 과거의 업적을 축하하라. 더 잘할 수 있을까? 물론이다. 그렇지만 "지금도 그렇게 나쁘지는 않다."는 것도 사실이다. 당신의 여정은 아주 길지만 당신은 어제보다, 지난주보다, 지난달보다, 지난해보다 오늘 더 잘 해내고 있다.

□ 스스로를 비난하면 의욕은 빠른 속도로 저하하게 된다.

자신이 가진 능력을 축하할 시간을 갖지 않고 지속적으로 "더 잘해야 해. 더 잘해야 해. 더 잘해야 해…."라고 되뇌는 것은 "아직 부족해. 아직 부족해. 아직 부족해…."라고 계속해서 자신에게 부정적인 메시지를 보내는 것과 같다.

보통 8피트 높이를 뛰어넘는 어떤 장대높이뛰기 선수가 지속적으로 10피트 높이를 뛰어넘을 수 있도록 실력을 향상시키고 싶어한다면, 그 사람은 장애물을 한 번 만에 2피트나 올리지는 않는다. 어느 누구도 한 번 만에 그렇게 실력을 향상시킬 수는 없다. 장애물은 8피트에서 8피트 2인치로 조금 높아진다. 한 번 성공적으로 넘으면 우연한 것으로 간주하지만, 두 번 연속해서 성공하면 자신의 새로운 기록으로 삼는다. 그리고 나서 그는 자신의 성공을 축하하고 장애물을 2인치 더 높인다! 그는 실력을 향상시키기 위해 점진적으로 자신에게 도전한다. 2피트 실력을 향상시키는 것은 실제로 한 번에 2인치씩 성공할 때마다 자신의 성공을 축하할 12번의 기회를 가지는 것이다! 지속적인 비난과 실망감보다는 지속적으로 성공을 경험하고 축하하는 분위기 속에서 더 쉽게 동기가 부여된다.

가장 먼저 완수해 내지 못하는 사람들을 모욕하는 분위기 속에서는 동기 부여가 잘 되기 힘들다. '이등은 꼴등에 지나지 않는다.'는 식인 사람들의 일반적인 태도에 대해 생각해 보라. 당신이 두 번째로 일을 마쳤다고 해서 당신은 스스로를 패배자로 보는가? 아니면 두 번째로 일을 마친 것에 대해 스스로를 축하하고, 그리고 나서 다음번에는 실력을 향상시키고 이길 수 있도록 노력을 다하는가? 이등은 패배자가 아니다. 그들은 실력을 향상시켜야 할 과제에 직면한 성공적인 사람들이다. 동기를 잃고 다시 시도할 용기를 가지지 못한 사람들이 패배자라는 범주 안에 들어간다! 당신이 자신을 비판하면 할수록 당신의 동기는 저하될 것이다. 현재의 자신에게, 그리고 당신이 앞으로 어떤 존재가 될 수 있는가에 주의를 기울여라.

□ 당신이 자신의 성공을 축하할수록 스스로에게 더 많은 동기를 부여하게 될 것이다.

실패와 나쁜 경험을 긍정적인 시각으로 보라

실망감과 좌절, 실패는 오늘날 직장에서 일상적으로 경험하는 것들이다. 상황은 항상 원하는 대로만 풀리지는 않는다. 위기, 문제, 화급한 마감은 좌절감을 일으키게 하는 것들이지만, 이런 부정적인 경험들이 자신의 인생관을 지배하지 않도록 하는 것이 중요하다. 이러한 현실이 예상할 수 있는 것이고 피할 수 없는 것인 반면, 당신이 그것들 때문에 비참함을 느끼게 된다든지 그것들에 휘둘리게 된다든지 하는 문제는 당신이 선택할 수 있고 거부할 수도 있는 것이다. 오늘날 미국에서 가장 유명하고 성공적인, 동기에 대해 이야기하는 연설가 중 한 사람인 W. 미첼은 그가 서명할 때 남기는 메시지로 다음과 같은 말을 쓴다. "당신의 인생에 어떤 일이 일어났는지가 중요한 것이 아닙니다. 당신이 그것을 어떻게 처리하기로 결정했는지가 중요합니다." 그는 개인적 비극을 경험한 사람이다. 여러 사람들을 파멸시켰던 건강을 쇠약하게 만들고 외모를 일그러뜨리는 병으로 고통받았지만, 그는 자신의 문제들에 대해 긍정적인 시각을 유지함으로써 역경을 이기고 큰 성공을 거두었다.

마틴 셀리그먼 박사는 그가 쓴 책 「뒤늦게 배운 낙천주의」에서 긍정적이고 낙천적인 사람들은 나쁜 일들을 영원히 지속되는 것으로 또는 파급되는 것으로 보지 않고, 일시적이고 특정한 문제라고 간주하는 경향이 있다고 말했다. 실망감, 좌절감, 실패가 나쁜 결과를 초래하는 것이 아니라 아주 특정한 어떤 사건이나 부분에만 제한적으로 영향을 미친다는 사실을 인식하는 것이 동기 부여에 중요하다. 어떤 프로젝트가 잘 풀리지 않는다고 해서 손대는 모든 일이 실패한다고 볼 수는 없는 것이다. 나쁜 일은 받아들이고, 다른 많은 좋은 일에 생각을 집중하라. 문제점들을 당신이 성공적으로 해결해야 할 과제로 보고 멀리 두어라. 지속적으로 스스로에게 "이것도 역시 지나가 버릴 일이야."라고 상기시켜라. 문제점들을 해결할 수 없는 것이나 계속 진행되는 것으로 인식하는 행동은 의욕을 저하시킬 뿐이다.

이미 언급했듯이 문제점들과 실망감, 좌절감에 대처하는 모든 가능한 방법들에 대해 생각해 보는 것이 동기를 유지하는 데 매우 중요하다. 다른 선택의 여지가 없다고 보고 자신들은 어떠한 영향력이나 통제력도 없는 사람이라고 간주하는 사람들은 희생자가 된다. 스스로를 그런 식으로 희생시키는 행동은 의욕을 저하시킨다.

동기를 고양시키는 세 가지 방법 실천

스스로에게 동기를 부여하는 데 도움이 되는 어떤 간단한 활동(10분도 걸리지 않는)을 할 수 있는가? 어떤 사람들은 이런 일을 할 것이다.

- 동기를 고양시켜 주는 책을 읽는다.
- 기술을 향상시켜 줄 수 있는 정보를 다시 본다.
- 동기를 고양시켜 주는 테이프를 듣는다.
- 종교적인 책을 읽거나 음악을 듣거나 기도를 한다.

빠르게 동기를 부양시켜 주는 것이 무엇인지를 확인하고, 그것을 매일 적어도 세 번은 반복하라.

- 아침에 출근하기 전에
- 오전의 중반(오전 10시~10시 30분) 경에
- 오후의 중반(오후 2시 30분~3시) 경에

잠시 의욕을 고양시키는 것은 마음가짐을 다시 집중시켜 줄 것이며, 감정을 상승시키도록 격려해 줄 것이다(그것은 커피의 강한 카페인보다도 효과가 좋다!).

코트니는 금융 회사의 중간 간부이다. 그녀의 옷차림 방식이나 행동은 매우 보수적이다. 그녀는 집중하는 데 도움이 되도록, 그리고 자신의 스타일이나 취향의 이미지를 유지하기 위해 사무실에 항상 클래식 음악을 틀어 놓는다. 흥미롭게도, 그녀는 적어도 하루에 두 번 정도는 사무실 문을 닫고 헤드폰을 쓴 다음 가장 좋아하는 로큰롤 음악을 5분 동안 큰 소리로 듣는다. 그녀는 말한다. "그렇게 하는 것이 정말 내 피가 솟구치게 만들고 하루의 과제를 정면으로 직면할 수 있도록 동기를 부여해 줍니다!" 당신은 지속적으로 당신의 의욕을 새롭게 하기 위해 무슨 일을 할 수 있는가? 자신에게 동기를 부여하는 것은 다른 누군가의 의무가 아니라 당신 자신이 해야 할 일이다!

신체 건강 유지

신체적 건강과 의욕 사이의 연관성은 부정할 수 없는 것이다. 신체적인 건강을 관리하지 못한다면 의욕과 긍정적인 태도가 가장 먼저 사라질 것이고, 업무 수행 능력도 뒤따라 사라지고 말 것이다. 피곤함을 느끼거나 신체적으로 과제를 해결할 능력이 없을 때 의욕을 느끼기는 아주 어렵다고 할 수 있다.

신체적 건강을 유지하기 위해 주로 고려해야 할 네 가지는 식사, 휴식, 운동을 하고, 무엇인가를 남용하는 습관을 그만두도록 노력하는 것이다.

약물 남용

어떤 물질을 남용한다든지 나쁜 행동 습관을 가졌다든지 하는 것은 장기적으로 건강과 커리어에 심각한 해를 끼칠 것이다. '모든 것들을 적당하게' 라는 원칙이 어떤 상황에서는 적절한 것이 될텐데, 불법적인 것과 경계선 상에 있는 것이라면 어떤 것이든 당신의 건강을 해칠 뿐만 아니라 그것에 수반되는 법적인 분규는 커리어 성장을 영원히 방해할 것이다. 판단력을 이용하라. 그렇게 하지 않음으로써 당신 자신을 범죄자로 만들지 마라. 그리고 만약 도움이 필요하다면 도움을 요청하라.

□ **약물을 남용하거나 불법적인 행동을 하는 것으로 의심받게 되면 커리어를 망칠 것이다. 부정의 흔적만 있어도 그 자리를 피하라.**

스트레스의 효과적인 관리

스트레스를 잘 관리하는 것이 업무 수행이나 성공, 그리고 승진 가능성에 결정적으로 중요하다. 만약 당신이 과도하게 스트레스를 받고 있거나 현재 직책의 압박을 견디지 못하고 있다면, 또는 그렇게 생각하고 있다면 다른 사람들이 당신에게 훨씬 더 노력을 요하는 업무를 맡기려고 고려하고 있다는 생각만으로도 정말 긴장될 것이다. 직장에서 받는 스트레스 처리를 도와줄 수 있는 몇 가지 기술들이 다음에 있다.

스트레스 분석

당신이 받는 스트레스의 원인을 분석하라. 원인은 사람들마다 다 다르다. 당신에게 스트레스를 주는 것이 무엇인지 아는가? 당신의 스트레스의 원인은 이것인가?

- 업무상 요구하는 것이 바뀌었기 때문인가?
- 개별적인 사람들이 원인인가?
- 개인적인 생활에서의 분규인가?
- 재정적 압박인가?
- 지나치게 화급한 마감 시한이 문제인가?

스트레스의 주된 원인이 무엇인가를 진단할 수 있으면, 효과적인 예방책과 조정 전략 개발이 가능해진다. 진단하는 것이 가장 중요하다.

스트레스 예상

잠재적으로 스트레스를 주는 상황에 대한 당신의 반응을 미리 계획하기 위해 별도로 어떤 조치를 취할 수 있는가? 무엇이 당신의 스트레스를 높이는지를 안다면 스트레스를 주는 현실에 직면했을 때 다르게 반응하기 위해, 그런 상황에 제한적으로 노출되도록 어떤 식으로 대비할 수 있을까? 미리 계획함으로써 그 상황에 부정적이고 충동적으로 반응하기보다 사전에 어떤 행동으로 반응할지를 선택할 수 있다.

싸울 만한 가치가 있는 전투 선택

상황 판단하는 법을 배우라. 모든 상황이 다 도전해 볼 만한 가치가 있는 것은 아니며, 모든 전투가 다 싸울 만한 가치가 있는 것도 아니다. 현명하게 선택하라. 만약 어떤 상황이 당신에게 정말로 중요하다면 조직적이고 성숙한 방식으로 그렇다고 알려라. 중요도와 영향력에 따라 우선순위를 매겨라. 바르게 평가하는 능력을 기르고, 중요하지 않은 상황이나 사건은 지나가도록 두어라. "사소한 일에 땀 흘리지 마라."

노는 데 시간을 할애하라

생활에서 기분 전환거리들을 유지하라. 가족 문제, 개인적인 문제, 직장에서의 문제들을 균형 있게 유지하라. 테이블의 다리 하나가 길이가 다르다면 그 테이블은 기울어질 것이다. 우리의 삶도 그렇다. 어떤 순간에 우리의 삶에서 특정한 요소가 우위를 차지하고 집중을 요하게 될지도 모르지만, 지속적으로 한 가지를 다른 것들보다 강조하는 것은 장기적으로 손해를 가져온다. 바람직한 균형을 유지하고 즐겁게 지내라!

□ 일하기만 하고 놀지 않으면 당신은 바보가 된다. 그리고 가까이 지내기에는 그다지 재미없는 사람이 된다.

완벽을 추구하려는 습관을 버려라

완벽해야 한다고 스스로를 압박하지 마라. 완벽주의는 유지될 수 없는 것이고, 궁극적으로 그렇게 되려고 노력하는 사람들을 지치게 만든다. 실수는 개인적인 약점이나 무능력함을 드러내는 것이 아니다. 실수는 성장과 개발이 필요하다는 것을 나타내는 지표이며, 교훈을 얻을 기회를 제공해 준다. 기꺼이 위험을 감수하고 자신의 실수에서 교훈을 배우려는 사람들에게 당신이 감탄하듯이, 당신도 그런 감탄을 받을 기회를 가져라.

□ 스스로 만들어 낸, 개인적으로 완벽해지려는 욕구는 종종 주도권을 잡거나 위험을 무릅쓰려는 의향을 만들어 내는데, 그런 것들은 승진 가능성을 높이는 데 도움이 되지 않는다.

긍정적인 인간 관계 선택

당신 주위에는 아주 긍정적이고 창의적이며 당신의 기분을 고양시키는 사람들이 있을 것이다. 그들은 당신의 동기 부여에 기여한다. 그 사람들과의 관계를 향상시키고 그들의 충고를 받아들여라. 그리고 그들이 있는 곳에서 최대한 많은 자유 시간을 보내도록 하라. 그들은 계속해서 성공을 거두고 열정적이며 긍정적으로 스스로에게 동기를 부여하는 사람들로서, 그들의 태도는 전염된다. 이런 긍정적인 성격을 가진 사람들과 가능한 한 많이 만나라.

까다로운 사람들을 성공적으로 관리

어떤 사람들은 당신에게 도움이 될 수도 있고, 어떤 사람들은 당신을 파멸시키기도 한다. 당신 주변에 있는 부정적인 사고를 가진 사람들과 최대한 거리를 두어라. 항상 푸념하고 불평을 늘어놓고 다른 사람을 비판하는 사람들은 궁극적으로 부정적인 영향을 미칠 것이다. 그들은 결국 당신을 의기소침하게 만들 것이다. 당신에게 일어나는 변화를 알아차리기는 힘들 것이다. 왜냐하면 그것은 해변을 침식해 들어가는 바닷물과 같은 것이기 때문이다. 매일매일 일어나는 변화를 볼 수는 없겠지만, 해마다 얼마나 변했는지를 살펴본다면 당신은 상당히 많은 변화가 있었다는 것을 알게 된다. 당신의 의욕과 긍정적인 태도는 해변에 위치한 아주 귀중한 자산과도 같은 것이며, 주변의 부정적인 사고를 가진 사람들은 당신의 해변을 빼앗아 가려고 노력하는 사람들이다. 그 사람들이 그런 행동을 하도록 두지 마라. 그들의 행동이 의도적이든 아니든 간에 까다로운 사람들은 당신의 동기를 심각하게 저하시킬 수 있다. 그들이 잠재적으로 미치는 나쁜 영향을 해소할 방법을 개발하면 생활은 훨씬 더 편안해질 수 있다.

□ **까다로운 성격의 사람들이 당신의 생각이나 업무 수행, 승진 가능성을 좌지우지하거나 부정적인 영향을 미치도록 허용하지 마라.**

방어적인 사람들

오늘날 직장에는 방어적인 행동을 하는 사람들이 정말 많이 있다. 방어적인 행동의 전형적인 예는 책임이 없다고 부정한다든지, 몰랐었다든지, 충분한 정보를 받지 못했다고 주장하고 다른 사람들을 비난하며 부당하게 표적이 되었다고 주장하는 것이다. 방어적인 행동을 하는 사람들은 심지어 그들이 책망받지 않았는데 어떤 일에 대해 결백하다고 항변하기도 하며, 그런 항변에 뛰어나다. 만약 당신이 그들에게 왜 일이 아직 마무리지어지지 않았는지 물어본다면 그들은 얼마나 오랜 시간 동안 일하고 있는지, 얼마나 스트레스를 받고 있는지, 아무도 자신들만큼 열심히 일하지 않는다는 것들에 대해 이야기하며 대답을 회피한다. 그들은 완수되지 못한 일에 대해 이야기하고 싶어하지 않기 때문에 그 일을 제외한 다른 일들에 대해 이야기하려고 노력한다. 사실 방어적인 행동은 대화의 주제를 바꾸려고 하는 것에 불과하다. 지금의 대화 주제가 마음에 들지 않기 때문에 그들은 도발적이고 엉뚱한 말과 행동을 해서 주의를 딴 곳으로 돌리려고 하는 것이다.

방어적인 행동을 하는 사람들은 당신을 아주 실망스럽게 만들기는 하지만, 그런 사람들은 쉽게 대처될 수 있다.

- 결코 그들과 논쟁하거나 틀렸다고 말하지 마라(그것이 바로 그들이 기다리던 말이다). 그들의 행동은 당신을 화나게 만들기 위해 의도된

것이며, 당신이 그들의 행동에 반응한다면 그들은 성공적으로 쟁점에서 벗어나게 되는 것이다!

- 결코 그들의 말을 무시하지 마라. 만약 그렇게 한다면 그들은 당신이 귀를 기울이지 않는다고 생각하고 당신이 어쩔 수 없이 대답할 때까지 계속해서 같은 말을(보통 점점 더 크게) 반복할 것이다.

- 결코 그 사람들의 의견에 동의하지 마라. 만약 그들의 말에 동의한다면 그 사람들이 이기게 되는 것이며, 대화는 어떠한 긍정적인 결말도 이끌어 내지 않은 채 끝나 버릴 것이다.

가장 효과적인 전략은 인정하고 다시 집중시키는 것이다. 그들의 주장을 먼저 인정한 다음, 말하고자 하는 것에 다시 초점을 맞추도록 유도하라. "에릭, 당신이 얼마나 열심히 일하는가에 대해 저도 대화를 나누고 싶지만, 먼저 어제 마쳐지지 않은 일에 대해 이야기를 나눈 다음 그것에 대해 이야기한다면 더 좋겠네요." 그들의 주장을 비판적이지 않으면서 빈정대지 않고 생색내지 않는 듯한 목소리로 인정하고, 당신이 원하는 주제에 다시 집중하도록 만들어야 한다. 이야기를 마치고 나면 그들이 주장했던 것에 대해 이야기를 나누자고 말해 보라. 그들은 거의 자신들이 제기했던 문제에 대해 이야기하고 싶어 하지 않을 것이다. 그들이 제기했던 문제는 대개 꾸며 낸 것이고, 주의를 돌리려고 의도된 것이다. 때문에 당신의 주의를 돌리는 데 실패했다면 그 주제는 더 이상 중요하지 않은 것이다.

인정하고 다시 집중시키는 전략을 대체로 세 번이나 네 번쯤 성공적으로 사용한다면 그들은 방어적인 행동을 더 이상 하지 않게 될 것이다. 일단 그 방법이 효과가 없다는 것을 깨닫게 되면 그들은 방어적으로 행동하지 않게 되는 것이다.

다른 사람들을 조종하려는 사람들

다른 사람들을 조종하려는 성향을 가진 사람들이 영향력을 미치고 당신을 조종해서 동의나 합의를 얻어 내기 위해 사용하는 네 가지 주된 행동들이 있다.

죄의식에 호소

다른 사람을 조종하는 사람들의 좌우명은 "모든 수단이 실패하면 죄의식을 자극하라."는 것이다. 죄의식에 호소하는 방법은 보통 현재의 문제에 대해 양보하거나 합의하도록 옛날 일을 들추어 내는 것이다. 과거에 그들이 해주었던 모든 일들을 언급하며, 당신이 그들에게 빚을 졌기 때문에 그렇게 해야 한다고 주장한다. 그들은 과거의 행동들을 언급하고, 당신이 그들에게 양보하지 않기 때문에 당신의 행동은 사려 깊지 않고 부당하고 고마움을 모르는 행동이라고 암시한다. 죄의식에 호소하는 방법은 당신이 보상해 주어야 할 일이 있었는지도 모르는 상황에서 사후의 보상을 불합리하게 요구하는 것이다! "내가 그때 이런 일을 해주었으니 당신도 지금 나를 위해 이 일을 해주어야만 하는 겁니다."

이러한 행동에 대처하는 가장 효과적인 방법은 지금의 상황에만 주목하고, 옛날 일이 아닌 현재의 문제를 해결하자고 주장하는 것이다. 이것은 방어적인 행동을 하는 사람들을 다룰 때 사용했던 '인정하고 다시 집중시키는 방법'과 아주 유사하다. "당신이 나를 위해 해주었던 모든 일들에 대해 저도 이야기를 나누고 싶습니다. 그렇지만 먼저 지금 상황을 해결한 다음에 이야기하는 것이 더 좋겠습니다."

□ 죄의식에 호소하는 사람들에게 대응할 때는 항상 현재의 문제에 대화의 초점을 맞추어라.

부적절한 감정의 표출

감정의 표출은 당신을 조종하기 위해 사용되는 방법으로, 부적절하고 예상이 가능한 행동이며, 지속적으로 사용된다. 어떤 상황에 감정적으로 반응하는 모든 사람들이 당신을 조종하기 위해 그런 행동을 한다는 의미는 아니다. 자연적인 감정의 표출은 아주 진실된 것이다. 당신은 다른 사람들이 평정을 되찾고 그들의 생각에 다시 집중하도록, 그리고 그 상황에 이성적으로 대처하도록 돕고 싶어할 것이다. 부적절한 감정의 표출이라는 것은 짜증내고, 눈물을 보이고, 비탄을 호소하는 것으로, 그런 행동은 불편한 상황을 빠져나가기 위해서나 불쾌한 대화를 끝내기 위해 습관적으로 사용되는 술책이다. 그런 행동을 하는 사람들은 이 방법이 아주 효과적일 수 있으며, 비교적 쉽게 사용할 수 있는 것임을 안다. 짜증내는 행동은 보통 당신을 협박해서 물러서도록 하기 위해 사용되는 방법이며, 눈물을 흘린다든지 슬픔을 호소하는 것은 그들이 희생자인 것처럼 보여서 당신이 그들을 더 기분 상하게 만드는 것을 자제하도록 하려고 사용되는 방법이다. 이러한 부적절한 감정 표출에 효과적으로 대응하는 방법은 그들이 하고 싶은 대로 다 하도록 내버려두고, 회복할 시간을 아주 잠깐 준 다음에 다시 논의를 계속하는 것이다. 주의해야 할 점은 그들이 원치 않는 상황을 아주 영영 끝내 버리게 하지 않고, 단지 잠깐 동안만 그 상황이 지연되도록 만들어야 한다는 것이다.

짜증에 대응하는 방법으로 "확실히 당신은 지금 기분이 상해 있는 상태입니다. 잠시 냉정을 되찾을 시간을 가지십시오. 그리고 나서 우리는 10분쯤 후에 다시 이 문제에 대해 논의를 계속하겠습니다."라고 말할 수 있다. 또는 "꼭 이러는 것이 당신의 감정을 해소하는 데 도움이 된다면 그렇게 하도록 하십시오. 그리고 난 후에 그 문제를 해결하도록 논의합시다."

눈물을 흘린다든지 슬픔을 호소하는 것에 대응하는 방법으로 "이 문제는 정말 당신의 기분을 상하게 만드는 것이겠지요. 마음을 가라앉힐 시간을 가지시는 게 좋겠습니다. 저는 5분 정도 후에 돌아오겠습니다."라고 말할 수 있을 것이다. 만약 짧은 시간이나마 혼자 남겨 두는 것이 적당하다고 판단되면 그 사람이 나가는 것보다 당신이 나갔다 오는 것이 더 낫다. 만약 그 사람이 밖으로 나가고 다른 사람도 그 사람이 감정을 표출하는 것을 본다면 다른 사람들의 동정심과 지지를 받게 될 수 있으며, 그렇게 되면 그 사람의 행동은 더욱 거세어질 수 있다. 그 사람이 혼자 있도록 만들어라. 당신이 나가면 그 사람은 마음을 가라앉히게 되고, 그리고 나면 당신은 상황을 계속 진행시킬 수 있다.

□ **부적절한 감정 표출에 대응할 때 가장 중요한 점은 그들이 대화를 끝내도록 허용하지 말라는 것이다. 일시적으로 지연시키는 것은 상관없지만, 영원히 끝내는 것은 절대 안 된다!**

이런 행동을 하는 사람들은 부적절한 감정 표출이 당신에게는 효과가 없다는 것을 즉시 깨닫게 될 것이다.

인신 공격

인신 공격은 방어적인 행동을 하는 사람들이 사용하는 '타인을 비난하는 기술'과 아주 유사하다. 이 방법은 인격적으로 공격함으로써 당신을 논쟁의 쟁점으로 만드는 것이다. 보통 목소리를 높인다든지, 공격적인 몸짓을 사용한다든지, 공격적인 느낌의 '당신'이라는 단어를 사용해서 말하고자 하는 것을 퍼부어댄다든지 함으로써 말하는 방식이 격렬해진다. 이 모든 것들은 당신을 모든 문제의 원인으로 몰기 위해 의도된 것이다. 그 사람이 목표하는 것은 자신을 공격하는 사람의 관심을 다른 곳으로 이동시키려는 것이며, 또는 당신이 감정적으로 반발해서 반응하도록 도발하려는 것이다.

'인정하고 다시 주의를 집중시키는 방법'이 이 상황에서도 역시 효과적이다. "당신이 이 문제에서 저의 역할이나 저의 행동에 대해 논의하고 싶다면 우리가 지금 이 문제를 해결짓는 즉시 그것에 대해 이야기를 나누도록 하겠습니다."

또 다른 확실한 문제 해결 방법은 '두 번의 나와 한 번의 우리'라는 방법이다. "문제가 있다는 것을 나도 알았고, 나도 정말 이 문제를 해결하고 싶습니다. 그렇지만 우리는 서로를 존중하며 대해야 할 것 같습니다." 이러한 방법은 협력할 의사가 있지만 공격받거나 무례한 대접을 받는 것은 거부한다는 당신의 생각을 확실히 드러낸다.

세 번째 방법은 인신 공격임을 확인하고 조정당하는 것을 거부하는 것이다. "저는 이 문제가 당신과 나 사이에서 인신 공격으로 바뀌어 가고 있다고 생각합니다. 그렇지만 나를 공격한다고 해서 문제가 해결되지는 않습니다. 서로를 존경심을 가지고 대하고, 문제에 초점을 맞추도록 합시다."

항상 포기하는 행동

이러한 행동은 다른 사람들을 조정하려는 사람들이 전형적으로 쓰는 방법이다. 이런 사람들은 쉽게 양보하고, 그들을 전혀 가망이 없는 사람으로 체념한다. 그들은 자신을 희생시키는 방법을 택하고 항상 다음과 같은 말을 써서 대화한다.

"항상 제 잘못입니다."
"제가 말하는 것은 뭐든지 전부 틀린 말입니다."
"어떤 상황에서든지 당신이 항상 옳습니다."
"제가 동의하지 않는다고 해서 무슨 차이가 있겠습니까? 제 의견은 중요한 게 아니지요."
"여기 있는 사람은 누구도 제 말에 귀기울이지 않습니다."

이러한 말들은 보통 자신의 의견을 철회하거나 더 이상 어떤 것도 논의하기를 거부한 다음에 뒤따르는 것이다. 이런 사람들과 어떤 문제를 해결하려고 시도한다면 그들은 한숨을 내쉬고, 멍하게 바라보고, 소극적으로 포기하는 발언을 되풀이하는 것으로써 응할 것이다(그들은 정말 쉽게 시무룩해진다!).

항상 포기해 버리는 이런 사람들을 다루는 가장 효과적인 방법은 다음과 같이 말하는 것이다. "분명히, 우리가 논의해야 할 문제들이 좀 있습니다. 저는 정말로 그 문제에 대해 논의하고 당신의 의견을 듣고 싶습니다. 저는 당신이 원하면 언제라도 이야기를 나눌 준비가 되어 있으니 언제든 적당한 시간이 되면 알려 주십시오." 그리고 나서 평소와 다름없이 계속 일하라. 그들이 포기하는 행동을 한다고 해서 그들을 평소와 다르게 대해서는 안 된다. 특히 어떤 식으로도 응석을 받아 준다든지 특별히 주의를 기울여 준다든지 해서는 안 된다. 그들은 당신이 참견하지 않고 특별한 관심만을 가져 주기를 바라는 것이다. 그런 일이 일어나도록 해서는 안 된다.

비판적인 부모처럼 행동하는 사람들

비판적인 부모처럼 행동하는 사람들이란 항상 지속적으로 당신의 업무를 비판하는 사람들(아마 당신의 상사와 같은 사람)을 지칭하는 것이다. 비판적인 부모라는 말은 아이가 성적표에 A를 4개, B를 한 개 받아 왔을 때의 부모의 심리를 포착해서 만들어진 것이다. 비판적인 부모는 즉시 B에 대해 맹렬히 비난한다! 아주 뛰어난 학생이 B를 받아 온 것은 용인될 수 없는 것이라고 할 수 있을지도 모른다. 그래도 4개나 되는 A에 대해 칭찬을 하는 것이 더 바람직할 것이다. 아이의 성적표에서 80%가 A니까 거의 완벽한 점수를 받은 것이다. 잘한 일은 당연하게 여겨지고, 잘못한 일은 논의와 비판의 초점이 된다. 어떤 일을 하든 간에 잘한 일은 무시되고 잘못한 일은 과장되는 그런 환경 속에서 일을 하고 있을 수도 있다. 이런 상황에서 사람들은 정말 좌절감을 느낄 수도 있는데, 다음의 두 가지 전략이 도움이 될 것이다.

– 1에서 10까지의 점수 : 비판적인 부모같이 행동하는 사람들에게 이런 질문을 하라. "1점에서 10점까지로 점수를 매긴다면 당신은 이 일을(프로젝트를, 업무를, 리포트를 등등) 어떻게 평가하시겠습니까?" 일반적으로 그들은

잠시 망설인 후 5점이나 6점이라는 중간 점수를 줄 것이다. 이것은 당신에게서 부정적인 반응을 불러일으키기 위해서나 의도적으로 상처를 주기 위한 시도일 것이다(비판적인 부모같이 행동하는 사람들은 대체로 다른 사람들에게 고통을 주는 사람들이다. 당신이 그런 사람이 되지 않도록 주의하라. 그것은 당신의 승진 가능성을 손상시킬 수 있다). 점수에 상관없이 "왜 더 낮게 점수를 매기시지 않았습니까?"라고 대응하라. 이것은 그 사람들을 깜짝 놀라게 할 질문이다! 그들은 당신이 왜 그렇게 낮은 점수를 줬는지에 대해 따져 묻고, 자신은 이에 대해 부정적인 대답을 해줄 기회를 가질게 될 것이라고 기대했었을 것이다. 그들에게 왜 점수가 더 낮지 않은가를 물음으로써 그들이 점수를 주도록 만든 '마음에 드는 점'들을 밝히라고 요구하는 것이다. 이러한 질문은 그들이 완전히 다른 방식으로 생각하도록 만든다. 비판하는 것이 아니라 칭찬하도록 만드는 것이다. 일단 그들이 긍정적인 면을 밝히고 나면 부정적인 측면은 보통 사소한 것이 되고, 쉽게 해결될 수 있게된다.

– 3-2-1 : 비판적인 부모같이 행동하는 사람들이 당신을 공격하면 그들에게 다음과 같은 구성으로 구체적인 의견을 달라고 부탁하라. "이 일에서 마음에 드는 점 세 가지, 마음에 들지 않는 점 두 가지를 말씀해 주시고, 어떻게 하면 더 잘 할 수 있을지에 대해 한 가지 제안을 해주십시오." 이러한 접근법은 그들이 당신의 일에서 긍정적인 면들을 인정하도록 만들고, 완전히 비판적으로 될 전적인 기회를 가지지 못하도록 한다.

불평을 늘어놓는 사람들

투덜거리고 불평을 늘어놓는 사람들은 그들 자신이 무력하고 가망이 없다고 생각하며, 다른 모든 사람들도 자신의 그런 생각에 동조하기를 바란다. 그들은 계속해서 그들의 문제를 자세히 설명하고, 그들에게는 얼마나 더 나쁜 일들만이 일어나는지를 강조해서 사람들의 주목을 끌려고 한다. 그들은 어떠한 긍정적인 정보나 해결책에 대한 충고도 즉각 거부한다. 예를 들면, 그들은 두통 때문에 오늘은 일을 많이 할 수 없다고 말할 것이다. 만약 당신이 "그게 얼마나 고통스러운지 나도 알아요. 나도 지독하게 머리가 아파질 때가 있지요."라고 말한다면 그들은 당신의 대답을 암시적인 위협으로 볼 것이다. 당신은 명백히 그들의 두통에서 당신의 두통으로 주제를 바꾸려고 하고 있는 것이다! 그들은 재빨리 한 술 더 떠 대응한다. 그들의 두통은 갑자기 뇌종양의 초기 증상이 되는 것이다! (그들의 문젯거리는 반드시 다른 누구의 문제보다 심각해야 하기 때문이다) 만약 "어떤 두통약을 복용하십니까?"라고 묻는다면 그들은 어떤 약이든 간에 그 약이 위장을 아프게 하기만 하고 효과가 없다고 대답할 것이다. 문제를 해결하기 위해 무엇인가를 제시하는 것은 단지 문제를 더 악화시킬 뿐이다(불쌍한 사람들이다). 당신이 병원에 가 보라고 제안한다면, 그들은 의사들이 얼마나 실력이 없는지 모른다고 말할 것이다(의사들은 그들을 도울 수 없다. 의사들은 자기들이 무슨 행동을 하고 있는지도 모를 정도이다). 불평만을 늘어놓는 사람들은 그들의 문제점으로 모든 사람들의 관심을 모으기를 바라기 때문에 모든 제안들을 다 거부한다. 또한 그들의 문제가 낮은 실적에 대한 변명이 되기를 바란다. 그들은 다른 모든 사람에게 요구되는 기준을 자신들이 충족시킬 것으로 기대되어서는 안 된다고 생각하는 것이다.

불평만 늘어놓는 사람들을 다루는 몇 가지 효과적인 전략들이 있다.

1. 공감할 뿐 결코 동정하지 마라

동정심으로 그들의 문제점들을 그냥 받아들이지 마라. 공감해 준다는 것은 문제를 인정해 준다는 것이다. 동정은 그들이 안됐다고 느끼거나 그들의 문제에 감정적으로 연결되는 것이다. "두통이라는 것이 아주 고통스러울 수 있다고 생각합니다. 만만하지 않겠지요."라고 말하는 것이 적절할 것이다. "저도 알아요. 저도 머리가 아플 때는 나아지려면 몇 시간이나 걸리더군요."라고는 절대로 말하지 마라. 그런 행동은 그들에게 다음 몇 시간 동안이나 더 그들의 문젯거리를 곱씹어도 된다고 허용해 주는 것과 같다!

2. 문제점이 아니라 해결책에 주목

불평을 늘어놓는 사람들은 자신들의 문제에 사람들을 주목시키고 싶어한다. 그들이 원하는 결과를 주지 마라. 그들이 문제의 해결책에 주의를 기울일 때만 반응을 보여라. 그들이 솔선해서 문제를 해결하려고 하기 시작할 때는 그들에게 많은 주의를 기울이고 칭찬을 해주어라. 긍정적으로 상황을 조정하려는 행동을 취할 때만 주의를 기울이고 격려해 주어야 한다.

3. 기대치를 낮추어 주지 마라

불평을 늘어놓는 사람들이 자신을 불쌍하게 여겨 달라는 듯이 행동하는 것은 당신이 그들의 문제를 고려해 그들이 열심히 노력하지 못한다는 것을 인정해 주고 지지해 주기를 바라기 때문이다. 그들은 생산 능력에 의해서가 아니라 문제점으로 다른 사람들에게 인식된다. 그들의 문제는 영원히 변명거리로 쓰이게 된다. 그들은 자신들의 문제가 너무나 특이하고 심각한 것이기 때문에 다른 사람들만큼 많은 일을 해내고 업무를 잘 수행하고 바람직하게 행동하리라고 기대되지 않아야 한다고 생각한다. 결코 기대치를 낮추어 주지 마라. 그것이 바로 그들이 원하는 것이다. "나는 이 일이 당신에게는 힘든 일이라는 것을 압니다. 그렇지만 여기 당신이 해주셨으면 하는 일이 있습니다…" (기대치나 당신이 요구하는 수준을 다시 한번 더 말하라) 결코 불평을 늘어놓는 사람들이 주장하는 문제점 때문에 책임이나 부담을 가볍게 해주지 마라.

4. 당신의 역할을 정하라

이런 대화 방법을 사용해 보라. "당신이 제가 어떻게 해주길 바라는지 이해하도록 도와주십시오. 이야기를 들어 줄 사람이 필요합니까, 불만을 토로할 상대로? 아니면 문제를 해결하는 데 도움이 필요한 겁니까?" 그들은 결코 불만을 늘어놓기만을 원한다고 시인하지는 않을 것이다(그것이 좋은 행동이 아니라는 것을 그들도 아는 것이다!). 그들의 전형적인 반응은 "저는 단지 당신이 나에게 어떤 문제가 있는지 알아 주기를 바랄 뿐입니다."라는 것이다.(그들은 그것이 마치 공적인 담화문이라도 되는 양 미사여구로 포장해서 이야기하는 것이다!) 당신은 "이 문제를 해결하는 데 도움이 필요하다면 저는 기꺼이 시간을 내드릴 수 있습니다. 그리고 이야기를 나눌 상대가 필요하다면 제가 그 상대가 되어 드릴 수 있습니다. 그렇지만 저는 지금 아주 바쁜데요. 퇴근하고 나서 같이 이야기를 해보도록 합시다." 그들은 문제를 해결하기 위해 당신에게 오면 시간을 할애해 주고 도움을 주려고 할 것이지만, 그들의 불만만을 들어 주지는 않으리라는 것을 알게 된다.

5. 그들의 문제를 한 번만 들어 줘라

일단 한 번 그들의 문제를 들어 준 다음, 그들이 그것들을 반복해서 얘기한다면 다음과 같이 대응하라. "이 문제는 전에 이야기를 나누었던 것이 아닙니까? 그때 이후로 뭔가가 변했습니까? 바뀐 것이 있습니까? 만약 아무것도 바뀐 것이 없다면 제가 어떻게 도와줄 수 있을지 모르겠군요. 그리고 저는 우리가 다시 그 문제에 대해 이야기를 나누며 시간을 허비할 만한 가치가 없다고 생각합니다. 같은 문제를 다시 되풀이해서 이야기하지 말고, 그 문제를 해결하거나 극복할 수 있는 방법에 대해 생각해 보도록 합시다." 다시 한번 그들이 해결책을 생각해 내도록 도와줄 의지는 있지만, 그들의 문제들을 곱씹는 것에 동조할 의사는 없다는 것을 보여 주어라.

내적 동기 부여 평가

	예	아니오
1. 나의 동기는 나의 내면에서 나오는 것인가?	☐	☐
2. 내가 의욕을 느끼지 못할 때, 나는 다른 사람들에게 책임을 전가하는가?	☐	☐
3. 내가 미래를 향해 계속 노력하도록 만드는 특정한 장기적 목표가 있는가?	☐	☐

4. 내가 더 향상시킬 수 없을 정도로 정말로 뛰어난 실력을 가지고 있다고 생각하는가? ☐ ☐

5. 나는 항상 발전하려고 노력하는 중에도 나의 성공과 실력 향상, 발전을 축하할 시간을 갖는가? ☐ ☐

6. 나는 매일 직장에서 겪는 실패와 문제점들, 좌절을 엄청난 것, 이겨 낼 수 없는 것이라고 보는가? ☐ ☐

7. 나는 문제점들과 실패를 해결해야 할 과제로 보고 극복하려고 노력하는가? ☐ ☐

8. 나는 나의 동기를 개발시키지 않아도 저절로 생기는 것으로 보는가? ☐ ☐

9. 나는 자신에게 동기를 부여하기 위해 매일 하는 행동이 있는가? ☐ ☐

10. 나는 좋은 식단이나 휴식, 운동이 나의 동기 부여에 미치는 영향을 무시하고 있는가? ☐ ☐

11. 나는 나의 스트레스를 효과적이고 지속적으로 해소하고 있는가? ☐ ☐

12. 나는 까다로운 성격을 가진 사람들이 나의 의욕을 저하시키도록 하고 있는가? ☐ ☐

13. 나는 까다로운 성격을 가진 사람들이 나에게 미치는 영향을 효과적으로 최소화시키고 있는가? ☐ ☐

14. 나는 까다로운 성격을 가진 사람들에게 부정적이고 충동적으로 대응하는가? ☐ ☐

15. 나는 나의 업무에 대한 비판을 잘 받아들이는가? ☐ ☐

16. 나는 다른 사람들의 개인적인 문제에 끌려들어가 그들의 문제에 개입하고 있는가? ☐ ☐

점수 :

홀수 문항에 '아니오'라고 대답했고 짝수 문항에 '예'라고 대답했다면 발전할 가능성이 있다고 할 수 있다.

특별히 1번, 2번, 12번, 13번, 14번, 15번, 16번 문항에 주목하라. 이 문항들은 당신의 개인적인 책임감과 개인적인 내적 동기 부여에 관하여 당신이 다른 사람들에게 미친 영향력에 관한 것이다.

4P

다음은 당신의 동기를 확실하게 드러내기 위해 사용할 수 있는 몇 가지 전략이다.

당신의 상사가 주위에 없을 때 더 열심히 일하라

대부분의 사람들은 그들의 상사나 회사의 다른 권력자들이 지켜보고 있을 때 가장 열심히 일한다. 누군가 당신을 지켜보고 있을 때 열심히 일하는 것은 전혀 특별한 수완이 아니다! 감독하는 사람이 없을 때 생산 능력이 일관적으로 유지된다든지 또는 향상될 때, 당신의 의욕은 눈에 띄게 된다. 이것은 당신이 감독하는 사람이 없는 환경에서도 일을 잘 할 수 있으며, 자신의 내부에서 유발되는 동기를 지속시킬 수 있는 사람이라는 것을 보여 준다. 이것은 정말로 인상적인 능력이다.

당신의 성공 증가와 능력 향상, 발전을 기록하라

당신이 자신과 경쟁할 때, 장대높이뛰기 선수처럼 장애물을 한 번에 몇 인치만 높이고 당신의 성공을 모두 기록하라. 가능한 한 가장 객관적인 평가로 증명하고, 이러한 증거를 업무 수행 평가나 회의, 또는 월례 보고서와 같은 가능한 모든 기회에 제시하라. 그렇지만 어리석게도 스스로를 칭찬하는 듯한 행동은 하지 않도록 주의하라.

□ 당신의 성공이 객관적으로, 그리고 정확하게 기록된다면 그것은 허풍이 아니라

사실이 되는 것이다!

의심이 날 때는 솔선해서 나서라 – 행동을 자극하는 사람이 되어라

가능할 때 언제든지 솔선해서 나서고 게으른 모습을 보여 주지 않음으로써 당신의 의욕을 증명하라. 만약 어떤 행동이 요구되는데 그것을 솔선해서 할 다른 사람들이 주위에 아무도 없다면 당신이 그 일을 맡아 실행하라. 말하지 않아서 많은 기회를 잃거나 잠재적으로 문제를 일으킬 위험을 무릅쓰지 말고, 사람들에게 당신의 행동이 국외자의 행동이거나 혹은 직권 밖의 행동일 수 있다는 것을 알고 있다고 말하라. 당신이 솔선해서 나서기로 한 것이다. 당신의 직권이나 한계를 지속적으로 넘지는 말고, 그럴 때는 재빨리 물러나라. 하지만 당신에게 위험을 무릅쓸 의사가 있으며 의욕도 있다는 것을 증명할 모든 기회를 다 이용하라. 이런 식으로 지속적으로 행동하는 것은 당신의 상사를 불안하게 만들 수도 있다는 사실을 주지하라. 그래서 효과적인 의사 소통이 필수적인 것이다. 당신의 진의와 사고의 전개를 가능한 한 빨리, 확실히 밝혀라. 게으른 사람이 아니라 행동하는 사람으로 보이도록 노력하고, 당신의 상사가 위협을 느끼지 않도록 행동하라.

융통성 증명

융통성은 변화를 빠르고 효율적으로 받아들이는 능력이다. 이 변화는 모든 회사에서 모든 사람들이 직면하는, 장기적인 엄청나고 혁신적인 변화뿐만 아니라 순간 순간 일어나는 변화들까지 일컫는 것이다. 융통성이라는 것은 또한 완전히 동의하지 않을 때조차 변화를 지지하려는 당신의 의지를 가리킨다. 당신이 회사의 더 큰 이익을 위해서라면 자신의 개인적인 의견과 의혹은 극복할 수도 있는 사람이라는 사실을 확실히 증명하라.

의욕을 보여 주어라

당신이 회사 밖에서 어떤 활동에 관여하고 있다면 다른 사람들에게 그 사실을 알려라. 당신이 생활의 모든 측면을 향상시키고 발전시키려는 의욕을 가지고 있다는 것을 그들이 알도록 하라. 외부 활동들이 당신의 업무 수행 능력을 저하시키고 회사에 전념하지 않도록 막는 것으로 보인다면 당신의 커리어에 해가 될 수 있겠지만, 적절히 균형을 이룬다면 다른 분야에서도 성공하려는 당신의 의지는 승진 가능성에 좋은 영향을 미칠 것이다. 당신이 운동 프로그램이나 봉사 단체, 청소년 조직, 종교 활동이나 그 외 지역 사회의 활동에 참여하고 있다면 사람들이 그 사실을 알도록 만들어라.

□ 생활의 모든 측면에서 '실행하는 사람'이라는 이미지를 구축하라.

당신에게 동기를 부여하는 자원을 공개, 공유하라

당신에게 동기를 부여하는 자료가 가득한 당신의 서재를 사람들에게 보여 주어라. 오늘날에는 공간이 귀해 잘게 구분하여 공간을 확보할 수밖에 없으므로 서재를 가진다는 것이 어려울 수도 있지만, 사람들은 당신 일터에 전시된 책들을 보고 감명을 받을 것이며 자극을 받을 것이다. 동기를 자극하는 것들, 즉 책이나 테이프, 쌍방향 프로그램과 같은 것을 찾아내면 다른 사람과 그것들을 공유하라. 특히 의욕을 불러일으키게 하는 책을 발견했을 때는 다른 누군가를 위해 한 권 더 사도록 하라(당신의 책을 줘 버리지는 마라. 사람들은 대부분 책이나 테이프, CD를 돌려주지 않는다. 그러면 나누고자 하는 당신의 의지가 불화의 원인이 될 수도 있다. 따라서 그들 몫으로 산 것을 줘 버리는 것이 더 나을 것이다). 동기를 자극하는 대부분의 이러한 자료들은 상대적으로 그다지 비싸지 않으면서 동료들에게는 좋은 선물이 된다. 당신의 사려 깊은 행동에 사람들은 고마워할 것이며, 당신은 항상 다른 사람들이 발전하도록 도와주는 사람이라는 명성을 얻게 될 것이다.

□ 책을 한 권 더 사서 당신의 상관이나 승진을 결정하는 사람들과 함께 읽어라. 당신이 얼마나 좋은 책을 읽고 있는지를 그들에게 알려라!

업무 과중은 초기에 알려라

종종 당신은 자신이 맡은 업무량이 엄청나다는 것을 깨달을 수 있을 것이다. 만약 그 문제가 해결되지 않는다면 결국 과다한 업무량을 떠맡게 될 것이고, 그것은 당신의 의욕을 앗아 가는 지나치게 무거운 짐이 될 것이다. 왜 당신이 의욕을 상실했는지 다른 사람들은 알지 못하겠지만, 당신이 그런 상태에 빠져 있다는 사실은 확연하게 드러날 것이다.

당신은 반항하려는 듯이 보이거나 도와줄 의사가 없는 것처럼 보일까 봐 두려워 과중한 업무에 대해 이야기하기를 꺼릴 수도 있을 것이다. 침묵한다면 문제만 가중될 뿐이다. 당신의 업무량에 대해 이야기하고, 현실적인 기대를 갖도록 의사 전달을 잘 하는 것이 필수적이다. 그렇게 하기 위해서는 당신이 업무를 잘 수행하려는 의지를 가지고 있다는 것을 효과적으로 강조하고, 당신의 시간과 노력을 가장 중요한 우선 사항에 투자하라. 당신의 상사가 당신에게 과다한 업무를 부과하고 산더미처럼 일을 맡긴다고 그 사람을 미워하게 되기 쉽지만, 당신의 업무량이 과다하다고 알리는 것은 바로 당신이 해야 할 일이라는 것을 깨달아야 한다. 당신이 지금 업무를 얼마나 맡고 있는지 기억하는 것은 당신 상사가 해야 할 일이 아니다. 당신의 현재 상황을 설명하고 가장 우선적으로 해야 할 일을 해결하려는 당신의 의욕을 다시 한번 강조하는 데 다음과 같은 대화 기술을 이용하라.

1. 당신의 상사가 요청한 일이 중요하다는 것을 인정하라 – "저도 이 일이 중요하다는 것을 알겠습니다. 그리고 저도 정말 이 일을 잘 해내고 싶습니다."
2. 당신의 현재 상황이나 업무량에 대해 간략하게 말하라 – "저는 오늘까

지 다섯 가지 일을 끝내야만 합니다. 그리고 저는 3시에서 3시 30분까지 품질 자문 회의에 참석해야 합니다."

3. 우선순위를 뚜렷하게 정하라(당신의 상사에게 조언을 요청하라) – "제가 새로 맡은 이 일을 먼저 해낼 수 있도록 어떤 일을 연기시킬 수 있는지 말씀해 주시겠습니까?" 또는 당신은 대안을 제시할 수도 있다. "존이 아마 이 일을 더 빨리 해낼 수 있을 것입니다. 아니면 제가 내일까지 그 일을 끝내겠습니다."

격분이나 스트레스, 분노를 드러내지 않는 방식으로 당신의 업무량이 많다는 것, 의욕이 높다는 것, 일을 해낼 의사가 있다는 것을 이야기할 때 당신은 상사와 함께 협력해서 우선순위를 정할 기회를 만들어 낼 수 있다. 당신은 상사가 가장 중요하다고 생각하는 것들에 총력을 기울일 수 있을 것이다.

현직자가 제공하는 생생한 승진 조언

프랭크 콘델로는 네브래스카의 링컨에 있는 네브래스카 출판사의 판매와 마케팅 담당자다. 네브래스카 출판사는 전국에 있는 3,000개 이상의 단과대학과 종합대학교 서점에 책을 공급하는, 여러 분야에 관계된 일을 하는 회사다. 그 회사는 3백만 권의 새책과 중고 대학 교재들을 보유하고 있으며, 고객에게는 정보 제공 서비스와 상담 서비스를 해주고 있다.

프랭크는 동기를 확실히 드러내 보여 주는 것에 대해 다음과 같은 생각을 가지고 있었다.

당신의 상사가 분배해 준 업무 중 가장 힘든 업무를 맡아 하십시오. 상사들은 당신이 요청한다면 기꺼이 내줄 많은 힘든 프로젝트들을 가지고 있습니다. 그들이 지연시키고 있었던, 혹은 하기 싫어하는, 할 시간이 없는 일들입니다. 잘 안 될지도 모르지만, 당신이 능력과 기술을 가지고 있다면 한번 해보십시오. 당신이 처음 해

보는 일이라는 사실을 그들도 알 것이며, 결과가 어떻든지 간에 고마워할 것입니다. 그렇지 않다 하더라도 상사들에게 그럴 기회를 주어 보십시오. 도울 의사가 있는 사람을 찾는 것은 프로젝트를 맡고 있는 사람들이라면 누구에게나 큰 문제입니다. 상사들이 잘 해내는 것처럼 보이도록 돕는 것은 정말 중요합니다. 그리고 물론 당신은 승진할 때 그들이 찬성해 주기를 바라겠지요.

앞으로 승진할 수 있는 능력을 갖추는 데 결정적으로 중요한 몇 가지 기술들이 무엇인지 물어 보자 프랭크는 다음과 같이 대답했다.

물론 이 시대에 살고 있는 당신은 컴퓨터를 사용할 수 있을 것입니다. 저는 사람들이, 고객에게 봉사하는 마음을 가지고 있으며 일선에서 필요한 전문 기술과 매니저로서 필요한 기술 두 가지 모두를 가지고 있어 중간 간부로 일할 수 있는 사람들을 찾는다고 생각합니다. 노동자이자 매니저, 또는 노동자이자 뛰어난 아이디어를 내놓을 수 있는 사람, 두 가지 역할을 모두 해낼 수 있는 기술이 아주 중요할 것입니다. 창의적이면서도 경제학에 대한 배경 지식을 갖추고 있어야 합니다. 회사에서 그런 점에 초점을 맞추고 있으므로, 발전 과정을 잘 이해하고 있으면서 비즈니스 경제도 잘 이해하고 있는 사람은 회사에 아주 가치 있는 사람입니다.

명백히 프랭크는 승진할 수 있는 사람들은 다양한 기술을 가지고 있으며, 여러 가지 분야에서 일할 수 있는 사람들이라고 생각하고 있다.

회사의 현실적인 승진 기회를 결정하는 문제에 관하여 질문하자 프랭크는 이렇게 대답했다.

오랫동안 그 회사에서 일해 온 몇몇 사람들을 잘 살펴보십시오. 그들에게 그 시기 동안 어떤 변화를 보아 왔는지, 그리고 그들은 회사의 미래가 어떨 것이라고 생각하는지 물어 보십시오. 그들의 지혜를 빌리도록 노력하며 이렇게 물어 보십시오. "당신은 어디 출신이십니까? 이 회사의 실적이 가장 저조했던 때는 언제였습니까? 원인이 무엇이었습니까? 지금 회사가 성장하도록 만드는 요소는 무엇입니까? 당신은 미래가 어떠리라고 생각하십니까?" 상대적으로 책임 있는 자리에 있는 사람들에게 그들이 그런 질문에 어떤 생각을 가지고 있는지, 그리고 만약에 그들이 오늘 근무를 시작하는 것이라면, 막 이 사업에 뛰어든 것이라면 그들이 이미 알고 있는 지식에 근거해서 회사의 성장에 대해 어떻게 생각하는지를 물어 보십시오.

제9장에서는 업무 평가에서 당신의 영향력과 승진 가능성을 높이고 다른 사람들의 눈에 더 잘 띌 수 있도록 도움을 줄 기술과 현실 상황에 대해 살펴보도록 하겠다. 이러한 주제에 대해 프랭크는 다음과 같은 생각을 제시했다.

업무 능력 평가는 회사가 당신의 업적에서 찾고 있는 것이 무엇인가를 가르쳐 주는 척도입니다. 그것은 당신의 상사에게나 회사에게 아주 중요한 것입니다. 그 사실을 아는 것이 중요합니다. 당신의 상사가 당신을 솔직하게 대하도록 모든 수단을 다 강구하십시오. 당신이 잘못하고 있는 일에 대해 파악해야지만 더 잘 할 수 있습니다. 방어적으로 행동하기보다 좋은 말이든 나쁜 말이든 들을 준비가 되어 있어야 합니다. 또, 당신의 상사가 이야기할 때 여러 가지 질문을 하십시오. 그냥 앉아서 멍청하게 쳐다보며 듣기만 해서는 안 됩니다. "제가 어떤 일을 하길 바라십니까?" 또는 "당신은 제가 이런 특별한 상황에 어떻게 대응했으면 좋겠다고 생각하십니까?"라고 물어 보십시오. 문제점에 대해 논쟁하지 마십시오. 평가와 관련해 당신의 상사가 깨닫지 못했을지 모르는 어떤 사실들을 제시하십시오. 그러나 비판으로부터 무엇인가를 배우려는 자세를 가지는 것이 중요합니다.

제 9 장
업무 평가 과정

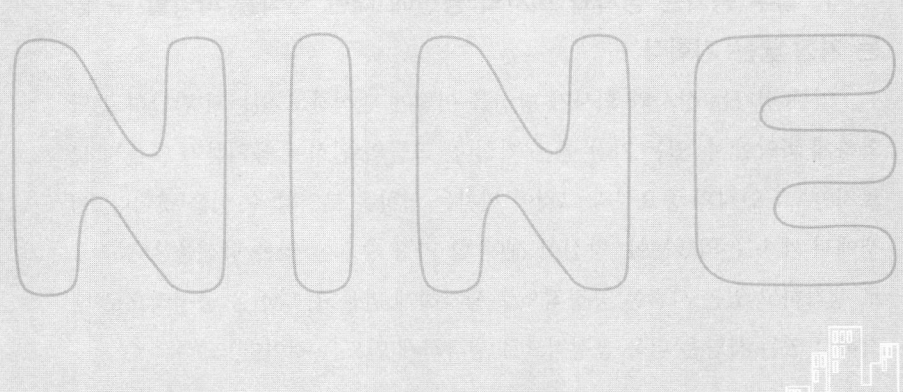

○ 업무 평가 과정은 자기 하기에 따라 승진 가능성을 높이는 데 매우 유용하게 활용할 수 있다. 그러나 이에 대한 이해가 부족해 잘못 활용하거나 제대로 활용하지 못하는 사람이 많다.

업무 평가 과정을 통해 다음과 같은 것들을 할 수 있다.

- 승진 목표를 공식적으로 선언할 수 있다.
- 자신이 세운 목표를 달성할 수 있는 현실적인 기회를 파악할 수 있다.
- 자신의 업무 성과와 승진 가능성에 대한 상사나 회사의 비공식적인 생각과 공식적인 생각을 알 수 있다.
- 자신의 성과를 객관적으로 나타낼 수 있다.
- 부족한 점을 발견해 개선할 수 있다.
- 자기 발전 계획을 수립할 수 있다.

업무 평가의 10가지 실상

업무 평가 과정을 이해하고 유리하게 활용하기 위해서는 업무 평가의 실상 10가지를 알아야 한다.

1. 업무 평가는 상사와 회사의 당신에 대한 인식을 파악할 수 있는 가장 좋은 기회다

업무 평가는 상사와 회사가 당신을 어떻게 인식하고 있는지 간단하고 명확하게 파악할 수 있는 가장 좋은 기회다. 그들의 인식에 동의하지 않을지 모르지만, 그 인식의 중요성과 그것이 끼치는 영향은 부인할 수 없을 것이다. 이책에서 계속 논의했듯이, 당신이 해야 할 가장 중요한 일은 당신을 부정적으로 생각하고 있는 사람은 긍정적으로 생각하게 만들고, 당신을 긍정적으로 생각하고 있는 사람은 더욱 긍정적으로 생각하게 만드는 것이다.

비판이나 비난을 듣고 싶어하는 사람은 아무도 없다. 그러나 비판을 들음으로써 자신의 승진을 가로막는 것이 무엇인지 파악할 수 있다. 비판을 수용하라. 그리고 나서 비판받은 점을 고치기 위한 전략적 계획을 세워라. 비판을 회피하거나 거부하지 마라!

2. 대부분의 책임자는 효과적인 업무 평가 방법을 모른다

미국 대부분의 책임자는 업무 평가에 제대로 훈련이 되어 있지 않다. 사실 대부분의 책임자는 될 수 있으면 업무 평가를 하지 않으려고 한다. 업무 평가를 하다 보면 큰 실랑이가 생길 것이라고 생각하기 때문이다. 그래서 책임자들은 업무 평가를 회사 정책을 따르기 위해서 어쩔 수 없이 해야 하는 필요악이라고 생각한다. 잘만 하면 업무 평가를 아주 유용하게 활용할 수 있지만, 대다수의 책임자들은 효과적으로 업무 평가를 할 준비가 되어 있지 않다.

당신이 해야 할 일은 책임자가 평가 과정을 잘 이끌어 갈 수 있도록 협조하고, 그래서 평가 결과가 당신에게 유리하게 나오도록 하는 것이다. 상사가 질문할 때까지 기다리지 마라. 책임자에게 어떤 정보를 발표할지, 그것을 어떤 방법으로 알리는 것이 확실하고 독창적일지 생각해 보라. 그렇게 하면 비공식적으로 당신이 업무 평가 과정을 주도할 수 있다!

3. 대개의 경우 단기간의 업무 기록만을 평가한다

원래 업무 평가는 1년에 걸친 기록을 바탕으로 하도록 되어 있다. 그러나 실질적으로 업무 평가가 이루어지는 기간은 90일에서 120일에 불과하다. 대부분의 책임자들은 1년이라는 긴 기간 동안의 자료와 정보를 준비하지 않는다. 보통 기억에 의존해서 평가를 하기 때문에 실질적으로 평가가 이루어지는 기간은 평가일 바로 3~4개월 전 동안이라고 할 수 있다. 직원들도 이것을 알고는 평가일 바로 전 3개월 동안만 열심히 일한다. 그래서 9개월 동안에는 생산성에 변함이 없지만 평가일 3개월 전부터는 업무 성과가 크게 늘어난다.

그러나 승진 가능성을 높이고 싶으면 평가일 바로 전 몇 달 동안만 열심히 일하지 말고 평가 기간 내내, 즉 1년 내내 꾸준히 높은 성과를 올려야 한다.

4. 대부분의 책임자는 대체로 좋은 말만 해준다

효과적인 업무 평가 방법을 잘 모르기 때문에 대부분의 책임자는 될 수 있으면 비판적인 말은 피하려 한다. 비판을 어떻게 해야 하는지도 모를 뿐만 아니라, 평가 대상이 부정적인 또는 과격한 반응을 보일 것이라고 우려하기 때문이다. 즉, 평가 결과로 솔직히 말해 서로 얼굴을 붉히게 되느니 차라리 결과를 적당히 높게 말해 주는 편이 편하다고 생각하는 것이다. 이것은 교사가 언쟁을 피하기 위해 낙제한 학생에게 합격 점수를 주는 것과 마찬가지다.

비판이나 지적을 수용하는 태도를 보이지 않으면 상사나 회사의 당신에 대한 인식을 정확히 파악하지 못할 것이다. 이것은 분명 당신에게 이롭지 않다. 비판을 듣는다는 것이 물론 불쾌한 일이기는 하지만, 비판을 잘 수용하는 태도를 보여야 평가자가 당신에게 평가 결과를 솔직히 말해 줄 것이다. 그래야 앞으로의 커리어 향상을 위한 행동 계획도 효과적으로 수립할 수 있을 것이다.

5. 평가를 받는 사람들은 대부분 봉급 인상의 가능성 때문에 비판을 부인한다

업무 평가와 봉급은 직접적으로 연관되어 있다. 평가를 받는 많은 사람들이 비판이나 지적을 부인하는 것도 바로 그 때문이다. 즉, 비판을 인정하게 되면 봉급이 줄거나 봉급 인상이 없을 것이라고 생각하기 때문이다. 돈이 관련된 문제에 대해서는 객관적인 판단 능력이 흐려지기 마련이다. 그래서 평가를 받는 대부분의 사람들은 더 많은 봉급을 받기 위해 자신을 강력히 방어한다.

하지만 이제 업무 평가와 봉급이 연관되어 있다는 생각은 버려라. 그 대신, 업무 평가와 승진 가능성을 연관지어 생각해 보아라. 봉급은 승진이 되고 나면 저절로 높아질 것이다. 지금 당장에 돈을 좀더 받겠다고 자신의 부족한 점을 숨기지 마라. 비판을 수용해야 한다. 그러면 당신의 장기적인 전망이 밝아질 것이다.

6. 대체로 업무 평가서를 잘 활용하지 않는다

대개 업무 평가가 끝나고 나면 업무 평가서를 처박아 두고 다음 평가 기간까지는 잊어버린다. 그리고 그에 뒤따르는 조치는 거의 하지 않는다. 즉, 현재 업무를 분석하거나 개선하는 데 평가서를 전혀 활용하지 않는 것이다. 이것을 통해 대부분의 업무 평가가 회사 정책을 따르기 위해서 행해질 뿐, 실질적인 평가와 성장과 개발에는 활용되지 않고 있다는 사실을 알 수 있다. 그러나 당신은 그렇게 하지 말아야 한다. 늘 업무 평가서를 검토해서 중간에 당신이 어떤 업무를 수행했고 어떤 성과를 거두었는지 부각시켜야 한다.

7. 업무 평가 기준이 바뀌어 이미 합의한 목표가 무의미해지는 경우가 많다

업무 평가서에는 협상과 합의를 통해 결정한 업무 평가의 목표, 기준, 목적이 기록된다. 그러나 평가가 끝나고 나면 업무 평가서를 처박아 둔다. 그러다가 다음해에 평가를 준비하기 위해서 그 평가서를 꺼낸다. 하지만 그때쯤이면 그 평가서에 적힌 평가의 목표, 기준, 목적이 우스꽝스러워지고 구식이 되어 버린다. 아마 그 목표와 기준과 목적은 평가가 끝난 바로 일주일 만에 구식이 되어 버렸을 것이다. 그렇다면 당신은 지난 1년을 더 이상 중요하다고 생각되지 않는 목표, 우선순위, 목적을 위해 노력한 것이다. 그리고 새로 업무 평가를 하는 동안에는 작년에 정한 목표, 우선순위, 목적이 더 이상 평가 기준으로 적절하지 않다는 데 합의하기 위해 많은 시간을 허비한다. 이럴 경우, 책임자는 객관적으로가 아니라 주관적인 생각에 따라 평가를 하게 된다. 책임자가 평가 결과를 좋게만 말하는 이유 중 하나가 바로 이것이다.

8. 평가가 주관적이다

평가가 주관적이라는 사실은 당신에게 이로울 수도 있고, 불리할 수도 있다. 상사가 당신을 좋게 생각한다면 당신에게 매우 이롭겠지만, 그렇지 않다면 커리어에 큰 장애가 될 것이다. 업무 평가에 주관적인 의견이 많이 개입된다는 것은 그만큼 개인적인 감정과 의견이 많이 반영되고, 업무 성과에 대한 객관적인 평가는 반영되지 않는다는 것이다. 사실 대부분의 사람들은 자신의 업무 평가 결과가 낮게 나온 이유가 업무 성과가 나빠서가 아니라 상사가 자기를 좋아하지 않아서라고 생각한다.

□ **책임자도 사람이다. 주관적인 판단에 따라 평가하는 경향이 있기 때문에 책임자와 평소에 가깝게 지내는 것이 좋다.**

가능한 한 객관적인 평가 결과를 갖고 있는 것이 이롭다. 사실과 숫자들은 있는 그대로를 말해 주기 때문이다. 또한 객관적인 평가 결과를 가지고 있으면 비판이나 주관적인 평가를 무마시키는 데 도움이 된다.

9. 불확실하고 애매모호하고 구체적이지 않은 주관적인 말이 일반적이 되었다

구체적이지 않은 말을 들으면 매우 난감해진다. 평가자는 구체적으로는 뭘 하라는지는 말해 주지 않고 그저 '개선해라', '더 잘해라', '더 열심히 해라', '좀더 좋은 성과를 보여라'라고만 말한다. 어떻게 하는 것이 '더 잘하는' 것인가? '더'가 무엇을 뜻하는가? 업무 평가를 할 때 주로 이견이 생기는 부분은, 평가를 받는 직원은 자신이 더 나아졌다고 생각하는데 평가를 하는 책임자는 뭐가 나아졌는지 모르는 경우다. 양측 모두 자신의 주장을 뒷받침할 만한 증거는 주관적인 의견뿐이다. 이러한 논쟁에서는 당연히 상사가 이기게 되어 있다. 당신의 업무 평가가 구체적이지 않은 주관적인 말로 이루어지도록 하지 마라. 주관적인 말이 늘어날수록 업무 평가에서의 당신의 주도권도 줄어든다. 구체적으로 어떻게 해야 하는지 물어 보라. '더 잘하라'는 것이 10% 향상인지 2% 감소인지, 아니면 무언가를 완전히 제거하는 것인지 구체적으로 물어 보라.

10. 업무 평가는 보통 '만병 통치약' 식으로 이루어진다

대개는 업무에 상관없이 모든 직원을 똑같은 방법으로 평가한다. 이렇게 집단적인 평가를 받으면 당신만이 가지고 있는 능력이나 성과를 증명하기 힘들다. 따라서 당신은 다른 직원과는 달라 보여야 한다. 그렇게 하는 것은 결코 쉽지 않다. 그러나 다음 몇 가지 제안이 도움이 될 것이다.

업무 평가의 3단계

업무 평가 과정은 준비, 프레젠테이션, 후속 조치의 3단계로 나눌 수 있다. 이 단계들이 어떤 것인지 명확히 파악해서 각 단계마다 필요한 것들을 잘 해내면 승진에 큰 도움이 될 것이다.

준비

1단계는 준비 단계다. 즉, 업무 평가에 필요한 준비를 하는 단계로, 그저 운에 맡기기에는 너무 중요한 단계다.

> □ 업무 평가에 준비가 잘 되어 있을수록 평가를 받을 때 더 많은 주도권을 가질 수 있다.

정보/서류를 수집하라

업무 평가에 효과적으로 준비하기 위해서는 이전의 업무 평가서를 모두 가지고 있어야 한다. 이 평가서들은 공언한 목표를 달성하고 업무의 효율성을 높이기 위해 필요하다. 또한 현재 평가 기간 동안 달성한 성과에 대한 기록도 가지고 있어야 한다. 그러한 기록에는 다음과 같은 것들이 있다.

- 생산성과 관련된 모든 보고서 사본
- 상사, 고객, 주요 인물들로부터 들은 칭찬이나 격려의 말
- 목표, 목적, 우선순위를 바꾼 회의나 토론 내용을 정리한 것
- 출근 기록 사본. 이것은 회사 규율을 잘 따랐다는 사실을 증명하거나 해명의 근거가 될 수 있다.
- 사내 교육 프로그램이나 또는 외부 교육 기관에서 취득한 공식 증명서. 예를 들어, 연수나 교육 프로그램 수료증, 자격증 등.

목적을 결정하라

업무 평가를 통해 무엇을 달성하고자 하는지 구체적인 목적을 결정하라. 여러 가지 목적이 있겠지만, 보통 다음과 같은 목적을 가질 것이다.

- 목표 확인, 구체적인 커리어 향상 목적에 대한 의견 듣기
- 현재의 우수한 업무 성과 인정받기
- 승진 가능성을 높이기 위해 개선해야 할 점 세 가지 파악하기

주제가 될 문제를 예상하라

업무 평가에서 어떤 문제를 다룰지 또는 어떤 말을 할지 모두 예상할 수는 없지만, 어떤 종류의 문제를 다룰지 몇 가지는 예상해 볼 수 있다. 문제를 예상한 다음에는 당신의 의견을 피력하는 데 필요할 자료를 가능한 한 많이 준비하라. 단, 사실에 입각한 자료여야 한다. 그러나 모든 비판에 거세게 반발할 준비는 하지 마라.

□ 비판받는 것은 내키지 않는 일이지만 어쩔 수 없다. 그러므로 비판을 수용하고 자기 발전의 기회로 삼을 준비를 해야 한다.

상사의 평가에 수긍하고 잘 받아들인다면 업무 평가가 순조롭게 진행될 것이다. 정보가 퉁겨 나가게 하는 바위가 되지 말고, 정보를 흡수하는 스폰지가 될 준비를 하라.

평가일을 미리 정해 달라고 하라

평가 예상일 45일 전쯤에 책임자에게 메모를 보내 평가 날짜를 언제로 하면 편할지 정해 달라고 하라. 업무 평가를 자꾸 뒤로 미루는 책임자가 많은데, 이것을 막기 위해서는 책임자에게 만나자고 먼저 요청하는 것도 좋은 방법이다. 다시 말해, 책임자가 평가 날짜를 정할 때까지 기다리지 말고, 적절한 시간을 정하자고 책임자에게 당신이 먼저 말하는 것이다. 그리고 평가를 하기로 한 날짜보다 지연되거나 변경되면 따로 기록해 두어라. "책임자 지시로 내 업무 평가 날짜가 …로 변경되었다."

자신의 발언을 뒷받침해 줄 사실에 입각한 증거를 준비하라

자신의 주장을 뒷받침해 줄 만한 증거가 없으면 그 주장은 아무 근거도 없게 된다. 그리고 자신의 주관적인 생각만 가지고 책임자와 논쟁을 하게 된다. 이렇게 논쟁을 하면 책임자는 당신에게 반감을 갖게 될 것이고, 그 결과 업무 평가의 다른 부분에까지 부정적인 영향을 끼칠 수 있다. 그러므로 사실에 입각한 자료로 증명할 수 없다면 아무 말도 하지 않는 편이 낫다. 말하고 싶은 문제가 있으면 그 문제를 말했을 때 어떤 이득이 있을지, 그리고 어떤 손해를 입을지 잘 따져 보라. 단, 항상 그것을 뒷받침할 증거가 있는지 자문해 보라.

프레젠테이션을 연습하라

프레젠테이션을 할 때 목소리 톤은 어떻게 하고, 몸짓이나 손짓은 어떻게 할지, 그리고 무엇을 말할지 미리 연습해 보라. 거울을 보며 평가자에게 보여 주고 싶은 것만 보여 줄 수 있도록 하고, 당신의 메시지를 왜곡할 수도 있는 행동을 하지 않도록 연습하라. 또한 비판을 들을 때 어떤 행동과 표정을 지을지도 연습하라. 몸짓이나 행동 등 말 이외의 것들이 매우 중요하다. 테이프에 녹음을 해서 자신의 목소리 톤을 점검하라. 그저 운에 맡기기에는 업무 평가가 너무 중요하다.

□ 아무 준비 없이도 즉석에서 능숙하고 세련되게 대처할 수 있을 것이라는 기대는 하지 마라.

푹 자라

업무 평가를 위해 푹 쉬고 긍정적으로 생각하라. 그리고 가능하면 하루 중 가장 컨디션이 좋은 시간을 평가 시간으로 정하는 것이 좋다. 또한 복장도 최대한 신경 써야 한다. 자신감이 넘쳐 보이도록 가장 좋은 정장을 입도록 하라.

프레젠테이션

2단계는 실제로 책임자와 일 대 일로 대면해서 평가를 받는 단계다. 이것은 자신의 기술, 성숙함, 그리고 자기 역할과 회사 목표를 얼마나 잘 파악하고 있는가를 보여 줄 수 있는 매우 중요한 단계다.

간단 명료하게 말하라

사전 연습을 통해 간단 명료하게 의사 전달을 할 수 있도록 하라. 업무 평가는 보통 60분에서 90분 동안 이루어진다. 이 귀중하고 짧은 시간을 횡설수설하며 허비하지 마라.

책임자가 업무 평가를 제대로 할 수 있도록 협조하라

업무 평가에 훈련이 제대로 안 된 책임자가 많다. 그렇기 때문에 아주 미묘한 방법으로 책임자가 제대로 평가할 수 있도록 도울 수 있다. 대부분의 책임자는 당신의 협조와 주도를 환영할 것이다!

업무 평가가 시작되면 다음과 같은 말로 확실히 주도권을 잡아라. "시간이 많지 않다는 것은 알고 있습니다. 그리고 제 업무에 대해 당신이 어떤 평가를 하셨는지, 내년에 제게 어떤 기대를 하고 계시는지 정말 알고 싶습니다. 그러나 우선 제 목표부터 말씀드렸으면 합니다. 제 목표는 바로 승진입니다. 그리고 저는 승진에 필요한 것들을 배우고 싶습니다. 당신의 생각이 정말 궁금합니다. 이제 시작하십시오."

물론, 당신의 평가 담당자가 당신이 평가 과정을 주도하도록 내버려 둘 것이라는 보장은 없다. 그리고 사실, 당신이 따라야 하는 아주 구체적인 형식이 있을 수도 있다. 그러나 만약 당신이 평가 과정을 주도하게 된다면 다음 사항들을 핵심적으로 고려해야 한다.

- 항상 책임자의 생각을 먼저 묻는다. 그렇게 하면 책임자가 칭찬이나 격려를 했을 경우에는 그것을 뒷받침하는 말을 할 수 있고, 비판이나 질책을 하면 그것을 무마시킬 수 있는 정보를 제공할 수 있다.
- 현재 업무에 대한 평가와 앞으로의 목표에 대한 평가가 따로 이루어지도록 해야 한다. 이 두 가지는 별도로 평가되어야 한다.
- 책임자가 업무 평가를 수월하게 할 수 있도록 해줄수록 더 좋은 인상을 줄 것이다.

□ 업무 평가를 전쟁처럼 하면 당신은 패배하고 만다!

주의 깊게 들어라

긴장을 많이 하면 상대방의 말이 제대로 귀에 들어오지 않는다. 그러나 업무 평가를 받는 중에는 책임자가 하는 말을 단 한마디도 잘못 들어서는 안 된다. 제4장에서 언급했던 적극적인 듣기 테크닉을 써 보는 것이 좋을 것이다. 특히, 책임자가 한 말을 되풀이해서 말하는 것이 매우 효과적일 것이다. 책임자가 자신의 말을 요약해 보라고 하기 전에 당신이 먼저 "제가 정확히 들었는지 확인하고 싶어서 그러는데, 당신 말씀은 …라는 거죠?"라고 말하라. 단, 이때 자신의 감정을 섞어서는 안 된다. 즉, 비꼬거나 생색을 내거나 반항적인 말투는 피해야 한다.

평가와 봉급 인상을 구분해서 생각하라

물론 당신은 봉급이 더 많아졌으면 하고 바랄 것이다. 그리고 제시되는 봉급에 만족할 수도, 만족하지 않을 수도 있다. 될 수 있으면 업무 평가 중에 봉급 얘기는 하지 않는 것이 좋다. 하지만 만약 봉급에 불만이 있으니 봉급을 올려 달라고 요구할 경우에는 반드시 봉급 인상의 타당성을 입증할 수 있는 자료를 제시해야 한다. 무턱대고 당연히 그럴 만하니까, 또는 내가 필요로 하니까 봉급을 인상해 달라고 요구할 수는 없다. 봉급 인상 이유는 단 하나다. 자신의 가치가 커졌다는 것을 입증했을 때다. 그러므로 업무 평가 중에는 봉급 문제에 초점을 맞추지 마라. 당신의 목표는 승진이고, 승진을 하면 봉급은 저절로 많아질 것이다!

어렵겠지만, 돈 문제는 따로 생각하라. 봉급 인상은 단기 목표다. 승진이라는 더 큰 장기 목표가 있지 않은가.

비판을 예상하고 적극 수용하라

책임자로부터 비판을 받으면 적극 수용하라. 이러한 성숙한 태도는 당신을 단연 돋보이게 만들 것이다. 책임자들이 업무 평가라면 치를 떠는 가장 큰 원인은 비판에 대한 직원의 반응 때문이다. 아주 사소한 비판에도 자기를 변명하거나 화를 내거나 불쾌한 감정을 드러낸다. 만약 다음과 같은 말로 비판을 수용하고 자기 발전의 기회로 삼으려는 성숙한 모습을 보인다면 당신은 단연 돋보일 것이다. "솔직히 말씀해 주셔서 감사합니다. 당신의 비판은 제겐 큰 선물입니다. 앞으로 더욱 노력해서 더 나은 모습 보여드리겠습니다. 다른 책임자들은 솔직히 말씀해 주시지 않았습니다."

비판에 대처하라

- 지적받은 업무 처리 방식이나 행동을 구체적으로 예를 들어 달라고 요구하라.
- 비판의 타당성을 인정하라. 이것이 꼭 당신도 같은 생각이라는 의미는 아니다.
- 무엇을 고쳐야 할지 구체적으로 정하라. 막연히 '더 잘해야지' 라는 식의 태도는 삼가라.
- 지적 사항을 고칠 때 사용할 기준을 정하라.

□ 칭찬이나 격려를 받는다는 것은 언제나 기분 좋은 일이고, 자신의 가치를 확인할 수 있는 방법이다. 그러나 비판을 적절히 수용할 줄 안다는 것은 자신의 가치를 높일 수 있다는 것이다.

책임자가 중시하는 것을 파악하라

책임자가 중요하다고 생각하는 것을 성취한다면 승진 가능성이 매우 높아질 것이다. 그렇게 하기 위한 가장 좋은 방법은 책임자가 무엇을 원하는지 직접 물어 보고, 당신 업무의 다양한 측면에 책임자가 어떤 중요성을 부여하는지 파악하는 것이다. 당신이 중요하다고 생각하는 것이 책임자의 생각과 다

를 경우에는 함께 얘기해 보거나 협상을 할 수도 있지만, 결국에는 책임자의
생각이 승리하게 된다.

□ 승진을 하고자 한다면, 책임자의 생각을 거역하거나 따르지 않는 것은 권고할
  만한 전략이 아니다. 책임자가 당신에게 바라는 것을 파악해서 그대로 성취하라!

구체적인 의견을 요구하라

업무 평가 중에 여러 주제에 대해 얘기하겠지만, 다음 분야에서 당신의
기술과 능력을 책임자가 어떻게 생각하고 있는지도 알아야 한다.

- 업무의 전반적인 질   - 창의성
- 비용 관리나 예산 문제   - 자기 관리 능력
- 비판적인 사고   - 의사 전달 능력
- 의사 결정   - 인간 관계

책임자의 생각을 물어 보지 않으면 당신이 추측을 할 수밖에 없다. 추측
하지 마라. 직접 물어 보라!

확실하게 의사를 전달하라

제4장에서 논의했던 의사 전달 스타일인 '분명하게 자신의 의견을 말하
는 방법'을 활용하라. 칭찬받을 때만 '당신이…'라는 말을 써라. 그리고 격앙
된 말이나 이중 또는 숨겨진 의미가 있는 단어나 용어의 사용은 삼가라. 이견
을 말하는 것은 괜찮다. 그러나 절대로 감정이 섞인 말은 하지 마라. "제 생각
은 다른데요."와 "그렇게 바보 같은 말은 생전 처음 들어 봅니다."는 완전히 다
른 메시지를 전달한다.

□ 업무 평가가 끝나고 평가자나 평가 대상 어느 한 명이라도 "그 말의 속뜻이 무

엇이었을까?"나 "그 말이 정말 의미하는 것이 무엇이었을까?"라는 생각을 한다면, 그 평가는 완전히 실패한 것이다.

책임자를 칭찬하라

책임자에게 어떤 장점이 있는지, 특히 어느 분야에서 큰 도움이 되고 있는지 책임자에게 말하라. 업무 평가는 서로의 능력을 인정할 수 있는 좋은 기회다. 그리고 책임자가 어느 점이 뛰어난지 구체적으로 말할 수 있는 기회이기도 하다. 칭찬과 아부나 아첨의 경계가 애매모호한 것은 사실이다. 하지만 그렇다고 책임자에게 칭찬할 수 있는 기회를 놓칠 수는 없다. 책임자도 당신만큼이나 칭찬 듣기를 좋아할 것이다.

책임자에게 더 많은 도움이나 정보 또는 지원을 부탁하라

책임자가 도움을 줄 수 있는 분야를 파악한 다음에, 도움이 될 만한 정보를 알려 달라고 부탁하라. 이때도 어떻게 말하느냐가 매우 중요하다. "이 정보가 정말 필요한데, 왜 알려 주지 않으십니까?"보다는 "제가 알고 싶은 정보는 이러한 것들입니다. 알려 주시면 제게 많은 도움이 될 것 같습니다."라고 부탁하는 것이 좋다.

다른 사람의 공을 인정하라

지난 1년 동안 당신을 도와주었던 사람들에게 적절히 공을 돌려라. 그것이 동료든 다른 부서든 특정 개인이든 상관없다. 그리고 그 사람들이 어떤 방법으로 도와주었는지도 말하라. 업무 평가를 받는 공적인 자리에서 다른 사람들의 기여를 인정한다는 것은 당신이 대인 관계가 원만하고 '큰 그림'을 볼 줄 아는 사람이라는 것을 증명한다. 또한 책임자에게 당신이 언급하고 있는 그 사람과 이 정보를 공유했으면 좋겠다고 말할 수도 있다. 그렇게 하면 당신의 승진 가능성은 한층 더 높아질 것이다.

문제와 해결책을 알려라

당신이 어떤 문제나 분쟁을 겪고 있다면 그것을 책임자에게 알려라. 그리고 나서 자신이 생각한 해결책을 제시해 보거나, 책임자의 도움을 요청하라. 불평 불만을 늘어놓으며 업무 평가 시간을 낭비하지 마라. 또한 특정 인물을 비난하지도 마라. 자신의 문제를 특정 개인 탓으로 돌리는 것은 좀더 사적인 자리에나 어울리는 행동이다. 업무 평가 시간이 제한되어 있다는 것을 명심하라.

후속 조치

업무 평가 과정의 마지막 단계는 평가가 끝나고 난 다음에 다음 평가 대비를 위한 계획을 수립하기 위해 필요한 조치를 결정하는 단계다.

업무 평가 결과를 기록으로 남겨 두면 매우 유용하게 활용할 수 있다. '1-3-8 전략'이라는 훌륭한 전략을 활용해 보면 도움이 될 것이다.

1-3-8 전략

이 전략은 다음과 같은 것들로 구성되어 있다.

- 한 번의 공식적인 업무 평가
- 세 번의 분기별 점검
- 여덟 번의 월별 주요 성과 보고

이 전략을 활용하면 많은 이점을 얻을 수 있다. 우선 업무 활동의 초점을 업무 평가에 맞출 수 있다. 또한 자신의 생산성, 성과, 승진 가능성을 책임자가 어떻게 생각하고 있는지 지속적으로 파악할 수 있다. 그리고 업무상의 문제나 변화를 조기에 발견할 수 있고, 이를 통해 경력에 장기적인 손상이 생기는 것을 막을 수 있다. 또한, 실질적인 업무 평가 기간인 3~4개월 동안만 반짝 분발한 것이 아니라 1년 동안 꾸준히 업무를 수행해 왔다는 것을 증명할 수 있다.

- 1 : 이것은 1년에 한 번 받는 공식적인 업무 평가를 나타낸다. 앞에서 논의한 방법들을 활용하되 가능한 한 가장 효과적인 업무 평가가 될 수 있도록 준비와 프레젠테이션에 최선을 다해야 한다. 그러나 평가를 1년에 한 번 하는 것으로는 부족하다.

- 3 : 3개월에 한 번씩 책임자에게 자신의 업무를 점검에 달라고 요청하라. 이것은 보통 최대 1시간 동안 지속되며, 그 목적은 다음과 같다.

진전 사항을 갱신한다.
장애나 난관을 파악한다.
잠재 문제를 조기에 파악한다.
중간 수정 사항을 협상한다.
우선순위, 목표, 목적의 변화를 인정한다.
업무나 행동 패턴에 있어서 부정적인 조짐을 발견한다.

잠재 문제를 발견하기 위해서 꼬박 일 년을 기다리고 싶지는 않을 것이다. 문제를 빨리 발견할수록 빨리 수정할 수 있고, 그럼으로써 피해도 그만큼 적어질 것이다.

분기별 평가는 업무 평가가 끝나고 나서 3개월마다 이루어진다. 이것은 자신의 업무를 중간 점검, 분석하고 갱신할 수 있는 좋은 기회다. 분기별 평가 중에 당신이 화를 내거나 자기 방어적인 행동을 보이면 책임자는 분기별 평가를 하려 하지 않을 것이다. 그러나 사실에 입각한 자료를 바탕으로 진전 상황을 평가하고 분명한 의사 소통이 이루어지는 자리라면 책임자도 기꺼이 응해줄 것이다. 분기별 평가를 성공적으로 할 수 있느냐는 전적으로 당신에게 달려 있다.

분기별 평가의 결과를 한 페이지로 요약해서 복사한 뒤 한 부는 책임자에게 주고, 한 부는 당신의 평가 파일에 보관하라.

    - 8 : 공식적인 업무 평가도 없고 분기별 업무 평가도 없는 8개월 동안에는, 즉 공식 업무 평가가 끝나고 나서 1, 2, 4, 5, 7, 8, 10, 11개월 째에는 당신이 현재 하고 있는 업무 평가와 관련된 활동을 한 페이지에 요약해서 책임자에게 제출하라. 단, 다음 형식을 이용해서 아주 간단하게 작성해야 한다.

1.

목표/ 목적	월별 결과/ 월별 활동	측정/ 증명	예측 코멘트
"이것이 목표다."	"이것을 달성했다."	"이것이 증거다."	"이것이 내 예상이다."

2. 승진 가능성을 높여 줄 사항이 있으면 어떤 것이든 구체적인 예를 들어 기재하라. 예를 들어, '기능 교류 품질 이행 팀에서 계속 근무해 오고 있음' 또는 '동료 헌터에게 새로 나온 소프트웨어 사용법을 가르쳐 줌' 이라고 적어라.

3. 좋음 - '순조롭게 진행되고 있음'
   나쁨 - '생각보다 어려움'
   심각함 - '중대 문제가 될 소지가 있음'

    책임자는 특정 사항에 대한 정보가 더 필요하다고 생각되면 분명히 그 정보를 제출하라고 지시할 것이다. 월별 평가 보고서는 사실에 입각해서, 그리고 자신의 업무와 관련된 내용을 기재해야 한다. 책임자의 지시가 있을 때까지 기다리지 말고 당신이 스스로 월별 평가 보고서를 작성하기 시작하라. 그리고 책임자에게 새로운 사실을 알려 주고 책임자와의 대화 채널을 열어 두기 위한 것이 이 보고서를 작성하는 목적이라고 밝혀라.
    이렇게 하면 모두 12개의 서류가 만들어진다. 이 보고서는 다음 업무 평가에 큰 참고가 될 것이며, 현재 진행 중인 업무 평가 과정의 근간이 될 것이다.

앞으로 승진 결정권자와 면접할 때, 이 서류들이 당신의 성과와 자기 관리 능력을 증명해 줄 것이다. 또한 면접이나 업무 평가를 준비할 때 이 서류들을 꼼꼼히 검토한다면 큰 자신감을 얻게 될 것이다. 그리고 이 서류들을 볼 때마다 당신이 어떤 성과를 거두어 왔는지, 그리고 승진을 위해 얼마나 많은 노력을 기울였는지가 확인되어 뿌듯한 기분이 들 것이다.

제 10 장

커리어에 해가 되는 행동과
승진 바이러스

당신의 승진 가능성을 확실히 손상시키는 20가지 잘못된 행동들

당신의 커리어를 손상시키고 망치는 여러 상황이 있을 수 있지만, 확실히 당신의 승진 가능성을 손상시키는 행동 20가지를 알아 두자.

정책을 남용하는 행위

언제나 지각하고 계획적으로 결근하는 것은 당신의 커리어를 영원히 손상시키는 행동이다. 반드시 어쩔 수 없는 경우에만 늦거나 결근하라. 규칙을 남용하지 마라. 그렇게 할 수 있는 제도가 있다고 해서 1월에 병가를 모두 써 버리거나 연말에 남은 휴가일을 모두 써 버리는 행동은 당신의 신용과 승진 가능성을 손상시키는 행동이다. 당신이 직장에 결근하면 당신의 전반적인 생산력은 하락하게 되고, 당신의 일과 연관된 일을 하는 다른 사람들의 업무 패턴도 망가진다.

□ 사람들에게 당신이 승진 가능성을 향해 열심히 일하고 있는 모습을 더 많이 보일수록 당신이 없을 경우 사람들은 당신의 존재를 더욱 두드러지게 느낄 것이다.

개인적인 문제들을 업무에 끌어들이는 행동

개인적인 문제들을 업무와 분리하라. 인생의 문제들을 피할 수는 없지만, 회사와 관련 없는 사적인 문제들을 회사에서까지 문제가 되도록 하지 마라. 동료들에게 비밀 이야기를 털어놓는 것, 업무와 무관한 일을 해결하려고 지나친 시간을 낭비하는 것, 사적인 전화 사용을 오랫동안 하는 것 등의 행동은 모두 당신의 생산성과 당신 주변 사람들의 생산성을 저하시키는 행동이다. 개인적 문제들을 구분하고, 그것들이 당신의 업무와 뒤섞이지 않도록 하는 능력은 당신이 아주 성숙하고 통제력을 가진 사람이라는 것을 증명한다. 그것은 당신이 회사 외부에서 일어난 좋지 않은 문제에 직면했을 때도 안정을 유지하는 사람이라고 인식되게 만든다. 만일 당신이 개인적인 문제로 큰 도움이 필요하다면 고용자 지원 프로그램을 이용하거나 다른 가능한 여러 가지 방법을 이용하라. 개인적인 문제를 직장까지 끌어들이지 마라.

변화를 거부하는 태도

회사에서 높은 지위에 오를수록 당신의 책임은 더욱 커지게 되고, 당신에게 보고하고 의존하며 당신과 상호 작용을 하는 사람들이 더욱 다양해진다. 당신과 같은 시각을 갖지 않은 사람, 당신과 같은 행동을 하지 않는 사람, 당신과 같이 생각하지 않는 사람, 당신과 같이 말하지 않는 사람들을 거부하는 것은 우둔한 짓이다(그리고 법에도 저촉된다!).

□ 스스로를 고집스럽고 다른 사람들이 자신과 다르다는 사실을 용납하지 못하는 사람처럼 보이도록 행동하는 것은 승진을 가로막을 뿐만 아니라 직장 자체를 잃게 만들 수도 있다!

직장에서 부적절한 관계를 맺는 행위

개인적인 관계는 직장 밖에서 만들어라. 부적당한 관계, 비밀스러운 연애 사건이나 어떠한 친밀한 친교도 항상 결국에는 당신에게 해를 끼칠 것이다. 그 위험은 너무 크다. 물론 당신이 선택한 어떤 사람과도 친밀한 관계를 맺을 권리가 있지만, 사적인 관계와 공적인 관계 두 가지 모두를 가질 수는 없다는 사실을 확실히 기억해 두어야 한다. 회사의 윤리와 도덕률, 그리고 일반적으로 정의하는 받아들일 수 있는 행동이라는 것이 당신의 생각과는 많이 다를 수 있고, 승진 문제에 있어 당신의 규칙은 중요하지 않다!

언제나 철저하게, 그리고 완전히 거부하는 행동

사람들이 당신에게 이야기하기 전에 당신이 어떤 반응을 보일지 생각해 보는 경우, 대답은 언제나 '안 된다'라든지 부정적인 말이 될 것이라고 그들이 생각한다면 당신은 스스로를 승진에 절대 자격이 없는 사람으로 만들고 있는 것이다. 당신이 부정적인 대답을 할 것이라고 예상할 수 있는 상황이 증가할수록 당신의 영향력은 줄어든다. 다른 사람들은 당신의 의견을 더 이상 물어보지 않게 될 것이며, 단지 반복적인 메시지를 되풀이한다는 이유만으로 당신이 말하는 것을 무시하게 된다. 동의하지 않을 수 있는가? 예! 반대를 위한 반대만을 하는 사람의 역할을 할 수 있는가? 예! 그렇지만 당신이 항상 반대를 위한 반대만을 한다면 당신의 신용과 영향력은 급속도로 나빠질 것이다.

소문과 험담을 퍼뜨리는 행위

당신이 바로 추적할 수 있는 소문과 험담의 출처였다거나, 회사에 해가 되는 정보의 근원이었다는 인식이 퍼지게 되면 당신의 커리어는 완전히 끝장나 버릴 것이다. 당신은 적대해야 할 사람이고, 신뢰할 수 없으며, 경영에 해가 되는 정보의 근원지처럼 비칠 것이다. 이런 특성을 가진 것으로 알려지게 되면 결코 승진할 수 없을 것이다.

푸념하고 불평을 늘어놓는 행동

아무도 상관하지 않는다! 그들은 그들 자신의 일과 문젯거리를 가지고 있다. 그들은 당신의 문제에 대해 듣고 싶어하지 않는다.

스트레스와 압박으로 냉정을 잃는 모습

공개적인 장소에서 냉정을 잃는 것은 당신이 스트레스와 압박을 통제할 수 없는 사람이라는 사실을 실제로 증명하는 행동이다. 한 번 그런 행동을 보이는 것은 천마디를 하는 것과 같은 가치를 가지고, 아무리 사과하고 설명한다고 하더라도 당신이 폭발하듯 화를 내고 냉정을 잃었던 그 상황의 시각적 이미지를 철저히 지우거나 없애지는 못한다. 감정을 '조절하지 못하는 행동'

을 보이는 것보다 차라리 조퇴하거나 아프다고 전화하는 편이 낫다. 비록 당신의 적과 경쟁자가 그것을 흡족해 하더라도!

반항적 행동

권위에 공개적으로 도전하거나, 상사가 요구하거나 지시한 일을 거부하는 행동을 하면 강등되거나 마침내는 직장을 그만두게 될 수도 있다. 동의하지 않는다면 상사와 개인적으로 해결하라. 다른 사람에게는 그런 행동을 보이지 마라. 자신이 동의하지 않는다는 사실을 다른 사람들이 알도록 하면 절대 안 된다. 만일 당신이 비윤리적이거나 불법적인 것, 너무 잘못된 행동이라 받아들일 수 없다고 생각하는 어떤 일을 하도록 요청받았다고 생각되면 다른 직업을 찾아라!

방어적 행동

비판적인 말을 듣거나 감사를 받을 때 방어적인 행동을 한다면 당신은 협동하지 못하고 현실을 부정하는 사람이라는 딱지가 붙게 된다. 또한 당신은 개인적인 책임을 받아들일 의사가 없고 다른 사람들에게 책임을 전가하는 경향이 있는 사람으로 비춰지게 된다. 방어적인 행동은 새로운 결심을 하거나 잘못된 것을 고치고 향상되는 것을 거부하기 위해 쌓는 벽과 같다. 당신의 승진 가능성은 이런 벽을 '쌓는'것이 아니라 '부수는' 능력에 달려 있다.

당당하게 패배를 인정할 수 없는 태도

어느 누구도 실패를 좋아하지 않는다. 모든 일이 당신 원하는 대로 다 되는 것도 아니며, 당신이 원하는 모든 것을 다 가질 수도 없다. 다른 사람들이 프로젝트에 선택되거나, 어떤 특정한 일에서 실제로 당신보다 더 뛰어난 능력을 보일 수도 있다. 당신은 이런 상황에 잘 대응하고 앞으로 나아갈 수 있도록 능력을 기르는 것이 중요하다. 그런 상황에서 부정적이거나 방어적인 반응을 보이면 당신의 커리어는 크게 손상될 것이다. 그 상황을 품위 있게 받아들이고, 경험을 통해 교훈을 익히고, 다음번엔 더 잘 할 수 있도록 준비하라. 겉으로는 품위 있게 행동하고 내적으로는 미래에 있을 그런 실패를 역전시킬 수 있도록 최선을 다하라.

다른 사람의 아이디어와 성공을 자신의 공로로 돌리는 행동

만일 당신이 다른 사람의 업적에 대한 공로를 자신에게 돌린다면 부정적 인식은 삽시간에 퍼져 나갈 것이다. 원한과 불신, 그리고 많은 분노를 사게 될 것이며, 그 모든 것은 다른 사람들이 당신에게 복수하거나 어떤 종류의 보복을 하도록 만들 것이다. 화가 난 사람들은 듣고자 하는 모든 사람들에게 당신이 어떤 행동을 했는지에 대해 말하려고 할 것이다(그렇게 할 권리도 있다). 그리고 당신은 당신의 행동을 오랫동안 기억할 복수심에 불타는 적을 가지게 된다.

당신이 다른 사람의 공로를 자신에게 돌렸다는 것이 사실에 입각해 증명될 수 있게 되면 그것은 영원히 당신의 커리어를 망칠 것이고, 당신은 직장을 잃게 될 수도 있다.

현재 필요한 기술을 계속 익히지 못하는 것

어제의 기술 수준을 가지고 내일의 승진을 추구하면 실패하게 되어 있다. 당신이 성공적으로 승진한다 하더라도 재빨리 기술을 향상시키지 못한다면 당신의 승진은 오래 가지 않을 것이다. 당신은 아마 좋은 성과를 내지 못해 새로운 직책을 잃게 될 수도 있을 것이다.

남을 탓하는 행동

'다른 사람 탓만 하는 사람'이 되어 항상 부정적인 책임을 다른 사람에게 떠넘기는 행동은 금방 효과가 없게 된다. 다른 사람을 탓한다고 해서 당신이 져야 할 책임이 없어지지는 않을 것이다. 그것은 책임지지 않으려는 당신의 의도만 확대해 보여 줄 뿐이다. 또한 그런 행동을 하면 당신은 결코 자신을 통제하지 못하고 항상 다른 사람에게 휘둘리는 영원한 희생물로 보이게 된다. 남을 탓하기만 하는 사람들은 자신을 유약한 사람으로 보이게 하고 있는 것이다.

업무 평가를 거부하는 행동

업무 평가를 피하거나 책임의 경계선을 흐리게 하려고 애쓰는 것은 당신에게 자신감이 부족하다는 점을 드러내고 업무 평가가 자신의 단점을 노출시킬 것이라는 두려움을 가지고 있다는 것을 나타낸다. "제가 하는 일은 평가될 수 없습니다."라고 말한다면 당신의 능력이나 승진 가능성을 증명할 수 있는 방법이 없어지게 되며, 결국 당신 상사의 주관적인 처분에 모든 것을 맡겨야만 하는 상황이 벌어지게 될 것이다. 당신의 모든 행동은 승진에 영향을 미치는 다른 사람들의 견해가 될 것이다. 기억하라. 여기에서 당신 견해는 중요하지 않다.

□ 업무 평가를 피하지 마라. 그것은 당신의 우수성을 증명할 기회다.

활동적으로 보이려는 속임수 대(對) 업무 능력

회사에 일찍 출근하여 늦게까지 일하고 상사가 주위에 있을 때 항상 바쁜 척하는 것도 중요하지만, 그런 행동이 부족한 업무 능력을 감춰 주지는 않는다. 유능해져야지, 바쁘게 보인다고 해서 승진하게 되는 것은 아니다. 당신의 상사와 승진에 영향력을 미치는 사람들을 쉽게 속일 수 있다고 생각하지 마라. 속임수가 아니라 업무 수행 능력이 항상 승리를 거둘 것이다.

결정 내리기를 꺼리는 태도

우유부단하게 행동하거나, 항상 허가나 승인을 받은 후에야 어떤 일이라도 시작하려 한다면 그런 태도는 당신의 유약함과 자신감의 부족을 드러낼 뿐이다. 스스로 결정을 내리거나 개별적인 행동을 취하기 전에 부적절하게 권한을 위임하거나 무슨 일을 해야 할지 묻기 위해 상사에게 가는 것은 당신이 지도자적인 능력을 가진 것이 아니라 쫓아가는 사람일 뿐이라는 것을 강조하는 태도다.

□ 때때로 당신의 직권을 넘어 질책을 당하는 것이 당신이 이미 가지고 있는 직권이나 권한, 결정을 내릴 책임과 같은 것을 충분히 행사하지 않는 것보다 당신에게 훨씬 더 도움이 된다.

관련 정보나 자료를 조작하거나 숨기는 행위

자신에게 불리하다고 해서, 또는 그것이 다른 사람들이 듣고 싶어하지 않을 내용이라고 해서 정보를 숨기는 것은 엄청나고 장기적이며 부정적인 위험한 결과를 초래하는 단기적인 전략이다. 그 부정적인 결과는 엄청난 것이 될 것이다. 숨겨진 정보는 언젠가는 드러나게 되어 있으며, 그것이 나중에 드러날수록 더욱 치명적인 결과를 낳는 경향이 있다. 당신의 상사나 승진에 영향력을 미칠 수 있는 다른 사람들이 당신에 대해 자진해서 정보를 주는 사람이 아니라고 생각하게 된다면, 그리고 당신이 모든 이야기를 다 하게 만들도록 적절한 질문을 해야 할 책임을 그들이 맡게 된다면 당신이 승진할 수 없으리라는 것은 기정 사실이 될 것이다.

업무 수행 능력이 없다는 것을 드러내 보이는 행동

다른 사람들, 특히 당신의 상사나 승진에 영향력을 행사할 수 있는 사람들에게 시간을 허비하고 있는 것을 보인다면 당신은 확실히 현재의 지위에 영원히 머무르게 될 것이다.

- 다른 사람들과 잡담을 나누며 서 있는 모습을 보이지 마라(당신이 일과 관련된 중요한 문제를 논의하고 있는 중이라고 하더라도, 다른 사람들이 그것을 어떻게 알겠는가?).
- 다른 사람에게 개인적인 통화 때문에 전화기 앞에 앉아 있는 모습을 보이지 마라.
- 업무 시간에 읽을 소설책을 직장에 가져오지 마라.
- 업무 시간에 카탈로그 주문이나 온라인 쇼핑을 하지 마라.
- 시간을 초과해서 점심을 여유 있게 먹지 말고, 휴식 시간을 가질 수 있는 특권을 남용하지 마라.
- 계속적으로 오랜 시간 동안 '담배 피우러' 나가지 마라(당신의 상사가 당신 자리를 쳐다볼 때마다, 혹은 당신이 필요해 찾을 때마다 자리에 없다면 당신의 승진 가능성에 긍정적으로 작용하지 않는다).

당신의 책무를 편협하게 한정하는 행동

어떤 새로운 업무가 평상시 당신이 하는 일이 아니기 때문에 그 일을 맡을 수 없고 수행할 수 없다고 한다면 당신은 자기 중심적인 사람이라는 인식을 얻게 될 것이며, 사람들은 당신에게 회사에 도움이 되는 일을 맡을 의사가 없다고 생각할 것이다. 당신만의 편협하고 제한적인 책무에만 신경 쓰고 회사 전체의 생산력이나 효율성에는 관심을 가지지 않는 사람으로 보여지게 되는 것이다. 편협한 시각이나 한정된 시야를 가졌다는 것을 드러내는 행동은 정말로 당신의 성공에 장애가 된다.

□ 포괄적인 시각, 즉 중요한 상황을 볼 수 있는 능력이 사람들을 승진하게 만든다.

승진 바이러스

　사람의 몸이나 컴퓨터가 바이러스 때문에 움직이지 못하게 되는 것처럼, 커리어도 바이러스에 감염될 수 있다. 아래의 목록은 공기로 전염되는 바이러스와 같은 말들로, 당신의 입에서 다른 사람의 귀로 전달되며 당신의 커리어에 영구적으로 해가 될 수 있는 말들이다. 다음의 내용은 당신이 직장에서 즉시 사용을 중단해야 할 25가지 문장이다. 자주 사용되는 다음의 문장들은 당신이 승진하도록 만들어 주는 것이 아니라 영원히 잊혀지도록 만드는 것이다.

1. "그건 내 일이 아닙니다." 혹은 "그건 내 업무 규정에는 나와 있지 않은 일입니다."
2. "나는 그런 일을 하라고 고용된 게 아닙니다."
3. "그런 일을 시킬 만큼 월급을 많이 주시지도 않잖아요."
4. "월급을 더 올려 주면 더 열심히 일하겠습니다."
5. "내가 그럴 거라고 말했었잖아요."
6. "절대로 효과가 없을 걸요."
7. "물어 보지 않으셨기 때문에 말하지 않았던 겁니다."
8. "내 잘못이 아닙니다."
9. "아무도 나에겐 그 문제에 관해서 말해 주지 않았는데요."
10. "다른 사람도 다 그렇게 하는데, 왜 나만 가지고 그러십니까?"
11. "나는 그럴 만한 가치가 있는 사람입니다. 나는 자격이 있습니다."
12. "내가 전에 일하던 곳에서는 그런 식으로 일하지 않았었는데요."
13. "그건 내 문제가 아니죠."
14. "몇 년 전에 시도했었던 일입니다. 그때도 제대로 안 됐었는데, 지금도 안 될 겁니다."
15. "나는 그 일을 하지 않아도 됩니다. 벌써 내 책임을 다했는 걸요."

16. "당신이 그게 나쁜 일이라고 생각한다면, 나한테 무슨 일이 일어났었는지 말해 주지요. 아마 못 믿을 걸요."

17. "나는 그렇게 못합니다."

18. "그 결정은 어처구니없는 것입니다. 그 결정을 내린 사람은 누구든지 간에 바보일 겁니다."

19. "나는 시키신 일을 하고 있는 것뿐입니다."

20. "나는 여기 있는 누구보다 열심히 일합니다."

21. "여기 있는 사람들은 아무도 야근을 하지 않는데, 내가 왜 합니까?"

22. "내가 이런 말을 했다고 다른 사람들에게는 말하지 마십시오. 그런데…."

23. "나는 항상 이런 식으로 일해 왔는데요. 내가 왜 바꿔야 됩니까?"

24. "나는 변화라는 것이 좋은 것이라고 생각합니다. 당신도 바뀌어야 될 필요가 있고, 당신의 부서에도 변화가 필요합니다. 그런데 나는 아닙니다. 나는 지금으로서도 괜찮습니다만, 당신은 바뀌어야 될 필요가 있습니다."

25. "아무도 내게는 관심이 없습니다. 내가 말하는 것은 중요하게 생각되지도 않습니다."

후기

성공 비결이라는 것은 없다. 성공은 준비와
근면, 실패에서 배운 교훈의 결과다.

– 콜린 파웰 장군

人 승진을 추구하는 것은 여행과도 같은 것입니다. 목적지는 확실하지만, 그곳으로 가는 길이 항상 뚜렷하게 보이는 것은 아닙니다. 승진으로 가는 길은 예측할 수 없는 상황과 과제, 뜻하지 않은 위험으로 가득 차 있고, 심지어 당신을 공격하는 존재도 만날 수 있을 것입니다. 세상은 치열한 경쟁으로 가득 차 있으며, 결국은 좋은 결과를 얻겠지만 승진으로 가는 여행은 결코 쉽지 않습니다.

당신은 목표를 성취하려고 열심히 노력하고 있습니다. 만약 그렇지 않다면 이 책을 읽지도 않았을 것이며, 이 마지막 장을 읽고 있지도 않을 것입니다. 당신의 노력과 확실한 목표는 승진을 이루어 내는 데 가장 중요한 재산입니다. 이 책에서 제시한 조언과 전략을 잘 실천한다면 눈에 띄는 승진 후보자가 될 수 있을 것입니다. 경쟁자들의 능력에 대해서는 어떻게 할 수 없지만, 자신의 능력은 관리할 수 있으며, 실력을 향상시키도록 노력할지 아니면 그 상태로 남아 있을지도 당신이 결정하는 것입니다.

실력을 향상시키면 당신이 앞으로 맞게 될 수많은 도전도 확실히 이겨 낼 수 있을 것입니다. 일단 승진하게 된다 하더라도, 그 수준에서 요구하는 대로 업무를 수행할 수 있어야만 그 자리를 유지할 수 있습니다!

당신이 능력을 향상시키고 높은 업무 수행 능력을 계속 발휘했는데도 충분한 기회가 없다든지, 직장 내부의 정치적인 책략 때문에 결국 승진에서 실패한다든지 하는 최악의 시나리오를 가정해 본다고 하더라도, 결국 당신의 능력은 그만큼 향상된 것이며 앞으로 당신을 고용할지도 모르는 장래의 고용주 눈에 훨씬 잘 띄게 될 것입니다.

일단 이런 능력들을 향상시키고 완벽하게만 한다면 그 능력은 없어지지 않으며, 인생의 모든 분야에서 성공하는 데 도움이 될 것입니다.

행운을 빕니다! 자, 나가서 실천하고 성공하십시오.

관계서적 목록

Albrecht, Karl. *The Only Thing That Matters: Bringing the Power of the Customer into the Center of Your Business.* New York: HarperCollins, 1992.

Arredondo, Lani. *How to Present Like a Pro: Getting People to See Things Your Way.* New York: McGraw Hill, 1991.

Caroselli, Dr. Marlene. *The Language of Leadership.* Amherst, MA: Human Resource Development Press, Inc., 1990.

Cathy, S. Truett. *It's Easier to Succed than to Fail.* Nashville, TN: Oliver Nelson Books, 1989.

Chambers, Harry E. *The Bad Attitude Survival Guide:* Essential Tools for Managers. Reading, MA: Perseus, 1998.

Chambers, Harry E. and Dr. Robert Craft. *No Fear Management: Rebuilding Trust, Performance and Commitment in the New American Workplace.* Delray Beach, FL: St. Lucie Press, 1998.

Covey, Stephen R. *The 7 Habits of Highly Successful People.* New York: Simon & Schuster, 1989.

Fast, Julius. *Body Language: The Essential Secrets of Non-verbal Communication.* New York: MJF Books, 1970.

Griessman, B. Eugene. *Time Tactics of Very Succesful People.* New York: McGraw Hill, 1994.

Mitchell, W. *Taking Responsibility for Your Choices.* Boulder, CO: Career Track Publications, 1996.

Qubein, Nido R. *How to Be a Great Communicator.* New York: John Wiley and Sons, 1997.

Secretan, Lance H.K. *Reclaiming Higher Ground: Creating Organizations That Inspire the Soul.* New York: McGraw Hill, 1997.

Seligman, Martin E.P. *Learned Optimism.* New York: Pocket Books, 1990.

Solomon, Muriel. Working with Difficult People. Englewood Cliffs, NJ: Prentice Hall, 1990.

Walton, Mary. *The Deming Management Method.* New York: Perigee Books, 1986.

성공하는 직장인의 승진 전략

초판발행 / 2000년 9월 27일

지은이 / 해리 E. 체임버스

옮긴이 / 홍 정 희

펴낸이 / 신 영 철

펴낸곳 / 한국능률협회

　　　　 1978년 5월 15일 등록(제13-19호)

　　　　 서울 마포구 도화동 544 고려빌딩

　　　　 전　　화 : 02)719-1424

　　　　 팩시밀리 : 02)715-7807

　　　　 전자우편 : mail@kmabook.com

　　　　 http://www.kmabook.com

디자인 / 디컨하우스　02)337-9364

ISBN / 89-7277-192-9 13330

값 / 10,000원

승진 첫해, 관리자 위치를 지키기 위한 입문서 !

ROOKIE MANAGER

새로운 관리자를 위한 유익하고 현실적인 정보!

당신은 승진을 경험해 보았을 것이다.
즐거움, 흥분, 그리고 새로운 책임감에 대한 스트레스……,
이 책은 바로 완벽한 스트레스 환원제이다.
오늘날의 급변하는 사업 환경의 현실을 생각할 때
미숙한 관리자들에게 없어서는 안 될 입문서로서,
새로운 관리자의 지위에 오른 당신을 위해 이 책은
일화, 연습, 작업표와 표본, 자신의 문제 해결 방법 등을 통해
유익하고도 현실적인 정보를 제공해 준다.
당신에게 새로운 지위를 변화시키기 위해
필요한 지식을 제공해 준다.

이 책이 다루고 있는 구체적인 내용들

· 관리자 역할 습득
· 선임자의 관리자 방식
· 관리자 방식의 선택
· 일일 계획
· 지도력과 감독
· 팀 개발과 관리
· 최선을 다할 수 있는 동기 부여
· 의사 결정 접근
· 대리 업무
· 신입 직원 고용 및 적응
· 업무 평가 처리
· 직원 훈련
· 상하 직원 모두에게 효과적인 의사 소통 기술 개발

조셉 T. 스트라우 지음 / 손기태 옮김 / 신국판 256쪽 / 값10,000원